性とこころ

日本「性とこころ」関連問題学会誌
THE JOURNAL OF THE JAPANESE SOCIETY OF SEXUALITY AND MIND

JS2M 日本「性とこころ」関連問題学会
JAPANESE SOCIETY OF SEXUALITY AND MIND

理事長挨拶

日本「性とこころ」関連問題学会
理事長　榎本　稔

　近年、我が国における「性とこころ」の多様化には目を見張るものがあります。かつて、西欧の伝統社会では「生殖に結びつかない性行動は全て悪徳とする」とされていました。しかし、現代においては人間の性行動は何をもって正常とし、何を持って異常とするか明確に二分できるものではなく、様々な議論が起こっています。また、現代人の「性とこころ」を取り巻く現象を見るとき、例えば、晩婚化や非婚化、性嗜好、性犯罪や児童ポルノ、児童への性的虐待、日本でも市民権を少しずつ得てきた性同一性障害や同性愛、人間の性行動に関する脳科学の発展など、その様相は日々変化しています。

　このような状況の中、本学会では、大きく分けて以下の4点を対象とし、学際的に幅広く取り扱っていきたいと思います。

1. 性の歴史と社会と文化
2. 性と依存症
3. ジェンダーとライフサイクル
4. 性と医学

　そこで、医療・福祉・心理・司法・教育・社会学などに携わる多くの研究者、専門家、臨床家が職域・職種を超えて集い、「性とこころ」に関する実践知を交換し議論し合うことにより、我が国の「性とこころ」に関連する諸問題への対策や発展を目指す学術団体として、日本「性とこころ」関連問題学会を設立するものであります。

　ご賛同くださる多くの方々のご参加を期待しております。

性とこころ

日本「性とこころ」関連問題学会誌
THE JOURNAL OF THE JAPANESE SOCIETY OF SEXUALITY AND MIND

2017 Vol 09/No 01

大会長講演

女性のセクシュアリティの記憶―過去から未来へ　　　　　刀根 洋子 ……… 7

対　談

自己肯定感　　　　　　　　　　　　　　　　　　　　　　山下 悠毅 ……… 15
　　　　　　　　　　　　　　　　　　　　　　　　　　　二村 ヒトシ

教育講演

LGBTの中のTについて～Tの中ですら多様であること～　　虎井 まさ衛 ……… 42

基調講演

日本のセクシュアリティをふりかえる　　　　　　　　　　赤川　学 ……… 49

メインシンポジウム

現代病としての性依存症　　　　　　　　　　　　　　　　北條 正順 ……… 56

風俗と福祉をつなぐ「風テラス」の挑戦　　　　　　　　　坂爪 真吾 ……… 62

アディクションの回復プロセスの中でのトランスジェンダー
　としての受容と和解　　　　　　　　　　　　　　　　　倉田 めば ……… 70

セクシュアリティの記憶－過去から未来へ－　　　　　　　対馬 ルリ子 ……… 78

ディスカッション　　　　　　　　　　　　　　　　　　　　　　　　　 ……… 88

公開講座

ティーンたちの恋と性、そしてプラチナ世代の愛と性　　　家田 荘子 ………102

一般演題

刑事施設から出所する性犯罪者～リハビリテーション～　　田村 勝弘 ………124

電車内での痴漢行為予防の検討　　　　　　　　　　　　　五十嵐 愛子 ………129

発達障害と性犯罪および性非行についての検討
～事例とのインタビュー調査から～　　　　　　　　　　　篠原 百合子 ………136

消滅危惧集落の離島で生きる一人暮らし男性高齢者の孤立要因	藤川 君江	142
精神科看護学分野の子ども虐待に関する文献レビュー	川下 貴士	149
子どもへのマルトリートメント予防に向けた育児支援プログラムに関する文献検討	山﨑 道子	153
乳幼児を子育て中の女性が認識する夫についての悩み 〜育児支援プログラム Nobody's Perfect で語られた内容より〜	主濱 治子	160
母親の育児不安に関する国内文献の動向 ―文献タイトルのテキストマイニング分析―	境 美砂子	167
性別違和に関連する文献タイトルの分析からみる国内文献の動向	一ノ山 隆司	173
「保育ソーシャルワーカー」養成に向けた現状分析と今後の課題 －これからの養成校が果たすべき役割に焦点を当てて－	村上 満	179
外来前立腺がん患者の性の問題に対する女性看護師の認識と関わりの様相	吉原 祥子	188
訪問看護師における燃え尽き症候群と離職との関係要因の研究	久保 正子	194
家族内における感情労働の文献検討―国内文献からの一考察―	小野坂 益成	199
「セクシュアリティ」により検索された記事内容の変遷 ―新聞、雑誌記事の分析を通して―	大久保 麻矢	204
がん患者の性的な問題への介入に関する和文献の検討	野村 智美	209
退院時の育児不安－Ａ病院における両親学級の検討－	湯川 博美	213
中学生における月経痛の感じ方と関連因子	風間 みえ	219
フリースタイル分娩により comfort で会陰損傷を最小限にする助産師学生の体験	岩尾 侑充子	226
性暴力被害者の体験談の分析―その心理的変化と適応―	小野寺 幸子	237
中学生が抱く「性交のイメージ」－生命と性の健康教育に向けて－	上田 邦枝	244
卒後２年目看護師の職業的アイデンティティの形成過程に影響を及ぼす要因 －テキストマイニングによる分析からみえてきたもの－	田中 光子	255
男性専門職の職域が女性の裸にかかわるとき 新しい視点からの男女の平等と共同参画を考える	立林 春彦	264
性差から見た医療関連職を目指す学生の身体障がい者に対する態度（ATDP）の現状と肯定化教育への期待	越納 美和	266
性差からみた高齢期の生産的活動と生活満足度との関連	木林 勉	271

大会長講演

女性のセクシュアリティの記憶
— 過去から未来へ

刀根 洋子 和洋女子大学

昭和49年3月京都大学医学部付属助産婦学校卒業
平成7年3月慶應大学文学部卒業
平成9年3月杏林大学大学院保健学研究科博士前期課程修了
平成12年3月杏林大学大学院保健学研究科博士後期課程修了、博士（保健学）の学位取得
昭和49年4月～東京医科大学病院産科（助産師）
その後、聖母女子短期大学（講師）、日本赤十字武蔵野短期大学/日本赤十字看護大学（教授）、目白大学看護学部/大学院看護学研究科（教授）、平成29年4月より現職。

1. はじめに

　近年、私達の社会はかつてないほどの変化を受け入れてきた。セクシュアリティは政治経済、文化制度、科学、精神、心性などと深く関連しながら私たちの社会史に刻まれていく。セクシュアリティとは人間の性的行動や性欲、生物学的性といった内容を指すのだが、その多様性は時代とともに変化している。

　私は、母子保健看護学を専門としており、母性とは何か、母性の発達はどのようになされていくのか、そして現代家族の在り方について考えてきました。セクシュアリティと深く結びついたそれらの課題が女性の歴史の中でどのように扱われてきたのか、ジェンダーの視点で考えてみたいと思う。

　E.H.carr／清水幾太郎訳（2015）は、その著「歴史とは何か」の中で、「歴史とは過去と現在の対話である」と云い、それは、むしろ過去の諸事件と次第にあらわれてくる未来の「目的」との間の対話と呼ぶべきであると言っている。

　私は、この「目的」を、Reproductive Health and Rights とジェンダーの平等の立場から、セクシュアリティの記憶がまさに社会の価値・目的のなかでどのように記憶されてきたのか、出産と中絶という2つの事象について歴史を紐解いてみたいと思う。

2. セクシュアリティの意味を変えた Michel Foucault の「性の歴史」

　セクシュアリティを語るとき、もはや古典になったといわれる Michel Foucault の「性の歴史Ⅰ知への意志」（1976年）であるが、それは現代の私たちのセク

●大会長講演

シュアリティへのアプローチにとって、重要な考え方、とらえ方を現在もなお、示しているといってよい。上野（2016）は、セックスを自然科学から人文社会科学の対象に変えた大胆なパラダイム変換であり、近代の「性的欲望装置」を暴いた 20 世紀の古典と言っている。

　Foucault は、1976 年の発表時、Bernard-Henri Lévy（仏哲学者）のインタビューを受けてこう答えている。「セクシュアリティはどうして、単に快楽や歓びを得るためのだけのものではないのか、単に人類や家族や固体の再生産を可能にするだけもものではなくなったのか！ これが本質的な問題である。セクシュアリティは、私たちの深遠な「真理」が読み取られ、語られるという特権的な場とみなされてきたのか！」

　Foucault によってセクシュアリティは、「自然」「本能」だけではなく、社会や文化の影響を受けて変化するものに変わってきた。現代の私たちの sex, sexuality のとらえ方である。同時に Calderone のいう「Sex は両脚の間に、Sexuality は両耳の間に」は Sexuality の精神性を表している（Calderone&Kirkendall：1964）。

3．女性のセクシュアリティ

　女性のセクシュアリティの問題はジエンダーと深くかかわっている。それは、性の問題が男女のあり方、性差ひいては人間観が前提となっているからである。性に関する論議が公となったのは 1910 年頃より始まった「性欲教育」がその端緒である（田代：2004）。この教育議論は 1920 年代になると性を広くとらえようとする「性教育」「性の教育」という名称に代わっていった。しかし、その内容は「子供を性から遠ざける、性欲を抑制する」ということが目的であった。そして、明治期女性の性については、富国強兵のもと人口増加を目指した生殖に繋がる性行為だけを価値のあるものであるとし、性教育と女子教育において、女性には「純潔」「貞操」「良妻賢母」が何よりも求められた。そしてそれは女性にのみ求められるという二重規範（ダブルスタンダード）の性格を持っていた。性の解放が進んだ現在においてもそのダブルスタンダードは少なからず残っている。しかしその対極には、貧しい階級の女性にとって性は商品であった（牟田：2015）。

　女性のセクシュアリティについては、70 年代の女性学の登場とともに、女性の身体領域、女性の妊娠、避妊、出産、中絶、育児などについて研究領域が飛躍的

に増えた。私がここで取り上げる女性のセクシュアリティは、子どもを産むということと、その対極にある子どもを堕ろすということの二つについてである。子供を産むという歴史、それは深遠な歴史を持っているが、ここでは、特に女性の生き方が大きく変わった20世紀を取り上げてみたい。20世紀という時代は、それまで女性ができなかったことができるようになった転換期であったかと思う。女性は、妻や母親という役割のほかに、仕事を持つこと、教育を受けること、政治を語ること、そして参政権を得たこと、行政職や政治家として、研究者や管理職の地位を得ることも可能になってきた。

それまでには、女性学という学問の発展や社会運動の道のりがあったことは無視できないが、本稿では、女性のセクシュアリティ－子どもを産むことと堕ろすこと－の個人と社会との関係について記憶を辿り歴史との対話ができたらと思う。

「性の歴史」の中で、知とは権力であることをFoucaultは指摘していました。20世紀の日本、戦時下の「産めよ増やせよ」、隣国中国の「一人っ子政策」など、妊娠・出産の統制にみられる人口の質と量の管理は記憶に新しいかと思う。上野は、「女の子宮は国家に属する。だからこそ多くの国で堕胎が犯罪とされたのである」（上野：2016）と述べている。

女性のセクシュアリティについて語るとき性行動の結果としてある生殖を除いて語ることはできない。子を孕むこと、子を産むこと、子を育てることを通して女性は社会とのつながりを持ってきたからである。出産の歴史という社会史を見ることで女性の置かれた立場がわかるといっても過言ではない。出産が医療化される前、産婆に介助された自宅出産の時代を経て、現代では、病院の中で生と死が交錯する、産婆は助産師という専門職にとって代わられ子供は産まされる。このような時代の始まりに、女性の立場で出産を考える、出産を女性の手に取り戻すために立ち上がった女性がいたことを留めておきたいと思う。

4. 出産の医療化が進む時代、子供を産むことは主体性を取り戻すこと

1960年から70年代に出産した女性たちは、一世代上の自分の母親たちとは全く異なる経験をしている。厚生労働省の人口動態調査によれば、1950年（昭和25年）には施設（病院、診療所、助産所）での出産は4.6%であり、95.4%は自宅又はその他で出産が行われており、産婆が介助をしていた。戦後GHQの指導により、1970年（昭和45年）には病院診療所助産所での出産が96%になり、自

●大会長講演

宅などが 3.9% になっている。20 年の間に、自宅出産と施設出産の割合が、逆転したことになる。出産の医療化が進行する中で、産婦たちは、満足な出産教育も受けず、そこで何が起こるのかも知らされず病院の衆人環境のなか医療器具の音を聞き、分娩台の上に固定された。孤独と医療者のパターナリズムに身を委ねる敗北感と屈辱を味わった女性たちは多い。女性たちの体験談は、人間として扱ってもらえなかった医療者に対する抗議の声として当時の新聞や女性誌に投稿されていた。

このような時代の中でいち早く自分の体のことを知り、人間らしいお産、満足のいくお産を模索した女性がいることを忘れてはならない。本稿でとりあげる杉山次子である（1925-2010）。久慈都が院生時代におこなった、インタビューを紹介しその意味について考えてみたい。

──────────────────────────────────

―久慈都（2010）：いいお産を求めて「お産の学校」を立ち上げた杉山次子氏の語り

女性の大学進学がかなわなかった時代に自ら道を切り拓き、出産の経験から女性が主体になってするお産を目指し、専門家とは異なる私設の「お産の学校」を開設運営した女性の聞き取りから。

インタビューは、2010 年 6 月、杉山次子氏に、妹の本田鎮子氏同席のもと、半構成的面接法を用い行ったものである。

杉山氏の「お産の学校」設立までの経緯や運営の実態などの語りから逐語録は287 コード、14 のサブカテゴリから 6 カテゴリに集約された。戦時下に女学生時代を送った氏は、学徒動員で授業はほとんどなかった。【何のためにこうして生きていかなければならないのかってみんな不満】であり終戦後、【とにかく大学教育を受けたい】と思い女子を受け入れていた東北大学に入学したのである。その後結婚、夫の事故で医療と向き合うことになり医療問題を通して女性問題やリブ運動にかかわるようになる。その時に門を叩いたのが市川房江女史であり、その時の気持ちは【それぞれ個々がアトムになっていきたいところに行ける】という社会の抑圧からの解放感であった。そして市民運動の中でも婦人問題で一番大切なことは産むことであると確信したという。杉山氏は第一子の難産と第二子の精神予防性無痛分娩による出産を経験し、出産がこのように楽にできるのかと思い【母子ともに安全で健康的なお産をしたい】【子供を持つということは主体的な一瞬】、女性にとって産む性としての主体性、生まれようとする子どもの主体性を尊重し無駄な苦しみがないようにすることが必要だと思ったこと、これが「お産の

学校」を始める契機になったのだという。そして最後に医療者、助産師でもない氏が「お産の学校」を運営していく際に、専門職の反発を買い対立することは避けたいと思い協力関係を結ぶために【専門家との関係は、あまり議論しない】ことであったと言っている。

杉山氏は「いいお産」とは、安全や快適さが確保されることのみならず同時に主体性、妊産婦が当事者として主体的にかかわること（杉山：2005）と述べている。

日本の戦後母子保健はGHQの指導の下、施設出産が奨励され、母親学級などの健康教育が開始された。今では、産む側の当事者性、主体性の尊重は施設により多少の差はあるものの基本的なケアとしてある。出産が生活の一部であった時代から、医療者の手に委ねられた時代を経て、主権の回復を得て協働性へと変わりつつあるといえる。

杉山次子氏のプロフィール
1948年　（23歳）東京女子高等師範学校（現お茶の水女子大学）文科卒業　　　1949年旧ソ連から精神予防性無痛分娩GHQの指導で母親学級が開始される
1952年　（27歳）第一子出産（4日間の難産）
1954年　（29歳）東北大学文学部卒業
1955年　（30歳）日本婦人有権者同盟に加盟（市川房江主宰）
1970年　（S45）　施設分娩96.1%、自宅分娩3.9%
1971年　在日外国人のためのラマーズ法のコーチが始まる。助産師、リブ運動家がセミナーを開催。
1972年　（47歳）夫の事故を機に医療に関心を持ち「医療をよくする市民の会」に参加
1979年　「お産の学校」運営委員会代表
1980年～1996年　100期に渡る「お産の学校」運営
1998年　「お産のミニ博物館」開館、館長として運営
2010年　10月逝去
久慈作成に著者加筆

5．子どもを産めなかったこと—ハンセン病女性の生と性

1940年代ハンセン病の特効薬プロミンがアメリカで開発され、現在ではハンセン病は感染力が弱く治療可能な疾患であることは知られている。しかし、日本では1996年の「らい予防法」の廃止、優生保護法の一部改正までハンセン氏病の元患者たちに差別と強制という人権侵害を行ってきた歴史があった。ハンセン病患者の隔離の始まりは明治の終わり頃と言われている。当時3万人はいたといわれる患者の強制収容が始まった。

1948年に成立した「優生保護法」では、第一条目的において、「この法律は、優生上の見地から不良な子孫の出生を防止するとともに、母性の生命健康を保護することを目的とする。」とし、優生手術、人工妊娠中絶を行う条件として、遺伝性疾患、精神疾患、精神薄弱につづき、「第三号　本人又は配偶者が、癩疾患に罹

● 大会長講演

り、且つ子孫にこれが伝染する虞れのあるもの」を挙げている。
　藤野（2001）によると、「優性保護法」のもとでハンセン病を理由にした優生手術の件数は、記録に残っているだけでも1435人。そのうち女性は1000人を超えている。また、妊娠中絶の件数は、記録されているものだけで3172件である。このような手術は、ハンセン病の伝染力がきわめて低いことが十分に知られ、なお治療法が確立しているにもかかわらず、結婚の条件として断種が強要され、また女性が妊娠すると堕胎が強要された。その優生保護法も1996年（平成8年）6月26日「法律第105号 優生保護法の一部を改正する法律」によって、母体保護法と改称され、らい予防法（1953-1996）廃止と同時に、優生保護法から「優生上の理由」を除き、優生手術は不妊手術に改められた。

　優生保護法のもと、「劣悪な子孫」を残さないために人口妊娠中絶を強制され女性性を抑圧されてきた療養者の結婚、子どもを産むこと、性と生をどのようにとらえていたのかについての聞き取りから紹介する。

....

　後藤英里、藤岡寛子、和田さより（2004）：ハンセン病女性療養者の性と生—
　インタビューは、2003年5月から2004年1月までに、A施設保健課より3名の対象者を紹介してもらい、対面で研究の趣旨を説明し承諾を得たものについて、1〜2回の構成的面接法を行った。希望者には夫や入所の友人夫婦の同席を認めた。ここに記したのは結婚と子供を持つことについての抜粋である。
　対象者のプロフィール
　Aさん：15歳で入所、25歳で入所者と結婚（1968）
　Bさん：12歳で入所、30歳で入所者と結婚（1964）、34歳で第一子出産、
　Cさん：22歳で入所、同年入所者と結婚（1955）
　ハンセン病療養者である3人にとっての結婚は、【二人で支えあう】【人間らしい生活】【社会復帰】のためであった。Cさんは、結婚は色恋（恋愛）ではなく、支え合うものと既婚入所者をみてそう思うようになった。子どもを持つことについては、感染、遺伝という風評に恐怖を感じており、子供がいじめなどつらい目に合う、親としても義務を果たせるだろうか、子供を持ちたいという自己満足ではないだろうか、でも親になってみたいという感情に夫婦とも悩んだという。後に養子をとったCさんは、血縁は無くとも「孫の顔が見てみたい」と自分の残した家族を生きた証にしたいと思った。

....

A、B、Cさんは、いずれも療養所で20代のいわゆる「結婚適齢期」を過ごした。結婚も子どもも諦念しなければならなかった女性が多くいた中で、三人は療養所内で結婚生活を送っている。有効な治療法が見つかった戦後になっても隔離政策は続き、皮肉なことに、施設からの逃亡を予防するため結婚を認めた政策の後押しもあって「結婚」はかなったのである。一人の女性の人間らしく生きることさえも為政者のポリティクスの手中にあったということになる。Aさんたちが子供を産む年齢であった1940年～60年代は、結婚の目的は子孫を残すことであった。子どもを産むことは、女性としての性的能力、自己の存在価値、母というアイデンティティであった。そのような時代に、子供を持てなかったという療養者の心理は、自己不全感、喪失感や自尊心の低下、社会との疎外感などで説明できる。後藤らは、それは、不妊患者の心理と共通するが、異なる点は政策として強制されたということである（後藤、藤岡、和田：2004）。

6．さいごに

　妊娠出産は非常に個人的な問題であり個々人の生活の営みと捉えられがちであるが、こうして戦後半世紀の歴史を見てみると、それがいかに社会的なポリティクスな問題なのかということが理解できる。1994年、カイロ国際人口・開発会議でReproductive Health and Rights（性と生殖に関する健康・権利）の概念が提唱された。Reproductive Health and Rightsとは人間の生殖システムが単に健康であるというだけではなく、人々が安全で満ち足りた性生活を営むことができ、生殖能力を持ち、子どもを持つか持たないか、いつ持つか、何人持つかを決める自由をもつことを意味する。また、差別、強制、暴力を受けることなく、生殖に関する決定を行える権利も含まれる。さらに、女性が安全に妊娠・出産を享受でき、またカップルが健康な子どもを持てる最善の機会を得られるよう適切なヘルスケア・サービスを利用できる権利が含まれる。Reproductive Health and Rights概念は、特に女性の健康と権利について判断する基準になっている。21世紀に入ってからも健康格差やジェンダー格差は完全になくなっていないけれど、女性は制度的には男性と同様一人の人格、人間として認められている。

　2015年の9月「国連持続可能な開発サミット」が開催され、17の目標と169のターゲットからなる「Sustainable Development Goals（SDGs）持続可能な開発目標」が採択された。女性や子どもに関する、妊産婦保健、妊婦死亡率の減少、

● 大会長講演

医療へのアクセス、HIV／エイズ予防、初等教育の男女平等、ジェンダーの平等、すべての女性と女児のエンパワーメントを図るなどが目標になっている。このように私たちの社会は、女性の健康や権利に配慮することを目標にしている。過去の出来事を葬り去るのではなくその意味を現代に照らして考える必要がある。

「歴史とは何か」の訳者である清水は、「現在に生きる私達は、過去を主体的にとらえることなしに未来への展望を立てることはできない。複雑な要素が絡み合って動く現代だからこそ過去を見る眼が求められている」と言っている。これを私の本日の講演のまとめにしたいと思う。

文献

・E.H.カー／清水幾太郎訳（2015）：歴史とは何か　岩波新書第84刷.

・藤野豊（2001）：「いのち」の近代史-「民族浄化」の名のもとに迫害されたハンセン病患者.かもがわ出版.

・後藤英里, 藤岡寛子, 和田さより（2004）：ハンセン病女性療養者の性と生.日本赤十字武蔵野短期大学助産学専攻科卒業論文（未刊）著者の許諾を得て掲載している.

・久慈都（2010）：いいお産を求めて「お産の学校」を立ち上げた杉山次子氏の語り.
目白大学大学院看護学研究科修士論文（未刊）著者の許諾を得て掲載している.

・牟田 和恵編（2015）：改訂版　ジェンダー・スタディーズ ―女性学・男性学を学ぶ, 大阪大学出版会.

・Mary Steichen Calderone, Lester Allen Kirkendall
1964年にアメリカ性情報・教育評議会（SIECUS）を設立した医師のカルデローンMary Steichen Calderone（1904―98）とカーケンダールLester Allen Kirkendall（1904―91）は、「セックスとは両足の間（下半身）にあるものだが, セクシュアリティとは両耳の間（大脳）にあるものだ」という比喩（ひゆ）で説明した. [小林　司]

・リプロダクティブヘルスライツ国際保健用語集http：//www.weblio.jp/content/

・白井千晶編著（2016）：産み育てと助産の歴史―近代化の200年を振り返る.医学書院

・上野千鶴子（2016）：「女の思想」私たちはあなたを忘れない.集英社文庫.

・田代美江子（2004）：性差と教育―近代日本の性教育論にみられる男女の関係性―.歴史学研究会編（シリーズ歴史学の現在9, 性と権力関係の歴史）

対 談

自己肯定感

山下 悠毅[1]　二村 ヒトシ[2]
1) 榎本クリニック　2) AV監督

A －　講師の榎本クリニック・山下悠毅先生、AV監督・二村ヒトシ先生のご紹介をさせていただきたいと思います。
　　　二村ヒトシ先生、ご職業はアダルトビデオ監督です。1964年六本木生まれ、慶應義塾大学文学部中退。監督作品として『美しい痴女の接吻とセックス』『ふたなりレズビアン』『女装美少年』などジェンダーを超える演出を数多く創案され、現在は複数のAVレーベルを主宰する他、ソフト・オン・デマンド若手監督の教育顧問を務められています。また、ご著書も多く、『すべてはモテるためである』『なぜあなたは「愛してくれない人」を好きになるのか』『淑女のはらわた』などがあります。
　　　山下悠毅先生、ご職業は精神科医です。帝京大学医学部を卒業され、東横恵愛病院医局員、たわらクリニック院長を経られて、現在は榎本クリニックの院長をされています。精神科専門医、精神保健指定医、産業医の資格をお持ちで、ご専門は性依存症、ギャンブル依存症の集団認知行動療法です。また、極真空手の修行も20年以上続けておられ、2007年に開催された北米選手権大会で優勝されています。
　　　本日は「自己肯定感」をテーマにお二人に対談をしていただきます。では、お二人の先生がた、どうぞよろしくお願いします。

● 恋愛の悩みで精神科に相談に来る女性が多い

山下　よろしくお願いします。

二村　よろしくお願いいたします。AVの監督の二村と申します。今、僕の監督作品のタイトルを読み上げていただいたときに何とも言えない微妙な空気が客席に流れまして（笑）、そのような人間をこのような学術的な

● 対　談

　　　　　場に呼んでいただいて、ありがとうございますといいますか、なんと言いますか……。

山下　　私はずっと二村監督のファンでして。研修時代に、こちらの本（『なぜあなたは「愛してくれない人」を好きになるのか』）に出会いました。

二村　　ビデオのほうじゃなくて、僕の書いた本を。

山下　　そうです。すごい本だなと。女性心理ですとか、男性心理とか、「これを勉強すると恋愛問題、簡単に解決するじゃん」っていうのを感じたんです。で、その後、精神科を専門的に勉強して、横浜の駅前近くのクリニックで院長をやっていたんですけれども、恋愛の悩みで来る女性っていうのがものすごく多い。女性は7割、8割くらいは気が付いたらその悩みです。当時、僕自身が恋愛のブログを書いていたっていうのもあるんですけど。

　　　　しかし、いざそれを「どうやって治そうか」ってなったときに、悩みまして。恋愛の治療法なんて教科書には書いてないし、ましてや医学部でも勉強できませんので。で、この本があったと思い出しまして、患者さんに勧めるようになったんですね。で、すごくうまくいって。「先生、あの本、ありがとう」って言われて、それで治療が完結しちゃうくらい。治療を始めて20冊くらいは多分売ったと思います。

二村　　どうもありがとうございます。

山下　　そういう経緯もありまして、ずっと一度お話をお伺いしたいなと思っていました。そして、本日、私の念願かないまして、対談が実現しました。皆さん、どうぞよろしくお願いいたします。

二村　　今日いらっしゃっている皆さんは精神医療の臨床のかたとか、その方面を勉強されているかたが多いということで、会場を見渡すと女性もたくさんおられます。AV監督が、そもそもなんで山下先生や患者さんたちに興味を持っていただけるような恋愛の本を書いたのかっていう部分も、もう少し説明しないといけないのかなという気もするんで自己紹介

を補足させていただきます。

　僕は慶應大学を中退したんですが、母親が医者で、母は僕を医者にさせたかったんだろうと思うんです。けれども大学は文学部に行って、しかも卒業せずに AV 男優になってしまった。なんでそんな道を選んでしまったのか。僕の親との関係性といいますか、僕の中に、親が理解しないであろう、なるべく親が嫌がるであろうことをしてやれという甘えた気持ちがあったんです。

　で、とにかくカメラの前で性行為をしてお金をもらうような仕事をしながら、ディレクションのほうにも興味をもちまして、そちらをやっていく中で、それが今日の学会全体のテーマとも繋がると思うんですけれど、セクシュアリティと自己肯定感、人間の性とは、セックスとはいったい何なのかっていうことを考えてしまうようになった。それがやはり非常に面白い、ふしぎなものだったからです。

　アダルトビデオは基本的に男性の欲望に則って作られています。現在でも AV を顧客として消費してくださるのはほとんどが男性で、社会的に男性の性的欲求はこういうものだとされている、すなわち男性にとって都合のいい女性の裸やセックス、ときとして暴力が描かれます。世の女性の中には「アダルトビデオっていうのはほぼ 100 パーセント、レイプ的なものだ」と認識なさっている向きもたくさんおられ、ポルノに反対する女性たちの声は大きくなっていく。しかし一方で、男性向けに作られたポルノに救われる女性、口には出せない性的欲求を肯定されたという女性も、たくさんいるんです。

　僕が作ってきた AV は、あくまでも主たるユーザーは男性なんですけれども、女性がセックスに奔放になる、もしくは女性同士の性行為であったり、男性が性行為の過程で次第に女性化していくものであるとか、男ももっと受け身になっていいんじゃないか、みたいことを主題にしたポルノを 20 年くらいずっと作っていましたら、15 年くらい前にブームが来まして、セックスについて受け身の男性が増えた。いわゆる「男らしくない男」が増えたことに二村の AV は一役買ったんじゃないか、みたいなことも言われながら、そういう仕事を続けてきました。

●対　談

●女性たちはみんな、のっぴきならない物語を抱えている

二村　自分の中で、フェミニズム的な問題意識があったわけではなく、女が強くて男が犯される映像、あるいは女性同士の映像を僕が見たい、演出したいという欲望だったんです。それをやっていく中で、でも結局、それは僕の妄想を女優さんの体を使って具現化しているんだということに気づいて飽きてきたというか、やりつくした感じがしてきた。そこで、さっきもちょっと言いましたけど、男性が女性化していくような作品、ゲイの男性ではなくて通常は男子として社会的生活を送り、女性の恋人もいたりしながら、カメラの前でプロのメークさんにメークされて女性の衣装を着ると、その一時だけ女性化してAV男優に抱かれる。そういうジェンダーの混乱がエロチックだなと思って撮り始めたところ、それがまた一部の好事家に受けて売れまして。それで妄想を女優さんに演じてもらってるのではなく、実際に「性転換したいわけではないけれど、一日だけ女性として生きて、セックスしてみたい」という、僕ではない他者の欲望に出会えている気がしたんですね。

　その一方で、女性のAV女優さん、つまりカメラの前で服を脱ぎセックスするという仕事を選んだ女性と話していると——、誤解がないように言っておくと、AV女優になる、あるいは性風俗を仕事として選ぶ人が特殊な人だとは僕は思っていなくて、むしろ皆さん本当に普通の女性です。ただ、普通の女性がなぜその仕事を、社会から差別されることも多い、親には言えない仕事を選ぶのかってことに関しては、その人の何らかの物語、本人が性というものをどう捉えているのかっていう個別性は必ずある。女優さんたちと性について突っ込んだ話をしていると、普通の女性たちがみんなそれぞれ、性に関して、あるいは恋愛に関して、のっぴきならない物語を抱えていることがわかる。みんな「普通」とされる恋愛をして、それで悪い男に引っかかったり、結婚できなくて悩んだりしている。

　もちろん男性だって恋愛に苦しんでいる。しかし彼らは本質的に「自分は苦しんでいる」っていうことに気づけない傾向があるんじゃないだろうか。男性なのに苦しみに気づけるのは、明らかに男性社会に不適合を起こしている、ある意味、精神が敏感な人だけ。そういう現象が起きているなっていうことを、性を商品化する業界で仕事をしながら考えて、

恋愛やセックスに関する本を書いてきました。

山下　性と自己肯定感とは切っても切り離せないと思っていて、例えば、あまり自分の好みじゃない子でも、「AKBに受かりました」って言った瞬間、多くの学生は、デート省いてもいいから付き合いたいなって思うはずなんですね。その女の子の魅力は全く変わっていないのに、AKBっていうブランドが付いちゃうと変わりますよね。

　あと、もう一つ言うと、監督は日ごろ、そういう仕事をなさっている女性とお仕事されて、私はそういう仕事の方が毎日たくさんクリニックにいらっしゃるんで、見ている方の層が違うというのはあります。大学生とかになると、具体的に苦しんでしまう方、これは会社でも何でも同じなんですが、派閥闘争が起こって、そこで破れてしまって苦しくなってクリニックにいらっしゃる方もいます。ふだん見ている世界が違うっていうのはものすごく興味深いなと思いまして、今から話を進めていきたいと思います。

●自己肯定感がないと恋愛はうまくいかない

山下　で、きょうのテーマなんですけど、自己肯定感を一つのテーマに置き換えてみました。「なぜ自分は、好きでない人からはモテるのに、好きな人からはモテないのか」、皆さん、ありません？　そういうのって。恋愛ってこういうもんだなと言い切ってしまってもいいくらいですよね。なぜだか分かんないですけど。

　やっぱり普通に性の問題を扱っていると、このことって出てくるんですよね。クリニックに悩みを抱えていらっしゃる患者さんで、恋愛のカウンセリングって多いんですよ。要するにモテないとか、いい人いないっておっしゃるんですけど、別に全くモテなさそうじゃないんですよね。話を伺ってみると、言い寄られていることも多いですし、全くモテなかったら、もし1人でも好きですって言われたら、すぐくっ付くわけですよね。

二村　ていうか、そういう人って、むしろ魅力的な人が多いんですよね。魅力

● 対　談

的なのに自分に自信がない人が、自分の魅力を肯定してくれる人から恋され求められると、それを遠ざけ、逃げ出すということがしばしば起きる。

山下　僕、今は空手の指導員もしているんですけど、選手達はみんなコンプレックスとの闘いなんですよ。「筋肉がつきにくい」とか、「背が低い」、とか。でも、深刻なレベルまで悩む選手、例えば「ハイキック上手く蹴れない」なんて悩むのは、「ハイキックが得意な選手」なんです。つまり、人って実は、「短所でなく長所で悩む」んだな、と思うです。

二村　自分が得意だとすることは極めないといけない。ところが世界一の人でない限り、その人よりハイキックがうまい人は必ずどこかにいる。それでつらくなる、ということもあるのでしょう。それと、恋愛では自分を振り返って、相手が「好きだ」と言ってくれる部分を「それは本当の自分じゃない」って否定したくなってしまうのもあるんじゃないですか？
　自己肯定感のない人が、こういう状態、症状に陥ったら、「あなたのことが好き」って言われたときに「いえいえ、私はそんな人間じゃないですから」っていう、言い訳というと変ですけど、そういうものが口から出てくることが往々にしてあります。特に女性に多いですね。

山下　そうですね。監督は本の中で２種類、書いていらしたと思うんですけれども、せっかく言い寄られたのに断ってしまう女性、もしくは、こんな人は自分にふさわしくないと断ってしまうとか、あれはどのように書かれていましたっけ？

二村　「見下し型」と、もう一つ。

山下　「逃避型」。

二村　どちらも正体は、こじれたナルシズム——、いきなりナルシズムっていうキーワードが出てしまいましたけれども——、「私がキモい人間であるということは、私自身が一番よく知っている。そんな私にだまされて私のこと好きなどと言うあなたは、たいした人間じゃないわよね」とい

うふうに思ってしまう。

山下　ありそうですよね。ナルシズムというものをひと言で言いにくいのは、2個の感情も3個の感情も入っているからだと思うんですよ。すごく自信がない。キモいと言いつつも、こんなもんじゃない、本当の自分は、みたいな。

二村　そうですね。

山下　劣等感と自己重要感みたいなものですかね。これを抱えてしまうと、自分が嫌いだから、自分のことを好きっていう人が嫌い。あと、どうせ付き合ったとしても振られるわけだから、先に逃げとく。

二村　そうです。あらかじめ予防線を張っておくんですね。私はどうせ恋愛では幸せになるはずがないと。それって思い込みなんですけど、「自分は恋愛で幸せになる資格はない」というのが根底にあって、それに本人は気がついていないわけですよね。
　そのふしぎな思い込みの根底にあるのは、多くは親からかけられる呪いだと僕は思うんです。それをそのまま成就させるために、心の自動スイッチが入ってしまって、自分が幸せになるところから逃げる。マリッジブルーというのも同じです。結婚が近づくと不安になる。そういう感情っていうのは、自尊感情のなさ、自己肯定感のなさからくるのでしょう。

●男性に大切にされない女性は自己肯定感が低い

山下　ちょっとそのテーマでもう一つ、話を進めたいんですけれども、「なぜ、私は彼から大切にされないのか」。これで悩んでいる方、すごく多いと思うんですね。

二村　別れても別れても、また同じような駄目な相手、幸せになれないであろう相手とつきあってしまう人がいますね。

●対　談

山下　こういう方がDV被害者ですごくいらっしゃるんですけれども、「じゃあ、前の彼はどうだったの？」と聞いてみると、「前の彼もひどかったですよ、その前も」って言うんですよね。そこで、「うーん、それはなぜだろう。一緒に考えてみない？」っていう話になって、ちょっと心理学的に面白い話ができたらいいなと思うんですけど。

　　　　監督もこの本の中で、「男性はみんな、自分のパートナーにやっぱりテクニシャンであってほしい」というようなことを書かれていますよね。監督が書いていらっしゃるように、男性は、テクニックはないよりはあったほうがいいと思っているはずなんです。もちろん、パートナーがテクニックを磨いてくれるって言ったら快く喜ぶと思うんです。けれど、その結果、その女性が本当に幸せになれるでしょうか、という話なんですよね。

　　　　心理学で「割れ窓理論」というのがあります。すごくシンプルな話なんですけど、繁華街、たとえばニューヨークとかで、1台の車を1週間ほったらかしにしとくわけですね。1週間たつとナンバープレートが盗まれちゃった、なんていうのは往々にしてあるそうなんですね。で、次に、同じ場所で同じ車のフロントガラスだけバリンと割っておく。すると1週間たつとどうなるかっていうと、窓は全部割られるし、タイヤは盗まれるし、車ごとボコボコにされちゃう。

二村　「汚れているものはもっと汚していい」って思われちゃうっていうことですか。

山下　駅で自転車がパーッと放置されている中で、かごにごみがいっぱい入っちゃってる自転車があるのも、これと同じことですよね。

二村　ごみの入っている他人の自転車のかごは、他人の自転車なのに、ごみ箱であるかのようにに見えてしまうんですよね。

山下　許される、みたいな。

二村　許されるわけがないのに。

自己肯定感

山下　ないはずですけど、してもいいという「根拠のない何か」が生まれてしまう。

二村　教員をやっている友人から聞いたんですけど、学校が荒れないようにすることの一番の具体的な方法は、学校をきれいにすることだと。何となくずっと散らかっていたり、校舎の修繕がうまくいってないような学校だと、やっぱり暴力が起きやすいということが統計上あると。

山下　まさしくそれですね。これを利用してニューヨークの40年前の市長が落書きを全部消したら、犯罪が6割減ったっていうのがありましてですね。

二村　そういう空間に身を置いていることで心がすさむっていうこともある。心の何がすさむのかっていうと、自分のことを大事にしなくていいって思ってしまうということなんでしょうか？

山下　そもそもすさんでいるんだと思うんです、私たちは。

二村　人間というのは、すさんでいるものだと。それは本来的に持っている、寂しさのようなことですか。孤独感とか。あるいは攻撃性とか。

山下　癒やせる場所を探しているのかなっていう気もするんですけれども。
　　　最初に戻るんですが、このお話が、この著書に書かれたものとどう関係するのかなと。

二村　自己肯定感を持っていない女性は、男性の暴力性なり、直接の暴力じゃないかもしれないけれど「この女は大事にしなくてもいい女である」っていう甘えを引っ張り出してしまうっていうことでしょうか。

山下　そう、引っ張り出してしまう。愛されようとしてやっていることが、逆に愛されないことにつながってしまう。

二村　だから、何でもかんでも自己愛、ナルシズムという言葉で片付けますけ

●対　談

　　　　ど、そういう仕組みができちゃってるんですよね。謙虚さといえば聞こ
　　　　えはいいですけれど、自分を低く見積もっておいたほうが愛されるって
　　　　いうふうに刷り込まれてしまっているわけです。ところが、実際はそう
　　　　ではない。

山下　　無理やりわれわれの型に押しはめようとしている僕もいるんですけれど
　　　　も、ひょっとすると、男性にこびる性的交渉をしてしまうのは、「私は
　　　　窓が割れてるんです」っていう熱心なメッセージのような気もしちゃう
　　　　んですけど、その窓はいつ割れたのでしょうか。

二村　　もちろん加害するのは、その抑圧してくる恋人なんですよ。しかし窓
　　　　は、あらかじめ親の教育や、社会構造によって割られてしまっている。
　　　　世の中の良識で考えたら「窓ガラスが割れている人間なんていない。す
　　　　べての人間には人権があり、人間として尊重されなければならない」っ
　　　　て、勿論その通りなんですが、一方で日本人の感覚として、日常の男女
　　　　の関係において、男性のほうが女性より優位である。能動的である。こ
　　　　とにセックスの場面において〈女性〉性というものの中に、男性から優
　　　　位にふるまわれることによって発情するという倒錯がインプットされて
　　　　しまっている。セックスでの倒錯は、いいんですよ。大いに楽しめばい
　　　　い。しかしそれが日常生活にまで支配関係として反映されてしまうとま
　　　　ずい。社会的な、いわゆる男尊女卑の考えにも繋がってくる。

山下　　美徳みたいな感じ。

二村　　そうですね。もちろん普通の意識の中では、上司から、なんとも思って
　　　　いない知り合いの男性から、あるいは連れ添って時間が経って恋心が冷
　　　　めてしまった夫やパートナーからは「ハラスメントなんて、されたくな
　　　　い」って一人一人の女性は思ってるんですけど、いざ今から結婚相手を
　　　　選ぶ、もしくは熱愛中の男性とどういうセックスをしたいのかっていう
　　　　ときに、男性側に主導権を預けるほうが女性はやりやすい。あるいは
　　　　自分より収入が低い男性とは結婚したくないとか、尊敬できる男性がい
　　　　いってことも女性は言いますよね。それが「お互い尊敬し合える」っこ
　　　　とを意味しているのであれば問題ないですけど。どこかでやっぱり自分

を下に見てくれる男性のほうが居心地がいいっていう気持ちが女性の中にあるとしたら……。それは、そのほうが相手を信頼できるからということではなくて、世の中が、社会が、そういう関係のほうが女の子として生きやすいと決めつけて、それで社会が運営されている。もしかしたら、そういう社会のありかたと、女性たちが一般的に自己肯定感を持ちにくいこととが関係あるのではないか。というか、確実に関係あると僕は思うんです。

山下　今の話だと、文化的に最初から窓は割られているっていうことですよね。

二村　そうです。

●相手の「好きなところ」が「嫌いなところ」になっていく

山下　今の、「人を好きになって」というお話を、今度は、医療の心理学の立場から、心理学的にはどういう心の動きがあるのかをお話しさせてください。

　まずステップ1として、人って必ず同じところや共通点があることで、ぐーっと距離が近づくんですね。例えば、私だったら、どっかの山に登って人と会ったときに、同じ医療関係者とだったらスッと話ができる。「ああ、ナースさんなんですね」とか、「カウンセラーさんなんですね」とか、相手との距離の近さを感じます。

　ここを LIKE と呼んでまして、どうやったらこれが LOVE に発展するか。

　LOVE に発展するのに大事なものは「自分と違うところ」なんですね。自分との違いを見つけることが、ステップ2です。違うところを見つけると相手を尊敬するということができる。つまり、同じ医療関係者でも、「運動もして体も鍛えてて、すごい、かっこいいよね」とか、「料理がきちんとできる」とか、「掃除がすごく丁寧できれい」とか、自分の持っていないところがあると恋に落ちるって言われていますね。これは皆さんも今までを振り返って、そういうこと、多いと思うんですね。

　さらにそれが進むと、残念ながら、必ず別れがつきものなんですけど、

● 対　談

自分と価値観が違うと、「やっぱりこの人、違った。別れましょう」っていうことにつながっていく。

　つまり、ここで興味深いのは、LOVE になった、好きになった部分で結局、嫌いになるんですよ。「筋トレやってて、すごいなと思うんだけど、ただのナルシストじゃないか」とか、「すごくきれい好きだなと思ったけど潔癖性じゃないか」みたいな。

二村　恋という心の動きには、必ず「憎しみ」に近い成分も含まれていると僕も思います。それと、実際に心理臨床の場でお仕事されているかたには雑な言葉に聞こえるかもしれませんが、僕の本の中で「心の穴」って呼んだ概念。これは欠損ということじゃないんです。心の穴はその人の長所にも短所にもなりえて、というか、そもそも長所と短所というのは同じものです。同じ心の特質を、その人に恋した人は、最初は魅力と感じて、しかしその人に慣れていくうちに鬱陶しくなっていく。これは「短所は魅力になりうる」って話でもあるんですけど。

　人間は、自分がなりたくて、なれなかったような人間に恋をする。自分の心の穴を埋めてくれるような、ある意味、自分と対称的なかたちの穴を持った相手に引かれると同時に、無意識に憎む。逆に言えば嫉妬や憎しみといった執着も、一種の恋です。自分の心の穴を埋めようとする行為が恋愛なんじゃないか。

　もしくは、何かを一生懸命やる。それは仕事でも趣味でも何でもいいんですけど、それをやらざるを得ない、「心が欠けている」のを何かで埋めようとしている。すべての人間は心に穴があいていて、穴があってこそ人間なんだけど、穴があいているってことの寂しさに耐えられなくて、やっぱり幸せになれないような誰かを好きになってしまったり、仕事を一生懸命やり過ぎて体や心を壊してしまったりするわけですよね。

　山下先生もおっしゃった「似ているところと違うところ」ですが、好きだということは心の穴が刺激されているっていうことなので、その人の近くにいたくなる。だけど近くに寄ると心がかきむしられてしまうので、近くにいたくなくなる。

●恋とは「自分のものにしたい」という一方的な欲望

二村　ちょっとここから、強引に愛と恋の話と結び付けちゃってよろしいですか。「好きなところが嫌いなところになる」っていうのは、まさに「恋をしている」っていう、LIKE が LOVE になるのがステップ 1 とステップ 2 で、ステップ 3 で嫌いになるっておっしゃいましたけど、順番に来るっていう発達的な見方は、なるほど、そうだろうなと思うんです。

　僕はまず本の中で「恋と愛は違うものだ」って、そういう前提で始めたんですね。愛情というのが LOVE だとしたら、恋というのは「求めること」であって、それは NEED、ニーズとか要求ってものは愛じゃないよね。「恋愛」っていう言葉ですごく雑にまとめられるけど、恋と愛って全く逆のもので、愛っていうのは何かというと、もう求めないで、そこにいる山下さんを全肯定する、あるいは見返りを一切求めないで、ただ「親切にする」っていうのが愛であって、こっちに抱き寄せたいという欲望や、ましてや性欲とはあんまり関係ない。

　抱き寄せようとするのは「自分のものにしたい」っていう気持ち、つまり恋なんですけど、それはさっきも言ったような、心の穴が刺激されている。抱き寄せて一体化したいっていうのは、自分の心の穴を埋めたいと思う感情なのですが、心の穴というのは決して埋まるものではない、抱き寄せようとすればするほど、つらくなってくる。

　だから恋というのは、愛に変わるか、憎しみに変わるか、どっちかしかありえない。恋が恋のままで死ぬまで続く——よく「結婚しても恋をしていたいよね」みたいなことを言う人がいるんですけれど——、そんなことはありえないので、恋が愛に変化しないであろう相手と結婚を考えるのはヤバい。

　逆に、愛になれば、いい距離が保てる。家族愛になってしまうことでセックスレスの問題も出てくるんですけどね。抱き寄せるニーズがなくなってしまうわけなので、欲望も、支配欲からくる性欲もなくなってしまう。

山下　いま思い出したんですけど、男性の恋愛相談で、例えば身長が低い方は「どんな女性が好きなんですか」と聞くと、「背が高い人が好きです」とか、ちょっと学歴に自信がない方は「高学歴の子がいい」とか言う人が

●対　談

　　　　　すごく多くて、それっていうのはやっぱり心の中に原因があるっていうことですか。

二村　　トロフィー・ワイフとはまたちょっと違いますけど、それはやはり劣等感でしょうね。

山下　　1.5流の人は一流を目指すと。

二村　　でも、それはいいんじゃないですか。「インチキ自己肯定」の話になるんですけど、多くの男性って自分の劣等感を客観的に捉えられず、自分の存在が1.5流だと思ったら、自分よりさらに下と言ったらなんですけど、見下せる女性を求めますよ。支配しやすいんです。つまり、それも心の穴を埋めようとしているんです。自分に自信がないから、自分が支配できるものを求めるっていう感情が男性にはやっぱり強くて、でもそういうやりかたで自己肯定感を得てもしょうがねえだろって僕は思う。そんなんじゃ結局、幸せにならないんじゃないか。

山下　　結局、自分より下の人としかいられないっていうことで。

●男性特有の「インチキ自己肯定」は性器への依存が原因

二村　　いま、上と下っていう分かりやすい話をしたんですけれども、必ずしも学歴とか分かりやすい例ではなくて――男性特有と言っちゃっていいのかな、じつは女性も隠されたかたちで持ってるんですけれど――男性がやりがちな、インチキな自己肯定。
　　　　例えば、ワーカホリック的に仕事を一生懸命やることで収入を上げたり、あとは学歴とか会社での肩書、見せびらかしているつもりはないよと言いつつ高い腕時計を身につけたり――女性が宝石を身につけるのとは意味が違うんですよ。女性でも、装飾品が浮いちゃってる、みっともない女性もいますけど――やっぱりその辺って、男性の精神が「性器中心」というと変だけど、身体全体に意識が向かないって言うか、下品に言うなら自分のちんちん、心理学の用語でいうところのファルス、そ

ういうものを自分の存在証明にしてしまう。

山下　何か必要ですよね。自分が重要だって思う武器というか道具というか。

二村　男の子が自動車や列車のおもちゃとか、光線銃とかミサイル、あと、大人になったら高いビルを建てるとか軍備を増強するとかね、男のプライド、それらは全部ペニスの象徴だって、まあ俗流の心理学ですけど。
　一事が万事、そうなんですよ。男が会社の中で出世しようとしたり、コネがあるとか、リーダーシップを発揮するとか、じつは全部ちんこの話をしているだけであって、それはなんでかっていうと、ちんこというものは、自分の体の近くにくっついていて、握りしめやすくて、いじってると何となく自分が強くなった気がして安心する。男って、そういうマスターベーションを子どもの頃からしていて、そういうものでしか自己肯定感を得られない。ちんこ以外に身体感覚がない。だけど歳を取ると勃たなくなるわけです。「そんなものに永久に、しがみついていていいの？」っていうことを、女性が強いビデオを撮ってきたAV監督としては言いたい。

山下　さすがに勃たなくなるっていうのは、確かにいずれ対処しなきゃいけない。

二村　男のプライドや男尊女卑の感覚だけにしがみついていると、いずれ居場所がなくなるとか、見放されて熟年離婚されちゃうんですけど。
　で、翻って、女性にはそういうペニスみたいな、握りしめて確かめられるものが自分の身体にはない。代わりにどうしているかというと、何となく男性から評価されるっていうこと、女としてとか、母としてとか、妻として評価されるっていうことに自分の価値を置きがち。これは、しょうがないんですけど世の中がそういうシステムになっている。
　そうすると「これ1本だけ握りしめときゃ大丈夫」っていう、ちんこみたいな、男子のプライドみたいなものがないわけだから、女性はオンナとしても働き手（社会人）としても母としても全てにおいて完璧にこなさなきゃいけない、他人や社会からの評価を気にしてしまう、「そりゃ、女の人、大変だよね、つらいよね」っていう感じはしますね。

●対　談

　　　女性でも、例えば「うちの旦那は金持ちなのよ」とか、それで自分にOKを出せている人っていうのは、女性版インチキ自己肯定だと思うんですが、多くの、ほとんどの真面目な女性は、あれもこれもやらなきゃいけない。親から言われた通り、良い子でなきゃいけない。あるいは「良い子」からはずれてAV女優になった娘さんは、優秀なAV女優さんはみんな真面目です。評価されようとして、めちゃめちゃ仕事を頑張る。

　　　あるいは四大を出てキャリアウーマンになっても、仕事をこなしながら、きれいでいなきゃいけない、結婚したら家事もやって、旦那ともセックスしなきゃいけない、不倫はダメ、みたいな「まじめさ」を内面に持ってて、なかなか男みたいに「何か一つ握りしめていたら、あとは多少だらしなくても、それでOK」みたいには思えない。

　　　で、そうした自己肯定感の無さみたいなところに――それだけじゃないと思うんですけど――子どもの頃に、お父さんと、お父さんの裏側にいるお母さんから圧迫を受けたので、「女としての自分」っていうのが見えてこない。ほとんどの女性が、そうやって苦しんでいると思うのです。

●恋をするのは「自分をどこかに連れ去ってほしい」から

山下　　そのお話を「愛と恋」に当てはめてみると、恋っていうのは自己肯定感がないがゆえにしてしまう。

二村　　つまり自分が嫌い。肯定できない。先生がおっしゃった恋愛の順番でいくと、まず恋っていうのは、自分のことが、自分が今いる世界が嫌だから、どっか別の世界に連れていってほしいと願うことなんです。

山下　　これは自分を変えてくれる、変われるっていうわくわく、期待ですね。

二村　　すてきな人が目の前にいたって、それだけで恋をするわけじゃない。自分をどこかに連れて行ってくれそうな人に恋をする。

山下　　ある程度、自分を認めてくれるレベルの人に恋をするんですね。

二村　そうですね。

山下　愛にたどり着ける人、けんか別れせずに、ですね。それはお互いの自己肯定感が育って、自己完結がお互いできるようになったっていうことですか。

二村　お互いを許し合えれば、肯定しあえれば、つまり愛しあえればいいんですけど。往々にして、自分のことをひょいっとどっかにさらっていってくれる男性って、わりと暴力的。いろんな意味でね。DVに直接むすびつくとは限らないですけれど、どこかにさらっていかれるということは、今の自分を否定されるっていうことで、それはそれでまた心の穴がうずく。
　女性に限らず、男性でも、受動的な人というのは、いま自分のいる場所は嫌だ、だけど本質的にはナルシズムで「自分で規定している自分」にこだわっている。がんこである。何かを決めつけている。それでは恋愛はうまくいかないでしょう。

山下　さっきの腕時計の話でいうと、確かに男性の方に「高い時計買いました」ってFacebookなんかにドンってあげられたら、イラっとしますよね。

二村　しますね。

山下　でも、女の子の「買ってみました」には、あんまりイラっとしないですよね。

二村　そうなんですよ。

山下　それは多分、女性が恋のビームを発射していて、男性はその恋のビームを欲しいからイライラしている。

二村　ああ、それはわれわれ男性が、そう思ってしまうところかもしれないんですけれど。あと、男には分からない女性同士のマウンティングとい

● 対　談

　　　　うのもあるんでしょう。ただ、本質的に普通の女性はインチキ自己肯定してない、できないからじゃないのかな。インチキ自己肯定している、ちょっとおかしな女性の自慢はやっぱりイラっとする。

山下　　そうですね。例えば写真をバシャバシャと、嫌ですね。

二村　　あと、むやみと社会正義をふりかざす女性とか、病的にナチュラル志向だったり、男性への憎しみからラディカルで攻撃的すぎるフェミニズムに傾倒する人も、インターネット上に散見されます。あれはインチキ自己肯定です。

山下　　私も専門は依存症ですので、なんで依存していくかというと、私は「幸せの空振り」って説明するんですね。薬物とかギャンブルで勝てばハッピーになれると期待する。でも、ギャンブルでハッピーにはなれないんで、おかしいなと思ってまた行ってしまう。本当にハッピーになれれば、月1回でもいいかもしれないですね。お寿司だと、そんな感じですね。月1回食べれば十分、みたいな。つまり、依存している時点で実は幸せではないんです。

二村　　「海の上で遭難して、喉が渇いて死にそうだから海水を飲んでしまう」ってことかと。塩水だから、飲めば飲むほど喉が渇きますよね。つらいですよね。

山下　　自己肯定感がない男性が高い時計を買っていくというのと同じなんですかね。

二村　　買い物依存も依存症ですが……。

山下　　買い物依存というより、ブランドで統一させるとか、ワーカホリックになって年収上げるとか。お金を持っているからですかね。

● 自分が死んだら、どんな男だったと語られたいか

二村　僕ね、今日、呼んでいただいて、先生に伺いたいこと、訊きたいことがあるんです。性の依存症についてね、変態性とか、過剰なマスターベーションだったりというのを作品化することによって……、要は男性にマスターベーションさせることが僕の本業です。コンテンツというかたちで、一つのフィクションとして作る。

そういう立場として、僕は、世の中で倒錯とされているものに、やっぱりちょっと自分自身が救われてきたっていう自覚があって、僕はあらゆる「変態」——この言葉自体、もしかしたら使ってほしくない人もいるかもしれないですけど——そういう「ノーマルではないとされている、いろんなこと」を——これはもちろん、人に迷惑をかけては駄目ですよ。レイプとか、実際に行動に移す小児性愛とかは、もちろん凶悪犯罪ですけど——お互いが合意でやっている、あらゆるアブノーマルさを肯定したい気持ちがあるんです。

ただ、それに耽溺してしまって、お互いが肯定していても破滅していく場合もある。その辺をどう考えたらいいのかなっていう。僕たちが——性、エロっていうものを主眼にしている人間が——しがちな言い訳として、わかってやっているんだったらそれは「善」じゃないか。人に迷惑かけてなくて、自分がこれをヤバいことだって自覚しながらやっていれば、それで仮に破滅したっていいんじゃないかっていう考えがある。

これ、アウトロー的な考え、かっこよさげなことなんですけど、どう思われます？

山下　アルコール依存では「酒で死ぬのは本望だ」っていう方がすごく多いんですよね。

二村　ゆるやかな自殺ですよね。

山下　アルコールはどうしても肝臓が壊れちゃって、亡くなってしまうんで。でも、「俺はそこに人生賭けてる」って本人は言い張るわけですね。ま、最初はそんなふうに感じているんですけど、やっぱり、死ぬ直前になると、「死にたくない」とか「もう飲まない」って言うんですよ。肝硬変

● 対　談

の末期というと、酒もまずくてもう飲めないんですけど。つまり後悔で、そして家族にも申し訳ないって、すごく言うんですね。

二村　死の直前になって、悔いが出てくる。

山下　はい。いかにそれを想像できるかっていうのが大切で、自己肯定感がどうやって育まれるかっていったら、他者からの承認だと思うんですね。やっぱり、周りから「優しいね」と言われれば、「俺、優しいんだな」とか。
　その他者っていうのも「大事な人」っていうのがキーワードだと思うんですね。自分が守りたい人とか一緒にいたい人、その人からどのように承認してもらえるかっていうのが、自己肯定感を育むことになりますし、ひいては幸せの定義になると思うんですね。

二村　一人で死んでいくというふうに開き直れないで、「俺の人生は虚しかった。このまま死にたくない」なんて悲鳴をあげるわけですね。

山下　本当に一人で死んでいく人はそういうメッセージすら残さないので。実際にはそういう人がたくさんいらっしゃるでしょうけど。

二村　そうでしょうね。

山下　なので、「死ぬときにどういう人だったと言われたいのか」ってよく言うんですけれども、男は何で記憶されるか、それに尽きると。それが「酒飲んで、くだ巻いて、仕事もしないお父ちゃんだったね」と言われたいのか、「本当にお父さんの子どもで良かった」と言われたいのか。確かにIT社長にはなっていないけれど、「本当に楽しい時間をありがとう」って言ってもらえるか。
　こうやって冷静に見ていただけると、治療を頑張って受けたいという話になっていくことは多いんですよね。時間軸で見たとき、短期のハッピーは「酒を飲む」という問題行動で上がります。でも、長期で、「もう一回、その人生を繰り返したいか？」っていうと、選択しない方のほうが多いんじゃないかなと。

二村　その一つの回答って、今、聞いてて納得いったんですけど、それって「インチキ自己肯定とは何か」っていう答えというか。インチキ自己肯定って便利な言葉で「おまえ、幸せそうな顔をしているけど、それはインチキだよ」って言ってしまえば、それはお坊さんの「喝！」じゃないけど、無敵のカードなわけで。でも言われた当人にしてみたら大きなお世話じゃないですか。

　若い頃は苦労したけど事業が成功して、いい気になって威張ってパワハラしている男性的、父権的な経営者とか。恋愛、セックスの話だと、わかりやすいのは、いわゆる「ヤリチン」ですよね。とにかく数多くの女性を落とすことができれば自己肯定できるような気がして、しかし、やればやるほど心が病んでいくアンビバレンツ。

　ヤリマンには２種類あって「自己肯定できているヤリマン」と「病んでいるヤリマン」というのは、わりと区別がつく、というのが男である僕の、かつての持論だったんですけど。これも女性からしたら、あるいは当事者からしたら大きなお世話です。「あなたから見てハッピーに見える女性も、後で病むこともあるし、この人は病んでいるとか健康だとか決めつけられる筋合いはない」と。それはやはり当事者にしかわからないことなのかなと。

山下　男性ではどうでしょうか。

二村　ヤリチンはセックス依存であったり、あるいはナンパ依存の男性も、あんまり自分のことを顧みないじゃないですか。なんだかんだ言って、たくさんの女性とセックスできている男性のほうが男性の社会で地位が上だと目される。

　でも、いまおっしゃった自分自身が死ぬときに自分がやってきたことをを肯定して死ねるかどうかっていうところって、一つの答えになりますよね。

山下　そうですよね。インチキ自己肯定だとしても自分が成し遂げたこととか、作った記憶でもいいんですけど、そっちに目が向いちゃうんですね。

二村　自分勝手な、美化された記憶。

●対　談

山下　それ、多分、恋だと思うんですね。

●女性は生まれたときから「愛すること」を強制されている

山下　本当のいい意味での自己肯定って「何を与えたか」だと思うんですよ。「あなたと話して自分の人生が深くなりました」とか、「こういうふうに人生が変わりました」とか、実はそっちが私たちが本当に目指すべき方向であって、あとは女性をどこまで幸せにできているかなんですね。できていなかったらやっぱりオスとしても未熟なんじゃないかなという印象を受けますね。

二村　文化人類学で「交換と贈与は違う」ということが研究されましたよね。さっきの「愛とは親切のことだ」とも繋がるんだけど。心が病むような恋は「交換の要求」であって、見返りを求めず贈与しようとしないと自己肯定できない。でもね、それ、インチキな男にとっては全くおっしゃるとおりなんだけど、そこでまた、女性の側のつらさというか、女性が抱えなきゃいけない矛盾っていうのがある。女性は社会的に、愛に満ちた存在であることを強制されますよね。まるで「愛さなきゃ女じゃない」みたいな。じゃあ贈与って、奉仕のことなのかと。そうすると、いったい女性の自我ってものはどこにあるんだって話になりません？
　自我っていうのが愛からすごく遠いものだと思うんですよ。『マッドマックス　怒りのデス・ロード』ってたいへん面白い映画、あれに出てくるトム・ハーディ演ずる新しいマッドマックスって、昔のメル・ギブソンのマッドマックスと違って、もう復讐が済んでいて目的がない、自我もない、うつろな主人公です。現代的なヒーローというか。欲望がない。ただ行きがかり上、困っている女性たちと一緒に戦うことになってしまうけど、別にヒロイズムで助けているわけじゃないし、世の中を良くしよう、悪を倒そうみたいな自我がないんですよ。だからこそ「かっこいい」と僕は思うんだけど、ああいうふうに生きることはなかなかできない。いわゆるフェミニズム映画として傑作だと思うんですけど、男がフェミと一緒に戦うには、ああなるしかないのだとしたら、なかなか現実には難しいことだよなというふうに思う。もう一人の主人公は女性

ですよね。ヒロインじゃなく主人公。シャーリーズ・セロン演じるフリオサですが、彼女には自我がある。傷つけられてきた自我、男性社会から「女は、ただ愛していればいいんだよ」と強制された義務的な愛を放棄して、女が人間になっていく過程が描かれています。

　男性に対しては「愛を持ちなさい、そうでないと死ぬときに後悔するよ」っていうのは処方箋かどうか分かりませんけど、もしかしたら宗教なのかもしれないですけど、一つのメッセージにはなる。でも、女の人は生まれたときから「女であるということは、夫や子どもを愛することだ」って言われ続けているとしたら、これ、相当しんどいことですよね。「愛って何？」っていう話になっちゃう。うかつに「愛すること＝幸せ」なんて言えない。

●正しい自己肯定感をもてば恋愛もセックスもうまくいく

山下　さっきの話に戻すと、男性は本当に好きな女性と出会えたら、どうでもいい女性と付き合うのって拷問ですよね。

二村　そうですね。面倒くさくなりますよね。

山下　本当に好きな人に出会えたら、恋をするんだと思うんですよね。

二村　本にも書きましたけど、ヤリチンに恋をしてしまった女性には、ヤリチン男のヤリチン依存症を治すことはできない。恋っていうのは往々にして一方通行。こっちが恋してしまった相手は、こっちに恋をしてはくれない。

山下　受け止めた瞬間、雑に扱いますよね。

二村　そう。それが一番最初の話につながると思うんですけれども。

山下　もうそろそろ終わりの時間じゃないですか。まだまだいっぱい話したいんで、まとまり悪かったかもしれないですけど。

●対　談

二村　僕も山下先生のおっしゃることはすごく分かるし、山下先生も僕の本を読んでくださっているんで、ちょっと二人とも駆け足になっちゃったかもしれないので、わかりにくかったところとか、もしあれば、挙手していただければ。

山下　何かございますか？

二村　手が挙がるまで、もうちょっとだけ、まとめっぽいことを喋っていいですか。

山下　もうちょっと、はい。

二村　日本語でナルシズムを「自己愛」って訳したのは間違いじゃないかって思うんです。ナルシズムっていう言葉は学術的にはフロイト以降ですか？　愛じゃないですよね、ナルシズムって。自分への恋ですよね。
　中国の人に聞いたら、中国語ではナルシズムを「自恋」って訳したそうです。そっちのほうが正確な訳、本来の意味に沿った訳でしょうね。自己愛は愛じゃない。インチキじゃない自己肯定力が人間に備われば、それは愛でしょう。一般論として「男性は自分のインチキ自己肯定に気づきましょう」と言いたい。

山下　それは女性を支配しようとしていること。

二村　だったり、自分のペニス的な、ファルス的な権力や支配にしがみつくことですよね。そして「女性は、なんとかして自己肯定感を高めよう」と。男の人にすがる恋愛をしていたり「私ってこれでいいのかしら」っていう、あるいはセックスを男性から愛されることの人質にしたり、自分の欲望ではなくて相手に承認してもうためのセックスをしていたら、自己肯定感が低下していく。自己肯定力が強いほうが女性として魅力的だし、人生がうまく回っていく。ハッピーに生きていて魅力的な女性が増えたほうが、僕は男性としてそのほうが嬉しいですって話なんですけど。

山下　女性のほうがメディアとかいろんな情報によって、踊らされてしまう。

二村　自己肯定感のない女性のほうが謙虚で、日本的な「いい女」とされているのかもしれない。でもそれは社会の抑圧です。自分の頭と体で考えて生きようぜ、っていうこと。
　　　じゃあ、男性はどうやったらインチキ自己肯定から抜けられるのかっていう話なんですけど、ファルスにばかりしがみついて握りしめていないで、つまり男性的なマスターベーションばっかりしていないで、自分の中にも〈女性〉性があるっていうことに気づこうよって言いたい。

山下　モテようとしていることが結局、かっこつけマンになって、かっこ悪くて、モテなくて、幸せの空振りだと思うんですね。それをもう一段上の視点からのぞくと、例えば『anan』とか『CanCam』とか、男性のためじゃない女性誌なんかを読むと、そういう男性はびっくりするんじゃないですか。絶対にクロムハーツとかじゃらじゃら付けた男性って載ってないんですよ。

二村　そういう男性は女性から求められてないんですよ。

山下　求めてないんですよ、そもそも。でも、男性誌だけがあおって、とんがった靴履いて、なんちゃら持ってる、どうのこうのとか。実は女性も全く一緒で、女性誌見るとすごい高いきれいな洋服なんですけど、男性の雑誌に出てくる女性を見ると、むしろ男性を引き立たせるような清楚なシンプルな洋服。

二村　単にモテたいんであれば、相手の欲望に沿うのが一番モテますよね。だから、異性の雑誌を研究したほうがいいんです。でも、それをすると同性から「あいつはチャラ男だ」とか「あいつはブリッコの、ゆるふわ女子だ」とか言われて攻撃される。実際、それも嫌じゃないですか、異性に愛されるために迎合というか、あまりにも戦略的になっていると。さっきの、ちょっとイラっとされる、インチキ自己肯定になってしまう。

山下　要するに両方の視点を持つといいということですかね。

二村　客観性がないとね。いろんな意味で。客観性を持てなくなってしまうこ

●対　談

とが恋愛なわけですけど。

山下　そうだと思うんですけど。

二村　会場から何か、ないでしょうか。

山下　ありがとうございます。先に手を挙げた方、真ん中の方、お願いします。

●質疑応答：治療としての自己肯定感の与え方

B－　福島県立医大の名誉教授で、福島で摂食障害と引きこもりだけを専門にしてる精神科の医者をしています。自己肯定感の低い女性たちをいっぱい扱っています。で、その人たちの自己肯定感の低さっていうのは性格に刷り込まれてしまって、簡単には変えられない。「三つ子の魂百までも」というように変えられないんです。
　ところがそこに自分が受け入れてもらえているという安心感を積み重ねていくと、それを見ずに済むようになる。ただ、もう性格に染み付いたものをカバーしていくためにはそれを何度も何度も積み重ねる他ないですね。
　私の経験でいくと、20歳代そこそこならばまだそれを3年くらい積み重ねていくと何とかなる。40代になるとそこから10年かかるというふうに思うんですが、その積み重ねていくのに、今、非常に感動しながら聞いたんですけど、その、1回、安心を与えるという話にちょっと終始しているかなと思うんです。それをどうやって積み重ねていくか、そこをもうちょっと考えていただければ、女性たちも相手をする男性も幸せになっていくかなというふうに聞かせていただきました。

二村　ありがとうございます。本当、全くおっしゃるとおりで、僕は最後にすごく急ぎ足で「女性は自己肯定感を鍛えろ」って言いましたけど、先生が最初におっしゃっていたとおり、自己肯定には他者の承認が必要だし、今の話だと本当にそれを心の傷と言ってしまっていいのか僕は分からな

いんですけれども、根本的な部分って——今日、その話をするとあと2時間必要になるんで、触れない、なるべく触れないようにって申し合わせましたけど——僕、根本的に親との関係から問題が始まっていると思います。

　男性依存になってしまわないように、自己肯定感のない人が自己肯定感を得るには恋愛が一番早い薬でもありますが、同時に劇薬でもある。それこそインチキ自己肯定感を注入されることで、どんどん良くない状態になっていく場合もあるし、そこから抜けられなくなる場合もあるわけですよね。

山下　名医の先生のところには患者さんがたくさん集まってしまうというジレンマが精神科医療にはあると思うんですけど、患者さんにとって、「安全地帯」を与えてもらえたっていうのはすごく心の栄養としては大切なはずなんですね。ただ、そういう人だからこっちが治療者として安全地帯を提供しようというのも、ひょっとしたら僕たちのいう愛ではなくて恋なんじゃないのかなっと、疑って考えることも大切なのかもしれませんね。

二村　「依存先の分散」っていうことも言われますよね、最近は。熊谷晋一郎さんっていう東大の先生がおっしゃってますけど、この話、長くなるので、はしょりますけれども、1人の男性からだけもらうんじゃなくて、お医者さんやカウンセラーであったり、自分で本を読んだり、いろんなことが自己肯定感をちょっとずつ高めてくれるっていう、足場をたくさん持つっていうことも、現代人が目指すべき一つの方法じゃないかなという感じがします。

山下　ありがとうございました。

二村　時間ですね。今日はこのあと僕、ずっと会場にいまして、先生がたの講演を聞かせていただきます。今日はどうもありがとうございました。

山下　ありがとうございました。

教育講演

LGBTの中のTについて
〜Tの中ですら多様であること〜

虎井 まさ衛 大学非常勤講師

性同一性障害当事者・研究者・支援者のためのミニコミ誌「FTM日本」を16年間主宰する。幼児期より性同一性障害に悩み、大学卒業後、渡米して女性から男性への性別適合手術を受ける。その前後の1987年より、著述・講演など性同一性障害についての啓発活動を始め、1994年に創刊した「FTM日本」は国内外の研究者・教育者にも広く参考にされていた。東京都人権啓発ビデオ（東映製作）への出演、「3年B組金八先生」第6シリーズへの協力など、性と人権について、教育現場や特にメディアを通じてアピールすることに力を入れている。関連著書多数。

「LGBT」一語では済まされない

　LGBTは、メディアなどではひとくくりに「性的少数者」と注釈が付くことが多いが、Lはレズビアン、Gはゲイ、Bはバイセクシュアル、Tはトランスジェンダーを表す。

　この中で一番大きな違いは、LGBとTに分けられるということである。LGBはSO（セクシュアル・オリエンテーション：性指向）がテーマで、TはGI（ジェンダー・アイデンティティ：性自認）がテーマ。関心のない人々にとっては、この「テーマが違う」ということがほとんど知られていない。

　私も30年以上、当事者の方々から相談を受けているのだが、「養護教諭の方に同性愛について相談したけれども手術の話ばっかりして、ちっともかみ合わない」「カウンセラーに性同一性障害の相談をしたら、同性愛はおかしいことではないと言われ、まったく解決しなかった」など、そういった話は枚挙に暇がない。LGBTの子どもたちの多くは、悩み過ぎているため傷つき易く、相談が不発に終わったりすると学校に行かなくなったり、リストカットをしたり、思ったより深刻な方向に行ってしまう。

さらに多様な「T」の世界

　さらに「T：トランスジェンダー、以下TG」の中も色々である。

　まず、日本ではおなじみの「性同一性障害」だが、近年この名称が国際的に変更されることになっている。日本の診断名からも、性同一性「障害」という字が

消える。これについても、「多様な性と生の一形態であるから、これは障害と呼んでほしくない」という当事者やアライさん（性的少数者ではないけれども、一緒に前進していこう、という仲間意識を持つ人たち）や、「早く性同一性障害という診断名が付いてほしい、治療を始めたい」という人たち、あるいは「治療をし、戸籍も変えました、だけれども外見的などに問題があり、世間的には元々の体の性別であることがバレてしまう。非常に暮らしづらいから、だから障害者手帳を出してほしい」という人たちもいて、実際に自分の住んでる地域の役所に、障害者手帳の申請をしたりもしている。まだ認められたという人は聞かないが。

　私が通常使う資料にある言葉もとても古く、「これは今となっては死語になってしまってるんですが」とことわってから使用している。まず、「TV」トランスベスタイトという人たちを指す言葉がある。ベストというのは、古い英語やラテン語で衣服のこと。衣服をトランスする、移行したいという人たちで、男装や女装の人を指す。男装というのは、女の人だったらファッションの一部とみなされるが、女装の場合のほうは目につきやすいところもある。彼らの多くは、男だということは自分でよく分かっているし、女になりたいわけではない。

　そして「TS」トランスセクシュアル。これも今は日本ではほぼ使われない。このSはセックスのSである。つまり、体の性別を変えたい人たちのことである。性器の手術をしたいということを特に思う人たち――私が、これである。

　全体をまとめてTGと呼ぶのだが、その少し前に、「狭義のTG」として紹介したい人々がいる。セックスよりもジェンダー、つまり社会的性別を変えたい人。社会的性別とは結局、周りからどう見える性別かということだろう。この人たちは、人の性別は「性自認」で決まる、という考えを持つことが多い。手術をする必要はあまり感じていない。けれども戸籍上の性別を変えるにあたっては、手術をある程度していないといけないので、仕方なくしたいという事例が増えてきた。

　ここでひとつの誤解を正すと、性別適合手術をしたら男らしくなるだろう、女らしくなるだろうと思う人たちがいるが、そんなことはない。例えば、私などは声は低くなった、ひげが生えた、ということ等があるが、手術をしたからなったわけではない。それら目立つことはホルモン投与で起こることであって、手術をして変わるのは、性器の形だけである（手術をするとホルモン剤が効き易くなるということはあるものの）。

　そうなると、社会的に通用するということは、股間の手術はほとんど必要ないではないかと考える当事者もたくさんいる。何百万円もかかる手術はせずとも、ホルモン投与だけで何とかやっていけるんだと了解した人たちは、その道を選ぶ。

●教育講演

狭義のTGの人たちのほうが、実は一番数が多いのだ。
　ところがトランスベスタイトの人は、女装をしているときは女性として扱ってほしいと思う人たちもいるし、私のようなトランスセクシュアルの場合は、朝から晩まで男として扱ってほしいし、それが当たり前だと思っている。そうすると、トランスベスタイトも狭義のTGも、トランスセクシュアルも、人生のどこかの時期ではジェンダーをトランスしたいと思っているので、全員が「広義のTG」であると言ってよい。今はTGという一言で、多様な「T」全体を表すのである。
　ただ、装いだけでよいトランスベスタイトの人たちも、何年かたつと手術をして戸籍を変えていることもある。あるいは、何とかして体も変えたいし戸籍も変えたい、と言っていた女子中学生が、十年後には幸せな母になっていたりする。私のように10歳で手術を決意して突っ走ってしまった、という人ももちろんいる。性別に関して違和感を抱えてる人、揺らいでる人に関わる職業をしている方は、TGは揺らぐことも多い、ということを、よくよく覚えていていただけたらと思う。

同性愛とどう違うのか

　性的少数者という意味で使うLGBTということでは、13人に1人ぐらいがそうであるということが言われている。
　それでも同性愛の人たちのほうが数が多い。ここは両性愛も含めるが、いわゆる「性的指向」がテーマの人たちというのは、見ても分からない。自分がいて、自分の他に人がいて、その人を好きになる、その相手の性別が異性か同性かということが性的指向の話だが、それは結局、自分の他に誰かがいて、その人に向かって愛情や性欲が向かないと起こりえないことなのだ。
　ところが、我々TGは、自分の他に誰かがいる必要はない。自分の中の心と体の性別が、全く逆であるとか、ところどころずれているなど、「性自認」の問題なのだ。自らの性をどう認めるかということであって、どちらに愛情や性欲が差し向かうかということとはほとんど関係ない。私個人について言えば、女の人が好きだと思ったのは、手術が終わってしばらくしてからで、それまで女の人のことを好きだと思ったことは一度もなかった。だから、自分がレズビアンだと思ったことは一秒もない。
　同性愛の人たちというのは見て分からないから、例えば、学校や会社にいるときに、「彼氏いるの？」あるいは、「なんで結婚しないの？」などと、普通に聞かれる。あるいは、男女の恋愛話に付き合わされる。会社だったら、結婚祝い金や

福利厚生など同性パートナーを持つ人への配慮が足りていないなど、苦痛に思われること多い。

　TGの場合というのは、学校にいても会社にいても、外見が変わってくるので、更衣室は、トイレはどうしよう、あるいは修学旅行なり社員旅行なり、望みの性別の部屋で寝られるのか、ということもあるし、治療しても元の性別が色濃く残った人は、さらに暮らしづらいため、先述のように、障害者手帳を出してもらって法的なバックアップが欲しい、と思う人たちもいるわけなのだ。

　このようにLGBTと言っても、LGBとTはかなり違うし、Tの中でも、異性装だけでいい人、ホルモン投与だけでいい人、何とか手術をしたい人、全部バラバラである。当事者とお話をされる時は、その人がどのように考えているかということをまず把握してから、話を進めていったほうがいいと思われる、どこで逆鱗に触れるか分からないので。

原因論は不確定

　TGの原因論について、少ないながらも見聞したことを書くと、1980年代は、環境説、養育説が言われた。例えば末っ子は弟で、たくさんの姉と暮らした。姉と同じようなものばっかりで遊んでいて、姉のお下がりばかり着ていた。そうしたら大人になるにつれて、自分は女の人になったほうがいいという気になったり、自分は元々女だと思って育っていってしまったりする。そんなことが言われていた。

　ところが、脳の性分化のアクシデントということが90年代に言われるようになって、ついに医学的理由が前面に出てくる。人間は胎児としての原初の段階では女性であるということは知られているが、XYの男性型遺伝子を持つと睾丸ができる。そのように体が男になって、睾丸から男性ホルモンが出て、脳の性別を司る部位を染め上げて、それで元々女性様だったものの考え方感じ方も男のものにしていく、というのが、脳の性分化ということだそうだ。ところが、睾丸から男性ホルモンが出たが染めそこなった、男の脳とは言えないものになったとする。つまり体は男だけれども、脳は女のままで育ってしまう。そうすると、脳の性分化にアクシデントがあった、と言われるわけなのだ。

　ところが、2000年になると、脳の性分化のアクシデントでそうなるんだろうけれども、そういったものになりやすい遺伝子を持ってる人たちがなるのでは、と

● 教育講演

いうことが言われ出し、今は遺伝子が究極の原因ではないかということで、世界各国で研究がされている。しかしいまだ、確定したものではない。

虎井の場合

　私の場合の原因は心あたりがある。母親が非常に流産しやすい人で、私の前に3人、後に2人流産していた。そして4人目、つまり私がおなかに入ったときに母は、その当時日本では使われていたけれど外国では使われていなかった強い流産防止剤をたくさん打ってもらったと言っていた。

　なぜ外国では使っていなかったかというと、胎児が女児だった場合、男性化する危険性があるといわれているものだったそうだ。のちに戸籍上の性別を変えるにあたって、性染色体も調べたのだが、正常女性型XXだった。そして成長してから生理がほとんどない、とても毛深いなどの症状はあったものの、身体的にも女児ではあった。つまり、へその緒を通じて脳にその薬剤の影響が出て、考え方、感じ方が男のものになったのではないかと推測される。

　その流産防止剤を使った母と子どもは非常に体が弱くなるということは、当時の日本でも知られていて、私も非常に体が弱い子だった。にもかかわらず私は2歳半くらいから、自分が男の体になっていくのだ、と考えていた。そうしたら男の子の服を着るんだろうと思っていたので、その時期は母親が着せるものを拒んだりしなかった。ほぼ寝込んでいて、普通の女の子よりもおとなしく、うちの中で本ばかり読んでいた子どもだった。

　小学校5年生のとき、女子だけが集められて性教育をされることになった。自分は女子だと思っていなかったので、聞く必要があるとは思わなかったのだが、まあ仕方なく行った。そして養護教諭が作った手描きの紙芝居をぼーっと見ていたのだけれど、1枚だけ非常にショックを受けた画像があった。横向きの成人男性の裸の体のシルエットと、横向きの成人女性の裸の体シルエット。男はペニスが突き出ていて、女は乳房が大きい絵である。

　そのとき突然私は、自分が大人の男にはならないんだということが分かったのであった。少女から大人の女の人になるだけなんだとなぜか気づいて、とてもがっかりした。他の女の人が嫌だとか、他の女の人の体が気持ち悪いとか言っているわけではないのだ。自分が思っていたのと違う性別の体のままでいなきゃならないということが、一番しっくりくる言葉としては、「気持ち悪かった」のである。

しかし意気消沈していたその三日後に、男から女のTGであるタレントのカルーセル麻紀さんがちょうどテレビに出ていて、当時の言葉でいう「性転換手術」を受けた話をしているのを観た。それは絶大なる希望に思えた。この人は、男から女の手術を外国でしたけれども、自分はまだ10歳だから、自分が大きくなる頃には日本で、女から男もできるようになるだろう、だったらそれをすればよい！という、強固な深い決意を持った。その後にも全く何の揺らぎもなく、大学を卒業してすぐにアメリカに飛んで、カウンセリングから始まり、ホルモン投与、乳房切除をして、帰って来て、2年働いて、カリフォルニアのスタンフォード大学病院に行って、性器の手術をしたのだ。

　性同一性障害の感覚に触れていただくために、学生時代の話をしてみたい。

　中学・高校はプリーツスカートの制服で嘆き悲しんだが、大学生になってからは、いわゆる男の格好で通った。流産防止剤のおかげでとても毛深く、口の周りにもたくさん産毛が生えていたりして非常にありがたかった。男子トイレに入っても誰も何も言わないぐらいであった。ただ、たいそうな苦労もあったのだ。

　夏休みの話にしてみる。手術費用を稼ぐため、毎日三ヶ所くらいバイトに行く。まず、朝起きる。前の晩に着易いよう畳んでおいた服を、目を開けないで着る。目を開けると、自分の裸が見えるからだ。トイレに行く。自分が女性器を持っていることを感じたくないため、拭きもしないで出てきてしまう。シャワーに入る。シャワーに入っても、体をこすると、女体であると感じてしまうから、ただ浴びるだけ。出て、パタパタと軽く拭く。さて個人的にとても嫌だったのが、かなりの巨乳だったことだ。何とかつぶそうと思って、さらしでギリギリと、1回や2回巻いてもつぶれないので8回ぐらい巻いて、何か巻いているのを分かられたら困るから、タンクトップを着、Tシャツを着て、バイトに行く。真夏の暑い中をである。

　けれどもバイトも2カ所目が終わったぐらいになると、もう舌を出して歩いていても間に合わないぐらい暑くなり、熱中症になって座り込んでしまう。そうすると、近くを通った人が、「坊や、どうしたの？」と声を掛けてくれるのだけれども、今よりもっともっと高い声だったので、小さいメモに「病気があります」とか、「熱中症なんですが大丈夫」とか書いて見せるだけにした。

　私の「女性から男性」の友達の一人が治療を欲した時期は、まだ日本では始まっていなかったので、ホルモン剤が打ってもらえなかった。それでも男として生きたいが、とてもきれいな女声だったため、何とかして声を変えたいということで、居酒屋の裏口から入っていって、焼き鳥の金串を2本盗んだ。それで喉ちんこの

裏をガリガリ削ったのだ。そしてザラザラ声になった。私はその勇気がなく、自分としては声を出さないことを選んだのである。

そうこうしていて帰ってくると、家では一人「娘」が夜遅くまでバイトをしているのを心配した親が、やきもきしている。そして父は「強姦されてこい」と言って、夜の道に押し出してくるのだった。一発やられてしまえば女らしくなるだろう、という短絡的な考えなのだ。けれども、子どもを産んでからも男になる人もいるのだから、男とセックスをしたかしないかということは、それほど問題ではない。母は、その後で裏口から入れてくれるぐらいのところはあった。大抵の場合、LGBT 全般は、母親や姉妹など女性のほうが、受け入れてきくれる可能性が高い。逆の場合、つまり父親などのほうが話がわかることも、少ないながらあるけれど、うちの父は私が手術をして帰って来た後も、「俺よりも 1 秒でも早く死んでしまえ」みたいなことは毎日言っていた・・・。

LGBT に寄り添うこころの医療を

当事者もその周辺も、このように多種多様である。その上で当事者はとても繊細な神経を持ってる場合が多いので、言葉に気を付けつつ、一歩一歩、共に歩いていっていただけたら非常にありがたい。

今回は時間が足らず、戸籍上の性別変更その他には触れることができなかったけれど、今は膨大な資料が存在するので、それらも活用しつつ、当事者の悩みの解決に力を貸していただければといつも祈っている。

基調講演

日本のセクシュアリティをふりかえる

赤川　学 東京大学

1967年、石川県生まれ。東京大学大学院人文社会系研究科社会学専攻博士課程修了。博士（社会学）。現在、東京大学大学院人文社会系研究科准教授。専門は社会問題の社会学、歴史社会学、セクシュアリティ研究、人口減少社会論。著書に『子どもが減って何が悪いか！』『これが答えだ！少子化問題』（ちくま新書）、『明治の「性典」を作った男：謎の医学者・千葉繁を追う』（筑摩選書）、『セクシュアリティの歴史社会学』（勁草書房）、『社会問題の社会学』（弘文堂）など多数。

性はいつから「こころ」の問題になったのか

　本稿では、本学会の名称「性とこころの関連問題学会」とも関わりの深いテーマを考えてみたい。それは、性がいつ頃、どのようにして、こころの問題になったのかという問題である。それはおそらく、戦後のある時期である。逆にいえば、それ以前は、こころの問題ではなかったのではないか。
　なぜそのように考えることができるのか。
　社会学では、私たちが生きている社会を近代社会、それ以前の社会を前近代社会と呼ぶ。前近代社会が近代社会に変わるとき何が変化したのか。これが社会学の根本的な問いの一つである。同じように性に関しても、何が変化するのかという観点で歴史を振り返ることができる。
　日本の場合、特に西洋人の目から場合、近代以前の日本社会が、性に対しておおらかだったという評価はほぼ定着している。例えば春画、枕絵の文化。近年では、貸本屋のシステムが江戸時代にはかなり発達していて、男性だけではなく、女性も貸本という形で春画や枕絵を日常的に読んでいたことが分かっている。それから日本には陰陽石という、男性器を形どった石がある。これは日本でも公共空間に多く存在していた。それゆえ西洋人の目から見ると、日本人は性におおらかというふうに評価された。
　一方、同じ江戸時代でも、医学系の書物を見ると、日本人が性に対して常におおらかだったとは言えない。有名なものとして、貝原益軒の『養生訓』（1712）という、18世紀初頭に刊行された一般向け医書がある。「接して漏らさず」という考え方が有名であるが、男性が精液を無駄遣いせずに適度に調整する、という節欲主義の考え方に貫かれた本である。また『解体新書』（1774）にも性器に関

●基調講演

する記述がある。この本は、当時の日本では蘭学者の間で読まれていた。
　ここで問いかけたいのは、前近代社会において、性が「こころ」の問題だったかどうかという点である。もちろんいかなる時代でも、性はこころの問題だと考える人もいる。ただ他方、性がこころの問題というのがどういう意味かを考えなければいけない。例えば、現代人は、性に関して不安や悩みを持ちやすいという意味で捉えると、なぜ、そういう不安や悩みが発生するのかと考えざるをえない。
　筆者には、性が人間にとってきわめて大切なものとか、自分の人格やアイデンティティの中核にあるという観念が成立しないと、不安やこころの問題にならないと思われる。わかりやすい例で言うと、「食欲と性欲は二大本能」という言い方がある。たとえば食欲の統制は、現在でも大きな問題である。しかし例えば、サンマが好きかメザシが好きかということを、自分の人格の中核に据える人は殆どいない。他方で、自分は異性を好きなのか同性を好きなのかとか、どういう性的な指向や欲求を持った人間なのかは、現代ではかなり本質的な問題になりえる。性に関わる問題が、自己にとって重要な問題であるというふうに変化するのが、近代社会の大きな特徴である。
　これから①明治期、②大正から昭和前期、③昭和後期（第二次世界大戦後）、④平成期と時期区分して、それぞれの時期に特徴的な知識や言説について触れたい。

明治期：造化機論の流行

　明治期については、『造化機論』の流行が重要である。これは明治8（1875）年、士族の千葉繁が最初に訳述したものである。造化機というのは生殖器、性器のことである。この本は漢語で書かれていて、対象としている読者は当時の医者。蘭学者や英語で医学を学ぶ人たちを対象に書かれた本である。これ以降、類書がどんどん出版され、明治時代に約300冊以上の関連本が出回った。明治の碩学・石井研堂は「春画廃れて造化史興れり」と表現したほどである。
　これを現代の性科学と比べると、いろいろな違いがある。特に三種の電気説、ならびに手淫（オナニー）の害の強調が大きな特徴である。三種の電気説とは、人間が発する電気には人身電気、舎蜜電気、摩擦電気の3種類があり、交合、つまりセックスの快楽は電気に基づくというものである。特に異性間のセックスでは3種類の電気が発生するが、手淫では摩擦電気しか発生しないので害があると考える。これはむろん現代の私たちの常識からすると奇怪なものだが、当時は最

先端の舶来の知として導入され、真剣に信じられていた。

大正〜昭和前期：通俗性慾学と性欲＝本能論

次に大正時代から昭和前期にかけては、通俗性欲学を主導した3人の有名人がいる。1人目は、羽太鋭治（1878-1929）。彼はドイツに留学してドクトル・メヂチーネの称号を取り、本郷に泌尿器科の病院を経営して、『性慾と人生』などさまざまな雑誌を発刊した。当時は立志伝中の人物として有名人であった。2人目は、澤田順次郎（1863-1944）。彼は現在新宿区にある海城高校で博物の教師をしていたが、性に関する本を出版した後ベストセラーとなって、文筆業に転じた。3人目が、田中香涯（1874-1944）。彼は大阪大学医学部で病理学の教鞭を取った。アカデミズムの内部にいた方であるが、彼もやがて文筆に転じる。

こういう人たちが中心となって、性慾という概念を作り上げた。この時期に特徴的だったのは、性欲が子どもを産みたいという「生殖慾」や、異性に抱く愛情としての「恋愛」とは異なるものとして概念化されたことである。性欲は、両性間における本能であり、抑制不可能で、どこかで満足させなければならないと考えられた。そこから、個人ないし国家によって性欲を善導しなければならないという考え方が生まれてくる。

そこで重要なのは、「性欲をどの性行動で満足させるべきか」という、一種の比較考量が意識されていたことである。例えば男性の場合、自らの性慾を、公娼制度の下で買春するか、それともオナニーで我慢すべきかという問題が真面目に論じられている。買春には性病のリスクや道徳上の問題がある。他方で、オナニーにも身体的にも精神的にも害がある（ことになっている）。すると、どちらがより有害でないのかという議論になり、やがて「買春するよりオナニーのほうがまし」という形で、(男性の)オナニーの規制が緩和されていく。このような言説の変化に応じて性規範が変化していくわけである。

さらに純潔とか、貞操の問題が前面に出てくる。婚前・婚外性交ではなく、結婚して夫婦間のセックスを性愛として充実させようという議論になる。さらに同性愛も「変態性慾」すなわち精神病理の一種とされる。

すると大正期から昭和前期にかけては、婚姻内のセックス、夫婦間のセックスのみがエロス化・規制緩和されるのに対し、その他の性行動に対する規制は強化されるという事態が起こっている。なぜ、そうなっているかといえば、性欲は本

●基調講演

能であり、どこかで満足させなければならないという考え方が根底にあるからである。

昭和後期：戦後性科学の性＝人格論

これが戦後になって、性＝人格論へと変化する。例えば、敗戦直後に出たヴァン・デ・ヴェルデの『完全なる結婚』（1946）という本は夫婦セックスのオーガズム一致を強調している。第二次世界大戦が終わり、それまで抑圧されていた性が解放される象徴として、語られることの多い文献である。

それから1960年代には謝国権の『性生活の知恵』（1960）がよく読まれた。この本は様々な性知識に触れているが、「自慰を抑制するあまり、不健全な性交に依存したり、童貞や処女価値を必要以上に妄信したり、あまつさえ強姦する性的な犯罪に走ることよりは、本人にとっても社会にとっても自慰のほうがはるかに合理的で、かつ、合目的でもあるはず」と述べていることが目につく。自慰の規制緩和が、他の性行動との比較衡量で生じていることがよくわかる。

ところで性＝人格論には2つの潮流がある。一つは純潔教育のなかで、性は人格であるという考え方が現れてくる。特に、人格である性をモノとか道具のように利用してはいけないという道徳的な側面が強調される。これは、哲学者のイマヌエル・カントを源流とする人格目的説（人格実現説）、すなわち、人格は道具ではなく、それ自体が目的であるという議論の影響を強く受けている。この考え方はやがて、性の商品化はいけないとか、女性の性がモノ化されているというフェミニズム的な考え方へと引き継がれていく。

もう一つは、ジグムント・フロイトの精神分析や精神医学に基づいて、性が人格やアイデンティティの中核にあると強調した議論である。この考え方が展開すると、自分の性的な欲求に基づいて、自分が何者であるかを知るというアイデンティティの問題が生まれてくる。たとえば1970年代になると、オナニーやマスターベーションが必要だという議論が登場する。例えば『HOW TO SEX』（1971）で有名な奈良林祥は、「自慰を一度もしないで結婚すると、性交しても射精が起きないという射精不能の男になり果てる」と述べている。さらに『モアリポート』（1981）には、「マスターベーションやオナニーが自分のアイデンティティを確認する行為だ」とか、「性は人間の根源的な原動力であると、1人の人間が最も自分らしく自分であるための個性の一つである」という、まさに性＝人格論の典型と

いえる表現を生み出すことになる。

　この性＝人格論が強調されて、性欲＝本能論を駆逐していくのが、戦後における大まかな性観念の変化である。

　同性愛に関しては、変態性欲でも精神的な病でもない、という形で、脱医療化が進んでいく。特に日本の場合は、「愛があれば同性愛もいいじゃないか」というタイプの言説が少なくとも1970年代には普通に語られるようになる。同じように、愛やコミュニケーションがあれば、婚外セックスも婚前セックスも肯定されるという考え方が生じる。愛とコミュニケーションがあらゆる性行動を裁断する最強の基準になる。それゆえ「愛のない結婚は売春と同じ」というふうに、愛がなければ夫婦間のセックスも売買春もいけないとされる。筆者はこれを「親密性パラダイム」と名付けているが、それが一人勝ちする時代が1970～80年代であった。

平成期：国民的な性常識なき時代

　平成期に入ると、本質主義と構築主義という考え方の対立が起こってくる。セクシュアリティにおける構築主義とは、性に関する観念や行動が社会的、歴史的、文化的、言説的につくられるという考え方である。一方で、本質主義というのは、性行動は遺伝または生物学的に決まっており、進化論的な基盤を有するという考えである。

　かつてフェミニズム盛んなりし頃には、構築主義は強い影響力をもっていた。例えば、男性と女性に関する差異は社会的につくられる。だから教育や制度を変えれば、男性と女性に対する考え方や行動が変わり、男女平等が実現すると考えられていた。

　一方、性や性行動にはさまざまな進化論的な基盤があり、脳やホルモンの作用に様々な男女差があるという考え方もある。もっとも自然科学系の学者には、「遺伝か環境か」「本質か構築か」という二項対立で考えるという人はあまり多くはない。大抵は、「遺伝も環境も影響を与える。本質的な部分もあるし構築される部分もある」という言い方になる。遺伝と文化の共進化という考え方は「本質も構築も」という考え方に立脚している。

　これに対して人文社会系の学者が極端な構築主義になることもある。筆者自身、若さゆえの過ちで、そのように考えていた時期もあったが、セクシュアル・マイノ

● 基調講演

リティの方と対話するうちに構築主義絶対論ではまずいと考えるようになった。例えばセクシュアル・マイノリティに属する方の中には、自分の性的な指向や性自認はこころの問題であり、だからこそ変えられないという言い方をする方がいる。このような人たちに、「いや、社会や文化を変えれば、あなたの性的指向や性自認も変わる」とイデオロギー的に反論しても、そうした言辞が彼らに抑圧的に働くこともあり得る。「遺伝か環境か」とか「本質か構築か」という考え方や語り方自体が、私たちの行動や社会制度に影響を与えていく側面があり、これを捉えるのが社会問題の社会学に課せられた役割である。

またセクシュアル・マイノリティの総称として、現在の欧米では「LGBTQ」と言われるが、今後、Qのあとに様々なカテゴリーが付け加わることは確実である。同性婚や同性パートナーシップ法の制定も含めて、彼ら／彼女たちの運動は、単に社会的差別や排除をなくして、法的な権利の平等を求めているだけではない。権利の平等以上に、社会からの承認や包摂を求める運動として理解したほうが分かりやすい。

「性は多様だ」という言説は、もはや時代の常識となっているが、多様なものが多様に存在していればいいというだけでは済まなくなっている。多様なあり方のうち、あるものは社会的承認や社会的包摂が求められる。別のものに対しては抑圧や規制が強まるということがありえる。

平成期の性に関するありようとして、さらにいくつかの特徴が確認できる。

第一に、高齢者の性、障害者の性、貧困者のセックスワークなど、社会的弱者の性が個別領域ごとに問題化されるようになっている。たとえば童貞、もてない男、萌える男、草食系男子といったキーワードが2000年代以降、注目を集めた。性行動や性経験が殆どない人と、そうした経験を豊富に積んだ人たちとの格差が問題化されたわけである。

第二に、1990年代以降、少子化問題の一部として、結婚出産につながる恋愛や性行動のありようが問題視される。少子化が進むのは結婚しない、性行動しない男女が増えているからであるが、ここ10年ほどは婚活とか妊活が政策的にも叫ばれ、若者の性行動、恋愛行動が社会的にも学術的にも注目を集めるようになってきている。

第三に、子どもとの性関係や不倫に対する忌避感は強まっている。具体的には幼児性愛、児童ポルノ、出会い系バーなど、青少年と大人の性関係に対する忌避感は強まった。また昨今、「ゲス不倫」という言葉が流行したように、不倫に対するバッシングもかつてより強化されたように思われる。

最後に筆者自身がどのような社会をよしとするかについて。性に関する考え方はいろいろ変わる。ある種の性行動に対する規制が強まる場合もあれば、それが社会的に承認されていくプロセスもある。これには2つの側面があり、「性からの自由」という問題系がある。つまり、特定の性やセクシュアリティに基づく社会的な規範から解放されたいという願いである。もう一つは「性への自由」。性的アイデンティティや特定の性役割を生きる自由という問題系がある。その両者がともに並び立つ社会はどのように実現可能なのかを考え続けていきたい。

文献

赤川学、『セクシュアリティの歴史社会学』勁草書房.1999.

赤川学、『明治の「性典」を作った男』筑摩書房. 2014.

メインシンポジウム

現代病としての性依存症

北條 正順 榎本クリニック

1981年生まれ。
大卒後、精神保健福祉士取得
平成18年より　榎本クリニック　入職
アルコール依存症フロア勤務を経て、現在アディクションフロア所属。
精神保健福祉士として、薬物、ギャンブル、性犯罪加害等、依存症の専門治療に携わっている。平成23年7月から精神保健福祉部主任。

はじめに

　榎本クリニックで精神保健福祉士をしている北條です。本日は『現代病としての性依存症』というテーマでお話をしたいと思います。よろしくお願いします。
　性依存症の話をする前に榎本クリニックの概要を簡単にご紹介します。榎本クリニックは現在、池袋・新大塚・飯田橋・御徒町・大森の計5院で展開しています。入院施設等はなく、通院治療で精神疾患を持った方々のケアをしています。患者様のコミュニティケアの場所としての機能があります。
　榎本クリニックで行っている治療の中心はデイナイトケアで、各院がそれぞれ年齢別・疾患別に専門特化したフロアを構成しています。池袋本院の7・8階は依存症の専門治療を行うアディクションフロアです。性依存症の方もこのアディクションフロアに通院しています。

性加害行為の実際

　性依存症治療の話をする前に伺いたいと思いますが、日本で最も多い性犯罪は何でしょうか。様々なデータがあるので一概には決められませんが、平成27年版犯罪白書によると検挙者数が最も多いのは痴漢です。榎本クリニックには現在までに800名以上の性依存症者が受診しましたが、彼らの対象行動の内訳を見ても痴漢及び強制わいせつが最も多いです。では最も再犯率の高い性犯罪は何でしょうか。平成27年版犯罪白書における性犯罪者類型別の再犯率調査によれば、痴漢型が再犯率においても最も高いという結果が出ています。

こうしたデータを見ると我が国の性犯罪の特徴の一つは、性犯罪の中でも痴漢が非常に多く、そして再犯率も高いことだと思います。最近は痴漢の加害者が線路上を走って逃げるという事件が多発し、メディアでも話題になっています。平成 29 年の 3 月から 4 月にかけて、報道されているだけで少なくとも 7 件同種の事件が発生しています。こういった事件が起こる度に考えてしまいますが、なぜ彼らは逃げるのでしょうか、なぜ線路に向かって逃走するのでしょうか。こうしたニュースが話題になる国は他にあまりないのではないでしょうか。

　痴漢について少し詳しく考えていきたいと思います。痴漢の加害者の年齢層はどのくらいでしょうか。平成 23 年に警察庁が行った「電車内の痴漢防止に係る研究会の報告書」によると、30 代が最も多く、次いで 40 代が多いという結果が出ています。当院の受診者内訳を見ても、最も多いのが 30 代、次いで多いのが 40 代という結果が出ています。

　痴漢の方の職業については、平成 23 年警察庁の調査によると半数以上が会社員という結果でした。当院の受診者内訳においても、半数以上が会社員という結果が出ています。

　当院の受診者の内訳では、痴漢の加害者の 43% は既婚者でした。意外に思う方も居るかもしれませんが、痴漢の加害者の 4 割以上は結婚して家庭を持っているわけです。ですから加害者は「性的パートナーが居ない」とか、「寂しいから」といった理由で加害行為を行っているわけではないかも知れません。

　その加害者の加害行為時に利用していた電車について見てみます。平成 23 年警察庁の調査によると、67.1% の方が普段の通勤路線において加害行為に及んでおり、56.2% の方が、普段の通勤時間帯において加害行為を行っています。

現代病としての性依存症

　こうしたデータから痴漢について考えていくと、私たちが頭にイメージする加害者像と実際の加害者は、ずれている部分があると思います。痴漢の常習者と聞くと、明らかな変質者のような人や、反社会的な人を思い描きませんか。しかし実際は、どこにでも居るようなごく普通の会社員、サラリーマンといった人達が、加害行為に及んでいるのが現実です。会社員が通勤電車の中で、通勤時間帯に加害行為に及んでいるのです。しかもその加害者の 4 割以上は結婚して家庭を持っています。加害者を変質者扱いして攻撃するだけでは、この問題を解決することは

● メインシンポジウム

できないし、本質を見誤ってしまうように思います。個人の性癖・認知の歪みに焦点を当てることはもちろんですが、同時に環境や社会の歪みに着目することも必要だと思います。環境・社会の歪みの代表例は私たちが当たり前のように乗っている満員電車です。時間がありませんので詳しくは説明できませんが、満員電車というのは乗り合わせた男女がお互いを触らない、つまり性的なスイッチが入らないことが検証された乗り物ではありません。満員電車のような、非常にストレスのかかる乗り物に毎日乗っているとどうなるのか、実は誰も知らないんじゃないでしょうか。満員電車以外での、例えば路上での痴漢ももちろんありますが、受診者の中では満員電車内での痴漢がやはり多いです。満員電車というのは日本独自の現象としても捉えられます。諸外国では満員電車が存在しない国もあり、そういった国には「痴漢」という考え方そのものが存在しない場合もあります。そういった国には「強制わいせつ」や「レイプ」という言葉はあっても、日本語の「痴漢」に相当する言葉はないのではないでしょうか。日本独自の「TSUNAMI」「SUSHI」「FUJIYAMA」などと同じように、痴漢は「CHIKAN」と表現してもいいのかもしれません。過労死などと同じように、悪い意味で日本の文化になってしまっているのかもしれません。実際に日本に来て初めて満員電車に乗って、そこで痴漢を覚えてやめられなくなってしまったという外国人のケースが当院には複数受診しています。

　痴漢をはじめとした性加害行為は、現代社会と密接な関係があると思います。例えば女性をデートに誘うとか、セックスするとか、そういった何らかの同意を得る場面がありますよね。こういった性に関する同意には、実は共通の認識というものがないんじゃないかと思います。痴漢というのは100％相手に同意を得ないで触っています。同意を得ないというのは加害行為における一つの重要なポイントだと思います。ではどういった同意を得れば性行為をしてもいいことになるのか、誰もが分かる共通の基準というものは実は存在しません。その場の雰囲気だったり、流れだったり、年齢や文化によっても違うし、かなりあいまいな部分を含んでいます。男性にとっては性行為の同意を得られるかどうかは非常に重要な問題ですよね。

　そういった同意が存在しない反面、私たちの社会はアダルトサイトや性風俗など、性が過剰に商品化される側面も持っています。インターネットがあれば性に関する情報に、誰でも簡単にアクセスすることができます。現代は人類史上かつてないほどのアダルト情報が溢れている時代で、この膨大なアダルト情報に触れ続けることで心理的・社会的にどういった影響があるのかは未知だと言われてい

ます。加害行為との関連もかなりあるのではないでしょうか。性依存症というのは加害行為であると同時に、こういった様々な現代社会の歪みが影響した「現代病」としての側面があると思います。治療をするにあたっては個人に反省を促したり、厳罰を科すだけではなくて、このような社会背景を考慮に入れた、再犯を防ぐための治療的なアプローチが必要になってくると思います。

性依存症の治療モデル

　榎本クリニックで行っている治療についてお話ししたいと思います。榎本クリニックで性依存症の治療を始めて今年で12年目になります。当初は1時間のグループミーティングのみ提供していましたが、現在は加害者家族を対象にした支援グループ（SFG）や、性依存症治療専門のデイナイトケア等、幅広い治療プログラムを提供しております。
　性依存症の治療モデルを3つご紹介したいと思います。当院ではこの3つの視点から治療を行っています。
　一つ目はデイナイトケアモデルです。これは対象者の生活習慣に焦点を当てた治療モデルです。朝9時から夜19時まで、月曜日から土曜日の最大週6日通うことができます。継続的・定期的に通院することで、再犯防止のための生活リズムを自然に形成することができます。午前・午後・ナイトと1日3コマの治療プログラムを提供し、昼食・夕食を無料で提供しています。朝決まった時間に起床する、行く場所があり対人交流を図ることができる、適度な運動をする、栄養があるものを食べる、こういったことは精神的な健康を保つ上で非常に大切です。性依存症の場合、適切な生活リズム形成は、問題行動に至らない為の新しいスケジューリング方法を学ぶことにつながります。
　対象者の行動に焦点を当てた治療モデルとしては、リラプスプリベンションモデルというものがあります。当院の治療プログラムの中でグループワーク・認知行動療法として実践しています。リラプスプリベンションモデルの中核は、①問題行動が再発しやすい状況（ハイリスク状況）の特定と、②その状況に対する対処行動（コーピング）の実践です。特に治療初期の場合、問題行動を止めることは最優先課題となります。この2点を徹底的に突き詰めて、日常生活の中で自分なりの対処法を実践できれば、ひとまず問題行動を止めることはできます。認知行動療法はデイナイトケアの治療プログラムにおいて、中核になっている部分で

●メインシンポジウム

す。

　最後に、対象者の目標に焦点を当てた治療モデルとして、グッドライフモデルがあります。これは比較的新しい治療モデルで、対象者、すなわち加害者本人の「今後の人生」や「幸せ」などについて積極的に考えていくという治療プログラムです。自分にとって、どのような生き方が幸福につながるのか、その幸せの実現のためにはどのような仕事に就き、家庭や恋愛はどうするのか、などのテーマをグループワークの中で扱います。一見、再発防止と関係がないように思えますが、こういったことを考え実践することで、対象者の地域での生活は安定してきます。私たち自身も幸福だと感じている方が日常生活を送りやすいし、安定もしてくると思います。グループセッションの中で、このようなグッドライフモデルの要素を繰り返し取り入れて治療を行っています。

　以上ご紹介したような治療を実際には対象者のリスクレベルに応じて提供していきます。当院では初診時にStatic-99というアセスメントツールを用いて、対象者のリスクレベルを判定します。その結果、ハイリスクであればデイナイトケアや薬物療法など高密度の治療を長期間提供していきます。逆に低リスクなら週1回の認知行動療法参加や外来通院など、密度の低い治療で対応していきます。

再犯防止に必要な視点

　最後に、地域で性依存症の治療を実践し、再犯防止をしていくにあたり必要な視点を3つ提示したいと思います。現場で対象者と関わる中で考えました。

　1点目は、何度も問題行動を繰り返す累犯者の場合、厳罰化のみでは矯正効果は低いのではないかという点です。刑法改正もあり、近年性犯罪に関しては厳罰化の流れにあります。これは被害者の心情を考えると非常に良い方向であると考えます。しかし何度も問題行動を繰り返す累犯者の刑期が、例えば3年から5年になったところで、出所後に何も支援・施策がない状態では、再犯してしまう人が多いのが現実だと思います。それはこの問題が加害行為であるのと同時に、何度も繰り返すという症状を持った依存症としての側面があるからです。だから単純に厳罰化を進めていくよりは、例えば常習性の高い者に関して、地域での治療プログラムを義務化する等のアプローチの方が、効果が高いのではないかと思います。海外ではドラッグコート等の方法で実践されている例もあります。実際に累犯者といわれる方が当院を受診し、治療プログラムを受けて問題行動が止まり、

地域で安定して暮らしているケースがいくつもあります。治療を実践する中でこの点は強調したいと思います。

　依存症という視点では、治療を「受け続ける」ことが非常に重要になってきます。当院は民間医療機関なので、治療に強制力はありません。だから途中で治療からドロップアウトしてしまう例も多いです。例えば刑務所出所直後や逮捕直後など、治療の動機付けの比較的高い時期に、何らかの形で治療を義務化することができれば、再犯防止の効果が高まるのではないかと思います。これは刑事施設、矯正施設などとの連携も必要になってくる部分だと思われます。

　2点目は、個人への再犯防止アプローチと並行して、社会のルールや枠組みを変えていく視点が必要になると思います。具体的には、痴漢（CHIKAN）の環境的要因である満員電車を撲滅しようという視点です。近年の報道を見ていると痴漢の逮捕者が出る度、加害者の情報は流されますが、満員電車への言及はほとんどされていません。小池都知事は満員電車ゼロを政策として掲げているようですが、満員電車撲滅にあたりネックになるのは技術よりもコストのようです。そうであれば、例えば痴漢の罰金の額を厳罰化の一環として引き上げ、その罰金を原資にして電車を全て2階建て車両にするとか、2倍の長さの電車を作るとか、そうすれば満員電車はなくなると思います。ゼロではありませんが、痴漢の環境的要因は大分減るのではないでしょうか。厳罰化というのは、どうしても誰かを責める方向に進んでしまいます。大切なのは、社会全体を変えていく方向で再犯防止等の施策が進んでいくことだと思います。

　最後の3点目は、加害者を孤立させないための支援が必要だという視点です。加害者は何度も問題行動を繰り返した結果、社会から孤立してしまいます。住む場所を追われ、家族や友人を失い、仕事も失ってしまう方が多いのです。それ自体は本人の加害行為の結果なので仕方がない部分もありますが、そういった方だからこそ社会に戻ってきた時に、一人にさせない支援が必要になってくると思います。生活の中で頼る相手が誰も居ないこと、誰からも援助が受けられないことは再犯のリスク要因になってしまいます。榎本クリニックで行っている治療のうち、デイナイトケアは、そういった方を地域で孤立させないという意味合いが大きいのです。今後都内だけではなく、全国に性依存症者治療のための医療機関や相談所を設置し、地域で再犯を防いでいく必要があると思います。

メインシンポジウム

風俗と福祉をつなぐ「風テラス」の挑戦

坂爪 真吾 ホワイトハンズ

1981年新潟市生まれ。東京大学文学部卒。
同大卒業後、性に関するサービスを、「関わった人全員が、もれなく幸せになる」ものにする＝「性産業の社会化」をテーマに起業。
2008年、「障害者の性」問題を解決するための非営利組織・ホワイトハンズを設立。
年齢や性別、障害や病気の有無に関わらず、全ての人が、生涯にわたって、「性に関する尊厳と自立」を守ることのできる社会の実現を目指して、日夜奮闘中。

　私が代表を務める一般社団法人ホワイトハンズでは、弁護士とソーシャルワーカー（社会福祉士・精神保健福祉士）の有志でチームを作り、風俗店の待機部屋をお借りして、そこで働く女性たちに対して毎月1回無料の生活・法律相談サービスを提供する「風テラス」をいう事業を行っている。
　風テラスは都内の激安風俗店と連携して開催している。激安風俗店とは、その名の通りわずか数千円で遊べる超低価格の店だ。近年、風俗の世界にもデフレ化の波が押し寄せ、一昔前であればありえないような価格帯でサービスを提供する店が増加している。
　この背景には、店舗と女性の供給過多がある。1990年代末の風営法改正によって無店舗型性風俗店（通称デリバリーヘルス：以下デリヘル）が事実上合法化されたことに伴って、店舗数は激増した。2016年現在、国内のデリヘルの届け出数は約1万9千店舗。これはセブンイレブンの店舗数（1万8572店）に匹敵する数だ。店舗数の増加に伴い、需要（男性客の数）と供給（店舗と女性の数）のバランスが崩壊し、価格競争が激化している。
　かつて風俗の仕事に従事することは「経済的に困窮した女性にとって最後の手段」であり、それゆえに「稼げる仕事」の代名詞と考えられてきたが、デフレ化が進行した現在、多くの女性にとって「裸になっても満足に稼げない」＝時給に換算すれば通常の仕事やアルバイトと同じ、もしくはそれ以下の金額しか稼げない状況になっている。
　激安店に集まる女性は、年齢や体型、性格などに問題があるため、他店の面接で不採用になった人たちが多い。そしてその中には、何らかの障がいを抱えた女性たちが少なからず存在している。
　こうした女性たちは、なぜ福祉サービスを利用しないのだろうか。精神疾患を

抱えている女性を例にして考えてみよう。精神疾患のある人は、朝決まった時間に起きられないことが少なくない。薬の副作用で思うように頭や身体が働かないこともあるため、決められた時間に起きて出社し、決められた時間勤務して退社する、という働き方をすることが難しいのだ。

また家計の管理や貯蓄がうまくできず、買い物やギャンブルであっという間に散財してしまうこともある。そのため、必要な時に必要なだけのお金をすぐに稼げる日払いの仕事に就きたい、という人もいる。

彼女たちが生活を成り立たせるためには、自分の体調や気分に合わせて勤務日時を決めることができ、遅刻や当日欠勤をしてもクビにならない日払いの職場を探す必要があるが、常識的に考えればそんな職場は無い。

福祉の世界で仕事を探すとなると、就労継続支援B型事業所（一般企業に就職が困難な人に対して、雇用契約を結ばずに働く場を提供する事業所）という選択肢がある。しかし平成24年度の厚生労働省の統計によれば、B型の平均工賃は月額14,190円。時給に換算するとわずか176円だ。雇用契約を結ぶA型事業所に関しても、平均工賃は月額68,691円。時給換算で724円。福祉の世界で働くことを選んだ時点で、どうしても最低賃金以下、もしくは最低賃金ギリギリの仕事になってしまう。

つまり障がいのために一般企業に就職することが困難な女性、そして福祉的就労では満たされない経済的ニーズを抱えた女性が、障がいを抱えながら最低賃金以上のお金を稼ぐことのできるほぼ唯一の職場が風俗になっている、という現状がある。

●つながりにくい存在とつながることが、本来の使命

風俗で働く障がいのある女性は決して福祉につながっていないわけではない。相談に訪れる女性も、生活保護や障害年金といった制度にはきちんとつながっていることも多い。しかし、制度につながるだけでは彼女たちの抱えている問題は決して解決しない。

彼女たちにとって真の問題は、「制度にはつながっているが、人とつながっていない（つながれない）」ことだ。生活保護費をホストにつぎ込んでしまったように、心のよりどころとなるような人間関係や居場所が無い状態で制度とつながっても、むしろ問題を悪化させてしまうこともある。障がいがあれば、制度とはつ

●メインシンポジウム

ながれる。しかし障がいがあるために、人とはつながれない、というジレンマがある。

　風俗で働く障がいのある女性には、制度とのつながりだけでなく、人とのつながりが必要である。しかし彼女たちは表社会から極めて見えにくく、理解されにくい存在だ。他者とコミュニケーションをとること自体が困難であり、場合によっては支援者を攻撃してしまうこともある。仮に長い時間を費やして支援しても状況が改善する可能性は低いため、支援自体が後回しにされたり、場合によってはそのまま放置されてしまう。

　しかし、そもそも福祉の使命とは、「つながりにくい存在とつながること」、すなわち支援の手が届きにくい人たち、それまで支援の必要性が認められていなかった人たちに対して支援を届けていくことではないのだろうか。これまでの福祉の多くは、分かりやすい弱者、手の届きやすい弱者にしか支援を届けられていなかったのではないだろうか。

●風テラス誕生までの経緯：「デブ・ブス・ババア」を集めた「地雷専門店」
　との出会い

　ここで改めて、風テラス誕生までの経緯を説明したい。2014年末、第23回FNSドキュメンタリー大賞に、フジテレビ制作『刹那を生きる女たち　最後のセーフティーネット』が選ばれた。女性の貧困を追ったこの番組の中で、都内最底辺の激安風俗店で働く女性の姿が取り上げられた。彼女はアパートの家賃を支払うことができずに夜逃げし、上京してからは早朝の清掃の仕事と激安風俗の仕事を掛け持ちしながら生活していた。

　その店の名前は「鶯谷デッドボール」。他の風俗店では不採用になるような地雷女性＝「デブ・ブス・ババア」を集めたレベルの低さ日本一の「地雷専門店」として、業界では有名な存在だ。彼女は「身分証があれば即採用」をうたう同店に勤務し、百分のプレイにつき五千円の報酬で仕事をしていた。

　しかし彼女の容姿は身長150センチの肥満体型で前歯も無い。客の指名は満足に取れず、店の待機部屋やネットカフェで寝泊まりする日々を送っていた。そんな彼女の姿を見かねて、「総監督」と呼ばれている同店の店長は、一緒に不動産屋を回って部屋探しをするなど、彼女の自立を手助けすることにした。

　部屋も無事に決まり、自立への第一歩を踏み出した矢先、彼女は突然音信不通

になる。総監督を始め、店のスタッフが探し回ったが一向に見つからない。なんと彼女は、生活費を稼ぐために夜の新宿で立ちんぼ（街娼）をして、売春防止法違反で警察に拘留されていたのだ。JR新宿駅付近で囮捜査員に声をかけて現行犯逮捕されたという。

　警察署まで迎えに行った総監督は彼女と話し合い、生活のために引き続きデッドボールで働き続けることに加えて、無駄遣いを避けるために稼いだお金を貯金箱に入れて管理することを提案した。もちろん、これらの解決策にどこまで意味があるのかは、総監督にも彼女自身にも分からない。

　デッドボールは、地雷専門店というコンセプトの話題性もあって、メディアにも積極的に露出し、業界関係者からも好意的に扱われていた。しかし障がい者の性問題に取り組むNPOとして、私はデッドボールをもてはやす風潮には全く同調できなかった。障がいのある女性の性を商品化しているからという理由もあるが、それだけではない。

　風俗が売っているのはあくまでサービスであって、そこで働く女性に対して「デブ・ブス・ババア」といった差別や偏見、言葉の暴力を投げつける権利を売り買いする場ではない。

　現行法の枠内では、風俗のサービス内容に関して警察が取り締まることができるのは本番行為と未成年使用くらいであり、地雷専門店のように、どう考えても社会的に問題ある営業をしているような店舗に対しては、法律的には何も言えない。

　障がいのために社会的に排除された女性の支援は福祉の仕事であって、風俗がそれを肩代わりする必要も義務もない。地雷専門店的な店舗が増えれば、風俗産業全体が誰にとっても良くない方向に向かうのは明白である・・・といった内容で、地雷専門店に対して極めて批判的な立場からブログの記事を書いた。すると、デッドボールの総監督から直接ツイッターでメッセージが届いた。

　「はじめまして、鶯谷デッドボール総監督です。坂爪様のお考えも何度かツイッター等で拝見して承知しております。否定も肯定も反論もするつもりもございません。

　ただ雑誌やネット情報、書籍やテレビでは読み取れない部分が大半だと思います。突然で大変失礼は承知の上でご提案ですが、一度現場をじっくり観察されてはいかがでしょうか。今後の研究材料にもなると思いますのでご検討頂けましたら幸いです。」

●メインシンポジウム

●地雷専門店の素顔

　総監督本人からの突然の申し出に正直驚いたが、確かに現場を見ずにあれこれ批判するのはフェアではないと思ったので、総監督の申し出とご厚意を受け入れて、実際に店舗を取材させて頂くことにした。
　JR鶯谷駅から徒歩五分ほどの雑居ビルの中に、デッドボールの事務所兼待機部屋はある。看板も表札も一切出ていないドアを開けると、男女五人のスタッフが忙しそうに電話対応をしていた。黒のスーツ姿で出迎えてくださった総監督は、どう見ても強面のヤクザのような風貌だが、前職は大企業のサラリーマン。2009年に脱サラしてデッドボールを始めたそうだ。
　取材を通して見えてきたのは、メディア上の姿とは全く異なる「地雷専門店」の別の顔だった。実は「デブ・ブス・ババア」といった地雷女性を求めて利用する男性客は少数派だという。大半の男性客は、通常の激安風俗店と同様、低価格で女性と遊ぶことを目的にしている。男性客の九割以上はリピーター（！）である。
　デッドボールでは、獲得した指名数に応じて女性の取り分がアップするなど、女性に長期在籍してもらえるような仕組みを数多く用意している。女性を短期間で使い捨てるよりも、長期にわたって安心して働き続けてもらう方が店にとっての利益にもなるからだ。実際に長期間在籍している女性も非常に多い。
　デッドボールには、在籍女性のケアをするスタッフが三名いる。いずれも元在籍女性だ。女性同士で、総監督をはじめ男性スタッフには絶対に言ってこないであろうことを話し合っており、これが働く上でのガス抜きになるそうだ。女性が無料でヘアメイクを受けられるシステムも用意している。
　つまり、「デブ・ブス・ババアを集めた地雷専門店」というのはあくまでメディアの注目を集めるための看板に過ぎず、店舗自体は働く女性を大事に扱う健全営業の「優良店」なのだ。
　「貧困女性のセーフティーネットを担っている気はさらさらない。きれいごとを言う気もない。ただ、彼女たちを助けたいという気持ちはある。長く働いてくれていたり、お店を好きになってくれる子に対してはなんとかしたい。外見もヘアメイクさんとの会話の中でアドバイスを受けて、ちょっとずつでも改善していってほしい」と総監督は語る。

● 地雷専門店とソーシャルワーク

「デブ・ブス・ババア」を売りにする地雷専門店は、当初私が批判した通り、その表面だけを見ると極めて差別的・反社会的なビジネスに見える。しかしその実態は、限りなくソーシャルワークに近い風俗、もしくは限りなく風俗に近いソーシャルワークだった。

容姿や年齢の面でハンディを抱えた女性が風俗の世界で稼ぐためには、男性性の持つ汚い部分＝女性差別やミソジニー（女性嫌悪）などを逆手にとって利用しないと稼げない。

ゆえに女性を本当に稼がせようと考えるのであれば、地雷専門店という一見差別的・反社会的な形を取らざるを得なくなる。親身になって女性の立場に立てば立つほど、女性個人を貶めてリスクの矢面にさらす形を取らざるを得なくなる、というジレンマがある。

総監督は、在籍女性が生活保護を受給する際や警察のお世話になった際に、身元引受人になったことがある。泊まる場所の無い女性が店の待機部屋に宿泊することについても、「こういう事情の女性を大勢抱えているから」と警察には説明済みだ。法的にも特に問題はない。

しかし、「困窮している女性の支援をしてもいいけど、それが支援ではなくなる境界線があるから、それはあなたが見極めなさい」と警察に言われたという。確かに地雷専門店で待機部屋に寝泊まりさせながら貧困女性を働かせることは、一歩間違えれば「支援」ではなく「搾取」になるリスクがある。

● 風俗とソーシャルワークの連携

支援と搾取の境界線上に位置するような地雷専門店の危うい現場を目の当たりにして、私の頭の中で、ある考えが閃いた。それは「風俗とソーシャルワークの連携」だ。

デッドボールのような激安風俗店に限って言えば、ソーシャルワークとの相性は決して悪くないはずだ。応募者全採用の店であれば、求人広告を見てアクセスしてきた全ての女性を漏れなく捕捉することができる。これまでの行政の相談窓口や生活困窮者支援制度、そして通常の風俗店では（面接の時点で不採用になるために）決して捕捉できなかった女性を100%捕捉し、何らかのアプローチを行

●メインシンポジウム

うことができるわけだ。
　ソーシャルワークの立場から見れば、激安風俗店との連携は、見えづらい貧困女性層の存在、及び彼女たちが抱えている生活や家庭の問題を可視化し、支援につなげるための「最後の砦」を手に入れることになり得る。女性がシングルマザーの場合、その子どもにも支援を届けやすくなる。虐待やネグレクトなどの発生も未然に防ぐこともできるかもしれない。
　一方、激安風俗店の立場から見れば、女性たちの福利厚生を充実させることで、売上の増加と離職率の低下（求人広告費用の削減）につなげることができる。社会福祉士や弁護士と連携して在籍女性を支援していることを公表すれば、女性に対する搾取だという批判もかわせる。
　激安風俗店とソーシャルワークとの連携は、風俗で働くこと自体の是非論を脇に置けば、双方にとってメリットがあるはずだ。そこで、デッドボールの全面協力と生活困窮者支援の専門家の助言を頂きながら、連携のモデルケースとして、デッドボールの待機部屋内で在籍女性に対する無料の生活・法律相談会を行うことにした。
　これまでの行政やNPOによる相談事業の多くは、専門家が相談所の椅子に座って相談者の来訪や電話を待つ、という受け身のスタイルが中心だった。しかし自発的に相談に来ない・来られない人が大半を占める風俗の世界に対しては、そうしたスタイルは全くの無意味だ。そこで、ソーシャルワークの世界で「アウトリーチ」と呼ばれているスタイル＝専門家が直接現場（店舗の待機部屋）を訪問し、その場で相談に応じる形にした。

●風俗と福祉の共闘を目指して

　風俗とソーシャルワーク、一見すると水と油に思える両者が連携すれば、これまでのソーシャルワークでは決してアプローチできなかった層に必要な支援を届けることができるだろう。
　そう考えると、風俗は決して社会福祉の「敵」ではない。同じ戦場で、社会的排除という名の共通の敵と闘っている「味方」なのだ。昼の世界の包摂を担う福祉、夜の世界の包摂を担う風俗、両者は同じ母親から生まれた一卵性双生児の様な存在だと言える。残念ながら、非審判的態度と共感的理解を重んじるソーシャルワークの世界ですら、風俗は「絶対悪」もしくは「敵」と一方的に審判され、

無視され続けてきた。

　今必要なのは、正しい戦場で正しい敵と戦うことだ。ソーシャルワークとの連携を通して、風俗を「社会問題としての貧困と闘うための最前線の防衛拠点」として活用していくことが求められている。

メインシンポジウム

アディクションの回復プロセスの中での
トランスジェンダーとしての受容と和解

倉田 めば 大阪ダルクディレクター／Freedom 代表

広島県尾道市出身。93 年に大阪ダルクを設立。以来、8 年ほどは公的助成を一切受けることなく、寄付金によって運営資金をまかなう。01 年には大阪ダルクの外郭団体としてFreedom を設立。06 年、大阪ダルクは「大阪ダルク・アソシエーション」として NPO 法人を取得。自身が薬物依存症から回復してきた経験を踏まえながら、薬物依存者の支援をしたり家族の相談に乗ったりしている。その傍ら、教育機関での講演や授業などを通して、「ダメ。ゼッタイ。」ではなく、再発予防の見地からの啓発活動をつづけている。カメラマン、パフォーマンス・アーティスト、詩人としての活動もおこなっている。

はじめに

　私は 1993 年より薬物依存回復施設である大阪ダルクを立ち上げ、現在もディレクターを務めている。また、2001 には大阪ダルクの外郭団体である Freedom を多くの賛同者とともに設立し現在は代表をしている。薬物依存者の家族支援、関連機関とのネットワーク形成、啓発などの事業を展開している市民団体である。

　私自身薬物依存者であり、14 歳から 20 代の終わりにセルフヘルプ・グループにたどり着くまで、薬物への依存と精神科病院への入退院を繰り返した経験を持っていることが薬物依存症からの回復支援の仕事に就いた一つの大きな要因である。

　20 代の頃の私は東京でアダルト業界のカメラマンだった。当時は通称ビニ本と呼ばれるアダルト雑誌が爆発的に売れていた時代で、とにかく毎日大股開きの撮影に追われていた。指にはカメラダコができ、血が滲むくらいの日々の撮影本数だった。その一方で私は仕事が終わると薬物を使い続け、ホテルで撮影中に妄想と幻覚に襲われ、目の前のカメラのファインダー越しに見ているモデルが私を殺しに来ていると思いこんで、会社に電話を入れ挙げ句の果てが精神科病院に入れられるというようなことを繰り返していた。最終的には、ヌードカメラマンも続けられなくなり、4 度目の精神科病院から依存症の回復施設やセルフヘルプ・グループにつながり、幸いにも今日までクリーン（薬物を使わないで生きること）な生活を継続している。

薬物を使い始めた原因についての語りの変遷

　ダルクのような回復施設やセルフヘルプ・グループの核となるプログラムのは言いっ放し聞きっぱなしのテーマミーティングだ。私は33年前につながって間もない頃は、薬物を使った原因について「とにかくシンナーやマリファナをやって幻覚が見たかったから」といつも話していた。クリーンが続いてしばらく経つと今度は「優等生からドロップアウトするために」という語りに変わってきた。教育熱心すぎる親に育てられた私は、中学に上がった頃にはすでに息切れ状態で周囲からの「期待」という燃料で動く良い子ロボットをやめ、不良になるための新たな燃料として「薬物」を選んだのだった。ミーティングでは、薬物使用もリストカットも、本当は自分の心の中につらいことがいっぱいあって、そのことを見ないようにするために薬物を使っていたと話すようになった。それからさらに長いクリーンタイムののちに、私は自分のジェンダーアイデンティティとアディクションが切っても切れない関係にあったことを少しずつ知るようになってきたのである。

感情の隠れ処としてのジェンダー／セクシュアリティ

　クリーンになってからの私の生活は、結婚もし、フリーでカメラマンの仕事を続けながら10年余り順調に過ぎていった。自分の仕事はカメラマン以外考えられなかった。写真しかやったことがなかった。ところが、東京、名古屋、横浜でダルクが開設され、大阪にも必要だから作って欲しいと何人もの人に5年近く言われ続けていたのだが、私はなかなか腰が上がらなかったが、とうとうカメラマンをやめて嫌々作ることになった。
　大阪ダルクを始めて私のウィークポイントがいっぺんに露呈した。当時はスタッフといってもほとんど私一人だし、薬物が止まらないメンバーも結構多かったし、近所の怖いお兄さんには脅されるし、暴言、暴力に結構おびえながら日々仕事をしていた。近所のおまわりさんにパトロールをお願いしても、あまりきてくれないし、自分一人でなんとかしなきゃならない状況が続くこともけっこうあった。
　そんな折に、とあるトラウマ治療のワークショップに参加した。心の扉にかかったかんぬきのネジが一気にゆるんでいくようなサイコドラマの場で、私は男なん

●メインシンポジウム

かじゃない、ずーっと女として生きたいと思っていた自分が、わわわーっとでてきた。もう否認できないのだと気づいた。

　それからは車を運転していても突然涙が出てくるし、死にたいと思ったりすることもあった。薬物が10年以上止まって、ダルクを始めてからは、保護司会やら学校やら様々な研修会に講師として招かれ、それまでは男物のスーツを着て髪の毛も短くカットしそれで講演に行ってたのが、だんだん鏡の中のそういう自分に強い嫌悪感を覚えるようになってきた。

　ちょうどその頃、保健所の相談員から電話があって、保健所に相談に来られた薬物の問題を抱えた元ニューハーフのトランス女性の人をダルクに連れて行くので相談にのって欲しいとのことだった。私は動転した。自分自身がまだクローゼットなのに、そこを乗り越えた人にその時点で会うのが怖くなってきたのだ。（来ないで欲しい。私はまだ準備ができていないのに）と心の中で思っていたのも事実だ。当日になり保健所の方から電話があった。約束をすっぽかされたから相談はキャンセルしますとのことだった。私は重圧から解放された気持ちがしたものの、援助の仕事をしているものとしてこれはまずいなあと思った。

　それからほどなくして、今度は別のトランスジェンダーの薬物依存者が、突然大阪ダルクの私のところに相談にきた。ショーパブの仕事ができなくなり今は生活保護を受給しているという。薬物依存についての相談を受けながらも、私は気がそぞろだった。病院なども紹介し、継続して時々相談にのっていたりもしたが、ある日彼女の突然の若すぎる死を知らされた。

　対人援助の仕事を続けていくのであれば逃げずに自分のジェンダーアイデンティティやセクシュアリティに正面から向き合わなければいけないことを痛感した。私の感情はいつも直面化できない自分のジェンダーアイデンティティと一緒に心の奥の扉に隠れて息を潜めていたのだろう。

身近な人たちとの関係

　私はこのままでいいはずがないと思い行動に移すことにした。女装クラブに行ったり、化粧品やレディースの服を買い揃えた。と言っても私が当時住んでいたのは、パートナーの実家で、脇で商売もしており親戚や従業員の目がいつもあり。隠すのが大変だった。朝、ずいぶん早くに自宅を出て、車の中で着替え化粧を丹念にする。それからダルクに出勤するのである。そんな生活が1〜2年続い

た。周囲からは「自由奔放にもほどがある」「エゴだ」など指摘されることもあった。

それに女装やメイクは楽しくてどんどん夢中になっていった。性別移行のプロセスすら、依存症の私がやると取りようによってはアディクションそのもののような感じもしたり、いや違うという思いが出てきたり、揺れ動きつつもはまっていき、やがてパートタイムで女装するだけでは物足らなくなっていった。

トランスジェンダーであることを一番知られるのを恐れていたのは両親に対してだった。薬物を使って入退院を繰り返したり、神戸から何度も東京でやり直そうと上京するたびに部屋を借りてもらったり、心配や迷惑をかけ続け、両親の財布から湯水のようにお金を引き出しては使い続けた。そんな私の薬物がようやく止まり回復の道を歩み始めたのだ。お盆や正月には実家に帰り、母の日や父の日には花やプレゼントを毎年贈るようにもなっていた。だが、性別移行が始まってからは、5年くらいピタっと実家への足が遠のいた。女性ホルモンも始め、容姿がどんどん女性化してきて、それが見つかるのがやっぱりこわかった。薬物依存であれだけ泣かし悲しませた親が、今度は自分たちの息子が女になったと知ったら、どれだけ悲しむだろう、怒るだろうと想像するだけでとてもカミングアウトする勇気が湧いてこなかった。

でもある日、両親が突然スカートを履いてうろうろしている私の部屋に訪ねてきた。私はその時腕を骨折していて自室で療養していたのだった。カミングアウトと言うより、「バレちゃった」という感じだが、親の反応は意外だった。薬物やリストカットをやるよりはずっとマシだと思っているようだった。トランスジェンダーであることを身内にカミングアウトした結果、身内からひどい扱いを受けたというような話はよく聞いたことがあったので、この時ほど、薬物依存者でよかったと思ったことはない。叱られるかなと思った父は「まあ、いいじゃないか」と言っていたが、多分、女装した私は若い頃の母親にどこか似ていたからニコニコしていたんじゃないかと勝手に都合よく納得している。

社会的受容と回復のプロセスの中でのセクシュアリティ

身近な人たちにだんだん受け入れられていく一方で、トランスジェンダーであるということは仕事の面では少なからず受難にあった。20年前は今日のようにLGBTという言葉が盛んに使われているような状況ではなかったのだ。ある小学

●メインシンポジウム

　校の薬物乱用防止の講演に呼ばれることになったのだったが、女装をしているということが学校側に伝わった途端、職員会議でちょっとそういう人呼べません、という結果になったこともあった。今日では考えられないことだが。他の依存症の施設でも噂になっていたようで、「施設長が女装してスカート履いているようなところで回復なんかするわけがない」という陰口もたたかれていたようだ。そんな話を聞くと悔しさがこみ上げてくる一方で、（ああ、やっぱりそうなのかな。トランスするなんてまちがっているのかな）という考えがもたげてくる。しょっちゅう気持ちは揺れていた。

　また、社会的にもトランスジェンダーであることでこうむる差別や偏見、いきづらさには生活の様々な場面で出くわす。トイレはもとより、更衣室、温泉、病院（受付のアナウンスからの呼び出し、性別記載によるトラブル）健康診断、レディスサービス、外国の空港での身体検査、ホルモン治療や性別再判定手術の健康保険不適用、選挙など枚挙にいとまない。

　しかしながら、この20年余りの間に薬物依存者の回復者コミュニティには年々セクシュアルマイノリティのメンバーが増えてきている。ゲイのメンバーが圧倒的に多いが、トランスジェンダーのメンバーもたまに見かける。自分が男女どちらであるとも感じられないXジェンダーのメンバーも結構いるようである。

　このようなコミュニティ内での性の多様性の可視化は、セクシュアルマイノリティであるかどうかを問わず、多くのメンバーにとって薬物依存からの回復のプロセスの中での自らのセクシュアリティやジェンダーアイデンティティへの振り返りや問いかけを促進していく一つの要因になっていくかもしれない。日本では覚せい剤依存症のメンバーが多いのだが、セックスドラッグである覚せい剤を用いずに、クリーンな生活の中で素面でセックスをする自信がないというクリーンがスタートしたばかりの覚せい剤依存症者の発言はよく聞く。なので、ダルクではクリーンが始まって間もない時期のセックスや恋愛は慎んだ方が賢明であるという提案を出している。それが、薬物再使用の引き金になりかねないからだ。しかし、クリーンが続いていって、薬なしでも性的な関係を結んだり、パートナーが出来たりした時に、感情の隠れ処としてのセクシュアリティの問題にいろんな形で直面する人たちも多いのかなあと思う。回復をして薬を用いずに恥ずかしげもなく性的に奔放な態度をとるというのは感情的なレベルにおいてすごくハードルが高いことなのである。

　日本ではアディクションの回復プロセスにおけるセクシュアリティの問題に従来目をつぶってきたきらいがあるが、そろそろ回復の段階の一つとしてじっくり

取り組んでいく時期に来ているのかもしれない。

将来への不安

　最後にエイジングのことについて。私はトランスジェンダーであるが、SRS（性別再判定手術）は受けていない。したがって戸籍上の性別は男のままである。このままもっと高齢になって、認知症になったり、施設や病院に入ってりした時に、男性の大部屋に入れられたり、立小便をさせられたりしたらどうしようかとそれが時々ものすごく不安になる。SRSを受けて性別を変更すればそのような不安もなくなるかとも思うが、手術は体に負担もかかるしお金もかかるので嫌だなという思いと、やっぱり手術をして性別を変更しておかないと介護が必要になった時に惨めな思いをするのではないかという二つの思いが今もせめぎあっている。しかしながら、海外に目を転ずれば手術要件なしで性別変更できる国も増えてきており、日本も一日も早くそうなれば余計な心配にかられなくてもいいのにと最近思っているところである。

＜シンポジウム＞倉田発言箇所

倉田　薬物依存で初めて精神病院に入院したとき、他の精神疾患で入院してる人に「なんで入院したの」聞かれて「薬物使って」って言ったら怒られて、「私らは好きでここにいるんじゃない」と「あんたは自分からおかしくなってここに入院してる」っていうふうに言われて結構傷ついたことがありました。トランスジェンダーとして自分が変わり始めたときも「なんで自分からおかしくなるんだ」と自問自答する時があった。「自分からおかしくなる」っていうのは、私の中ですごくスティグマになってるんですよね。薬物依存症は、外的、内的スティグマから自由になれば、かなり現在より回復率も上がるんじゃないかなというふうに思ってるんですけどね。ここ1カ月ぐらい、薬の再使用をしたという相談のことごとくがLGBTの人たちからの相談なんですね。やっぱりそうじゃない人に比べるとすごく脆弱性が高いんではないかなという感じが、はっきり

●メインシンポジウム

データを取ったわけではないんですけども、でもそんな感じがとてもしてまして、これはやっぱり多重にのしかかるスティグマがそういう現象を引き起こしてるのかなっていうふうに思うところもあります。

倉田　私が薬物を止めるためのプログラムにつながったときに、まず「自分を責めるな」と言われたんですね。いろんな意味で罪悪感をいっぱい持って生きてきたと思うんです。だから「病気がさせたことなんだよ」って言われてすごくホッとした。まず自分を責めることをやめたということ、あとネガティブないろんな感情ですよね。恐れだとか自己憐憫だとか、不誠実さだとか、そういうネガティブな感情を引きずらないようにすることに加え、自分に正直になるということの大切さを知りました。ネガティブな感情からポジティブな感情を持つように心掛けるっていうか、そういう訓練ってのは、ずっとやってきたような、そんな感じはするんですよね。それってすごくスピリチュアルなことで、ただ日本はスピリチュアルって言葉、非常に誤解されていますけれど、単純に人と一緒にいてホッとしたりとか、心が解ける感じとか、そういう体験が積み重なって、自分一人で頑張らなきゃいけないという思い込みから自由になるっていうことが自己肯定感に結びついています。自分でなんとかしようと思うばかりじゃなくて、人に頼ったり誰かと一緒にやっていくっていうのがすごく大事なんじゃないかなと思ってます。

倉田　なかなかうちに来てる人って薬物依存もあるし、他の精神障害もあったりして、ダルク出ても外の仕事したり他の行き先って実はなかなかないんです。だから最近若いスタッフがラーメン屋を始めたのですが、しばらくクリーンが続いている人もそこで働いたりしています。店の名前は8910って書いてヤクチュウラーメンですね。知る人ぞ知ってるけど、世間はあんまり知らない。8910の横に白寿って書いてあって、地域の人たちに「8910って？」って聞かれたら「白寿です」と答えるらしい。

　私自身はパフォーマンスアートっていうのを7年前からやり始めてるのですが、そこで気付いたのはさっきの自己肯定感にも通じるけど、ミーティングの中でも50回100回としてきた話を、ある日ちょっと豆腐を10丁買ってきて、それを足で踏みつぶしながらミーティングで話したことを話したら涙が出てきた。そのときにじゃあミーティングの中で話す

のと、豆腐を10丁足で踏みつぶしながら同じことを言ったときに、人前で泣けてくるのは何が違うのかと。それはパフォーマンスアートの場合は、私自身がそのまま人前に出てしまいます。ミーティングではやっぱり言葉で分析したりして話してるから、客観的に自分を見てるかもしれないけど、豆腐を踏みつぶす私は傷ついてる私自身の再演なんですよね。

メインシンポジウム

セクシュアリティの記憶－過去から未来へ－

対馬 ルリ子 医療法人社団ウィミンズ・ウェルネス理事長

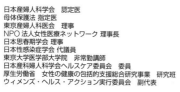

青森県出身
1984 年弘前大学医学部卒業、東京大学医学部産科婦人科学教室入局、都立墨東病院周産期センター産婦人科医長などを経て、
2002 年にウィミンズ・ウェルネス銀座クリニック、現女性ライフクリニック銀座開院。
2012 年女性ライフクリニック新宿併設。
2017 年日本家族計画協会「第 21 回 松本賞」受賞。
2017 年デーリー東北賞受賞
2018 年東京都医師会・グループ研究賞受賞

2003 年に女性の心と体、社会とのかかわりを総合的にとらえ女性の生涯にわたる健康を推進する NPO 法人「女性医療ネットワーク」を設立、全国約 600 名の医師、医療保健関係者と連携し、さまざまな啓発活動や政策提言を行っている。

日本産婦人科学会　認定医
母体保護法 指定医
東京産婦人科医会　理事
NPO 法人女性医療ネットワーク 理事長
日本思春期学会 理事
日本性感染症学会 代議員
東京大学医学部大学院　非常勤講師
日本産科婦人科学会ヘルスケア委員会　委員
厚生労働省　女性の健康の包括的支援総合研究事業　研究班
ウィミンズ・ヘルス・アクション実行委員会　副代表

代表的著作・出演メディア
女性外来が変える日本の医療（築地書館 2002 年）
キレイなからだ・心・肌「女性ホルモン塾」（小学館 2003 年）
徹子の部屋（テレビ朝日 2003 年）
プレ更年期から始めよう（かもがわ出版 2005 年）
「女性検診」がよくわかる本（小学館 2006 年）
症状でわかる女性の医学 BOOK（主婦と生活社 2006 年）
みんなの女性外来シリーズ全 12 冊（小学館 2008 年）
すくすく子育て（NHK E テレ 2009 年）
世界一受けたい授業（日本テレビ 2014 年）
恋より美容液よりシンデレラホルモン（経済界 2013 年）
女性ホルモンで世界一幸せになれる日本女性（マガジンハウス 2015 年）
キレイ・ゲンキのヒミツがわかるからだメンテ大辞典（メイト 2015 年）
凛女の選択（週間住宅新聞社 2016 年）
あなたも名医！プライマリケア現場での女性診療（日本時事新報社 2016 年）
つらい更年期障害をしっかり乗り越える方法（ナショナル出版 2017 年）
「女性が健やかに輝き続ける社会へ」シンポジウム（NHK E テレ 2017 年）

　健康（Well-being）とは、ただ単に病気や衰弱がないことを指すのではない。
　誰もが、性差や性機能によって差別されることなく、幸せに生をまっとうするには我々医療者は何をすればいいのだろうか？単に疾患の診断と治療だけではないはずだ。
　リプロダクティブヘルス＆ライツ、性差医療 SDGs などの概念から、自己革新とともにヘルスケアの未来に貢献することを目指したい。

はじめに

我々がめざすべき健康とは

　WHO（世界保健機関）憲章によると、健康とは、単に病気がないことを指すのではなく、心身および社会的なよい状態（wellbeing）を指す。また 1998 年には、健康と疾病は別個のものではなく連続したものであるという dynamic、また、人間の尊厳の確保や生活の質を考えるために必要で本質的なものという観点から spiritual という字句を付加することが提案されている。

女性の健康課題とは？

WHOや国連の提唱する健康の課題のなかのひとつに、Sexual and Reproductive Health & Rights がある。人々が安全で満足できる性生活をおくり、子供を産むかどうか、産むとすればいつ、何人産むかを決定する自由を持つこと、さらに生殖に関連する適切な情報とサービスを受ける権利を有すること、対象は生殖のみならず性に関する健康も含まれ、その目的は、リプロダクションや性感染症に関するカウンセリングやケアを受けられること、個人と他人の生活との相互関係を向上させることを目的としている。

リプロダクティブヘルスには、具体的にいくつかの課題がある。これまで、女性の健康問題と言えばずっとリプロダクティブヘルスのことであった。もちろん、どんな環境でも妊娠出産を通じて母児の生命が守られることがまず第一に大切である。次に、生殖機能や性機能を持つ、あるいはその社会的環境などもリプロの概念に含まれる。

リプロダクティブヘルスの課題

家族計画・避妊
母性保健・妊娠・分娩・産褥
流産・危険な妊娠中絶処置
不妊・生殖医療
性感染症
乳がん・子宮がん・卵巣がんなどの悪性腫瘍
思春期のセクシャルヘルス／リプロダクティブヘルス
更年期・高齢者の性の健康
男性の役割・男性の健康
有害なあるいは暴力的性行為の禁止

そもそも、少し前まで、世界中の女性たちは、体が大人に近づくと本人の意志とは関係なく嫁にやられ、非衛生的あるいは医療のないところで妊娠出産をくり返し、命を落とさないまでも出産の後遺障害に苦しみ、早い生涯を閉じた。リプロダクティブヘルスは、そのような時代から、産業や医学が発達して衛生面、栄養面、緊急時医療対応ができるようになり、多くの女性や新生児が安心して出産

●メインシンポジウム

に臨めることを目指し、近代的医療制度を実現してきた。現代では、女性も高等教育や職業訓練を受けることができるようになり、現代女性は、仕事と人生設計を考えて妊娠の時期を選んだり、避妊や不妊に医療技術を生かす新しいライフスタイルが可能になってきた。

　2015年国連は、それまでの先進国が開発途上国を支援する形の開発目標（ミレニアム開発目標）を、先進国も開発途上国も、世界中のすべての国々が協力して実現する形のSDGs（持続可能な開発目標）に発展させた。これらは、貧困や飢餓の撲滅、医療や教育の普及、ジェンダー差別撤廃などから、水や空気や大地を守るなど、世界中の共通課題を2030年までに解決につなげよう、と呼びかけたものである。我が国にも存在している経済格差も、ジェンダーや教育の不平等も、持続可能な開発目標のひとつとして世界の人々と協力して解決にむけ取り組みたいものである。

図1　SDGs

性差医療の進展と男女の心身の性差

　女性には男性と異なった健康特性がある。これまで妊娠出産以外は、医学的には男女はすべて同じと考えらえてきたが、1980年代以降の性差研究により、同じ疾患でも男女で頻度や症状、予後に性差があり、そのうえ女性の場合には、月経周期や更年期などの女性ホルモン変動によって、病態や心身に現れる症状、治療への反応性も男性とは異なることがわかってきた。したがって、もちろん男女

は、生物としての基本的な機能や役割は同様であるが、女性の場合には、特に思春期から更年期まで、色濃く女性ホルモンに全身のさまざまな機能が修飾されているといえる。特に、女性ホルモンの変動にともなって、視床下部、下垂体系のホルモン調節系を介し、自律神経や情動（感情）、免疫面が変動しやすいのが、女性の特徴である。これは、生殖を可能にし出産のリスクから母児の命を守ろうとする、女性ホルモンの「守り」の大きな役割といえる。しかし、そのために、女性は自身の体調や感情の変化にとまどい、対処に窮し、自信を失いやすい。もちろん、男性も思春期に男性ホルモンの影響で心身機能が変化するが、思春期以降の変動は少なく、単調である。

　もう一つ、現代女性の健康面の大きな特徴は、妊娠出産の機会が激減したために婦人科系疾患が増え続けていることである。第二次大戦前に50歳まで達していなかった日本人の寿命は、いまや90歳に届こうとしている。いっぽう、女性が一生の間に産む子供の数、合計特殊出生率は、2005年に1.26まで低下し、現在も1.4を少し上回る程度であるが、人口を維持できる出生率2.07にはほど遠い現状である。いっぽう初産年齢は30.7歳まで上がり、初経年齢が11〜12歳であることを考えると、出産が始まるまで実に20年近くの無産期間がある。子宮内膜症や子宮筋腫、子宮体がん、卵巣のう腫や卵巣がん、乳がんや乳腺症などの疾患の増加は、これらの出産数や授乳期間の減少、それにともなう月経や排卵の増加によって引き起こされている。昔、50回ほどしかなかった月経排卵回数は、現在ではその10倍近く、450〜500回にもなっていると言われる。

　増えている子宮内膜症や卵巣腫瘍の予防には、早めの検診やホルモンコントロール（低用量ピル使用など）による予防が重要であるが、日本の一般女性の検診・予防意識はまだまだ薄い。40歳近くまで、妊娠の機会がなかったからと、一度も婦人科検診を受けたことがない女性は多く存在する。欧米先進国とは異なった状況である。

　以下に、現代女性の健康問題の課題についてまとめる。

　現代の働く女性におこっていること
・<u>ライフスタイルが変わり、排卵・月経回数が増えたため</u>、女性の病気が増えています。
　子宮内膜症、子宮筋腫、乳がん、卵巣のう腫、卵巣がん、子宮体がん・・
・<u>女性ホルモンのしくみについて知らないため</u>、月経トラブルや更年期への対処ができません。

●メインシンポジウム

＊妊娠しようと思ったらすでに遅い（不妊）という事態も！
・無知で体を守ることができないと、性感染症、望まない妊娠、性被害にあいやすくなります。
・女性ホルモンの変動は、女性の気分や体調を大きく変動させ、働きにくくし、女性に自信を失わせます。

健康寿命の差

　男性と女性では、平均寿命と健康寿命（医療や介護を必要とせずに自立して生活できる年限）の差が異なることが問題にされている。つまり、男性は寿命は女性よりも6年ほど短いが、不健康期間は女性よりも数年短いのみで、女性のほうが、「生きていても楽しくない」人生の時間が長い、という統計である。その理由となっているのは、女性の骨・関節・筋肉などの運動器の弱さ、そして認知症の多さである。男性は、死因においても、女性よりかなり（1.8～2倍程度）がん死や心臓血管疾患による死亡が多いが、女性は、骨粗鬆症骨折や、フレイル、認知症など、すぐに死に至らないが生活の質（QOL）が落ちる健康トラブルが多い。したがって、人生の最後まで健康に楽しく暮らせるためには、それぞれのリスクに合わせた予防行動が必要である。

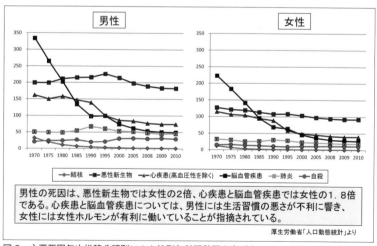

図2　主要死因年次推移分類別にみた性別年齢調整死亡率（人口10万対）の年次推移

		女性	男性	性比
女性に多い疾病	乳房がん	192	2	96.0倍
	骨粗しょう症	416	23	18.0倍
	鉄欠乏性貧血	78	14	5.6倍
	甲状腺障害	291	59	4.9倍
	関節リウマチ	262	70	3.7倍
	高脂血症	1361	525	2.6倍
	アルツハイマー病	262	104	2.5倍
	白内障	665	298	2.2倍
男性に多い疾病	痛風	2	111	55.5倍
	食道がん	6	23	3.8倍
	胃がん	63	123	2.0倍
	肺がん	50	88	1.8倍
	虚血性心疾患	311	446	1.4倍
	大腸・直腸がん	101	132	1.3倍
	糖尿病	1215	1487	1.2倍
	すべてのがん	695	830	1.2倍

単位:千人
厚生労働省「平成23年患者調査」より

図3 主要な疾病別総患者数と性比

メンタル系疾患の性差

　また、QOLをおとし、生活しにくくなり、就労の妨げになりやすい女性の健康障害に、気分障害がある。もともと女性は、女性ホルモンが低下する時期すなわち月経前や産後、更年期などに抑うつ的になりやすいが、それ以外にも、自己価値感が低い、自己嫌悪に陥りやすいなどの特徴があり、また、性行動においても相手の言動に左右される結果、望まない妊娠や性感染症など健康問題を抱えてしまうことがある。摂食障害も男性の10倍以上多く認められ、拒食や過食に悩む女性も多い。女性の心身特性をよく理解し、その性差のある内的要因、ホルモン側面からも、また、環境や人間関係など外的要因からも、治療や支援をしてゆく必要性がある。

●メインシンポジウム

	女性	男性	(%)
うつ病	21	12	
気分変調障害	8	4	
季節性気分障害	6	1	
パニック障害	5	2	
不安神経症	7	3	
統合失調症	1.0	2.7	
アルコール依存	8	20	
薬物依存	6	9	
神経性食思不振症	0.5	0.05	
過食症	1.1	0.1	
反社会的人格障害	1	6	

図4 精神障害の生涯有病率おける性差
Vivien K Burt, Victoria C Hendrick ; concise guide to women's mental health1999
より改変

健康力（ヘルスリテラシー）を向上させるために

このような科学的知識、そしてヘルスケアのスキルは、一朝一夕に身につくものではない。本来なら10代からかかりつけ医に相談、検診、情報の取得をくりかえしながら、次第に自分の心身とのつき合い方を学び、自分の生活を自立させ、自分の将来を考えてゆくリテラシー（健康力）になっていくべきものである。そのためには、まず誰もが相談しやすい健康相談窓口が必要であろう。特に、女性の健康問題には、女性の相談員が必須で、それが、隠れた性的虐待、セクハラ、DV、望まない妊娠や性感染症、不妊や更年期など、様々な問題を拾い上げ解決につなげられる糸口になると思われる。

ヘルスリテラシーが低いと…

健康や医療への影響が大きい。予防サービス（検診など）を利用しない。

病気、治療、薬などの知識がない。ラベルやメッセージが読み取れない。
医学的な問題の最初の兆候に気づきにくい。保健医療専門職に自分の心配を伝えにくい。
慢性の病気のために入院しやすい。救急サービスを利用しやすい。
職場でけがをしやすい。
(これらすべては、国家の医療費を膨大に消費する原因となる)

ウィメンズヘルスの歴史

1990年代、米国では、ウィメンズヘルス(女性の健康学)が進歩した。その頃に集大成として発刊された1000頁以上におよぶTextbook of Women's Healthには、
Recent Initiatives in Women's Healthとして、Women's Healthcare Relationshipには、
Providers as Care GiverとWomen as PatientはPartnersである、という記述がある。
Focus of Gender Specific Research, Practice, and Education!
このPolicyは、The United States Public Health Serviceも温度をとって1980年代に発達したと紹介されている。Judith H. La Rossa (NIH) 1998

なお、現在も我が国は、国連の女子差別撤廃委員会(CEDAW)から以下の改善を勧告されている。(2009年8月第6次総括所見)
① 婚姻に関すること ② 差別への措置
③ 差別表現への対応 ④ 教育・啓発
⑤ 暴力への対策 ⑥ 政治・公的活動への平等な参加
⑦ 雇用 ⑧ **健康** ⑨ マイノリティ女性
このうち健康(パラグラフ50)に関するものとしては、
・性の健康に関する情報・サービスにすべての女性のアクセスを確保すること
・健康・保険医療サービス提供に関する性別データ、HIV/エイズを含む性感染症の女性への拡大と対策に関する情報やデータを次回の報告に盛り込むこと
・人工妊娠中絶を犯罪とする法令(堕胎罪:刑法212-216条)を改正すること

●メインシンポジウム

・女性の精神的・心理的健康に関する情報を次回報告に盛り込むこと

　これらが毎回ほぼ同様に勧告として発表されているが、日本国内ではまったく改正に向けての動きは見られない。ずいぶん昔に女子差別撤廃条約に批准した国が、どういうことだろうか？

さいごに
～共感と、知識と、コミュニケーションを必要とする女性たちに～

　予防とリスクの早期発見・早期介入によって、事故や大きな疾患・死亡を減らせることは、これまでの世界的な研究ですでに明らかになっている。しかもそれをせずに放置すると、結局、事故や大病が人々の生活を困難にし、医療や福祉に大きなお金がかかってしまう。

　今もう一度、足元の健康と幸福を見つめよう。人ひとりひとりの力は大きい。丁寧に自分の心身を慈しみ、人との関係を大事にし、弱い人や不遇の人を助けることで、皆で達成できるものは大きい。それこそが、埋もれた日本人の力ではないのだろうか？

　この時、医療者は、ぜひたくさんの女性の心身の特性がわかる相談者として、話を聞いてあげてほしい。かかりつけ医は、話を聞き、受容し、正しい医学的情報を提供し、適切なアドバイスをし、心身と環境の well-being をサポートするヘルスケアの専門家である。

例えば、
10～20才代に対して、誰が困っているのか？といえば、
　　中高大学生の誰にも相談できない人（特に性自認に関して）、
　　性暴力やDVの被害者
　誰が救えるか？と言えば、
　　性の健康教育ができる人、ピル、アフターピルを処方できる人、
　　カウンセラー、養護教諭、相談員、ワンストップセンターの窓口
20～30才代に対して
　誰が困っているのか？と言えば、
　　<u>妊娠したいが妊娠できない人</u>
　　お金がない、相手がいない、相手がいても相手もお金がない、

婦人科疾患罹患者、知識がないまま40才に近づいた人
誰が救えるのか？と言えば、
婦人科かかりつけ医（検診、相談、情報提供ができる）
地域や企業の相談員メディア、社内教育や妊娠育児支援者（早めの検診や妊娠相談をすすめる）
40〜50才代に対して
誰が困っているのか？と言えば
　キャリアの迷い、親の介護、自分の健康不安、パートナーの病気、将来の不安
誰が救えるのか？と言えば
　キャリアカウンセラー、家族、地域支援ネットワーク、職場の相談窓口、

さいごに

　いろいろな人たちが、いろいろなことができる。
　医療者は、まずは自分の健康を見なおし、自分の健康と人生を自分なりに作りながら、家族や、次世代や、地域の人たちの相談にものってあげよう。そして、さまざまな健康スキルは、今一番、皆が関心を持つ分野でもあり、また平和な地域や社会を作る礎にもなりうる。病気は特別なものではなく、誰もが病気にもなりまた誰もが人生の週末を迎える。しかし、たとえ病気になっても健やかで、幸せで、人間として尊厳のある生活はできることを忘れずにいたいものである。

文献

1) Bienial Report 1994-1995, UNDP/UNFPA/WHO/World Bank Special Programme of Research, Development and Research Training Reproduction. WHO, 1996
2) SDGs　www.unic.or.jp/activities/economic_social_development
3) 厚生労働省　人口動態統計
4) 厚生労働省　平成23年患者調査の概況
5) V. バート, V. ヘンドリック著（1999）「女性のためのメンタルヘルス−コンサイスガイド」日本評論社
6) Lila A., M.D. Wallis編（1998）「Textbook of Women's Health」Lippincott Williams & Wilkins
7) 女子に対するあらゆる形態の差別の撤廃に関する条約（CEDAW）の勧告

「第9回メインシンポジウム」
ディスカッション

斉藤　これよりディスカッション始めていきたいと思います。まず、最初に先生がたから一言、ご感想なり、補足事項を話していただいて、その後、会場からご質問受けたいと思います。では登壇していただいた順番にいきたいと思いますので、北條さんのほうからお願いします。

北條　私は普段は医療機関の現場、依存症のフロアで精神保健福祉士として勤務しています。ここ最近、痴漢に関する報道がたくさんされていますが、性加害や性犯罪というと、気持ち悪いとか変質者とか、逮捕時にそういった話題で一時的に報道されてそれで終わりということが多いように思います。でも捕まった方の人生というのはそこで終わりではなくて、その後もずっと続きます。刑務所に行く人も居ますが、死刑になるわけではないのでいずれは地域に戻ってきます。加害者がその後自分の人生をどう生きているのかとか、その中でどのような問題にぶつかるのかとか、そのような事にはほとんどスポットが当たらず報道もされていないと思います。加害者のその後の人生、性依存症の現実について本日はお話したかったと思っています。

斉藤　では、倉田めばさんお願いします。

倉田　薬物依存で初めて精神病院に入院したとき、他の精神科の疾患で入院してる人に「なんで入院したの」っつったら「薬使ってて1カ月ぐらいたってる」って言ったら怒られて、「自分ら好きでここにいるんじゃない」と「あんたは自分からおかしくなってここに入院してる」っていうふうに言われて、トランスジェンダーとして自分が変わり始めたときも「なんで自分からおかしくなるんだ」と。自分からおかしくなるってのは、私の中ですごくスティグマになってるんですよね。薬物依存症っていうの

は、スティグマから当事者たちが自由に、今より自由になれば、かなり回復率も上がるんじゃないかなというふうに思ってるんですけどね。というのは、やっぱりここ1カ月ぐらいシーズンもあるんですけども、薬の再使用をしたという相談のことごとくがLGBTの人たちからの相談なんですね。やっぱりそうじゃない人に比べるとすごく脆弱性が高いんではないかなという感じが、はっきりデータを取ったわけではないんですけども、でもそんな感じがとてもしまして、これはやっぱりスティグマがそういう現象を起こしてるのかなっていうふうに思うところもあるので、やはりこれからはそういったとこにちょっと見つめていかないといけないんじゃないかなというふうに、そんなふうに思ってます。

斉藤　ありがとうございます。次に坂爪さんお願いします。

坂爪　私のほうから大変に面白かったんで、一つだけ絡めてちょっと感想のほうお伝えしたいと思います。

　　　まず北條さんの依存症のお話ですね。私ちょうど2月に児童買春に関する本、出したんですね。『見えない買春の現場』っていう本を書いて、買う男性側に焦点を当てて、もっと男性側のほう問題化すべきじゃないかってふうな主張を本として書いたんですが、あまり売れてないんですよね。そういった意味で女性側とか被害者側ってのは、結構、問題にしやすい面があるんですが、男性側とか加害者側ってのは、どうやってうまくどう問題にしていくかっていう、なかなか悩ましいんだなってふうなことを思いながら拝聴いたしました。

　　　倉田さんのお話なんですが、結構、風テラスの中でも結構あるんですね、あとトランスジェンダーの方の含めて。そういったLGBTの方かつ風俗とか、あとアディクション、ダブルマイノリティーの方ですね。そういったかたがたに、どういった支援の届ける方法というか、どういったコミュニティーをつくればいいのかっていう点、参考になるお話を聞かしていただきました。

　　　対馬さんの発表ですね。要するにヘルス・リテラシー、風俗の世界でヘルス・リテラシーが逆にないほうが稼げるっていう、そういうような悪い文化なんですけど、そういうのがありまして、コンドームとか使わ

Discussion

ないほうが稼げるとかってのが結構あったりすんで、例えばヘルス・リテラシーを持ってないほうが稼げる世界で生きてる人に、どういうふうに届けられるかっていう、その問題はすごく今後、考えてみたいなというふうに私としては思いました。ありがとうございます。

斉藤　ありがとうございます。じゃあ最後、対馬先生お願いします。

対馬　ヘルス・リテラシーがないほうが稼げるかっていうと、それは目の前で例えば3000円5000円もらうっていうことに関しては、日給が増えるとか、そういうようなことだから、生でやると2倍もらえるとか、そういうふうによく風俗の人、言うけれども、私は体も心も一体のもので、全部自分のもの、時間も自分のものとして使えるっていうことのほうが、将来的に90までみんな生きますから、90まで生きるってことで稼げる、自分にとってのメリットがちょっと大きいというふうに考えられる、そういう生活にしてあげたいなと思うんですね。だから、どんな生き方してもどんな稼ぎ方してもいいんだけど、目の前のパンのために、なんでアフリカの女の子はエイズのリスクがあるのに体を売るのかっていうと、目の前のパンがないと、きょう生きていけないからですけれども、もう少し、だから自分の将来のことも考えられるようなクオリティーの生活っていうのを、みんなができるようになればいいなと思うし、特に女の人が、私ずっと女性の支援してますけれども、やっぱりものすごい自己価値観、低いんですよね。とても高給取ってる人も、やっぱり仕事場でセクハラに遭ったり、パワハラに遭ったりして、ぼろぼろになっている。そして、自分が嫌だっていうこと嫌だって言えないんですね。そういうことも、何が嫌で、何が自分がやりたいことなのかさえ、考えたこともないっていう、そういう生活をしてる人がいますので、できたらやっぱり自分らしいっていうことを90年100年の単位から考えて、今の自分っていうのをどうするかを選べる世でいてほしいなというふうにはいつも思っています。

斉藤　はい、ありがとうございます。せっかくなので、このシンポジウムは会場のかたがたとの交流もしっかりしたいと思ってますので、ぜひご質問

Discussion

ある方は挙手いただいて、お名前とご所属で、誰にどの先生に質問したいかを言っていただければと思います。では会場のほうからどうでしょうか。質問ある方、挙手のほうお願いします。はい、お願いします。マイクが近い所に、一番近いのそこなんで、そこでぜひお願いします。

二村　午前中にしゃべらしていただきました、アダルトビデオの監督をやってる二村ヒトシといいます。僕と山下先生のお話をさせていただいた、自己肯定感っていう、まさに今、対馬先生おっしゃってたお話だと思うんですけど、これ風俗の話だけじゃなくて、依存症、いろんな問題、男性に関してもいろいろあることなんですけど、僕がいつも話す中で、結局、女性も自己肯定感をもっと強くしていこう、男性は僕の使う言葉ですけどインチキな自己肯定をやめようみたいなことを結論付けたところ、さすがこの学会といいますか、会場から長年そういった女性、心の問題を抱える女性の治療に当たってる医師の先生から、そうは言ってもなかなか自己肯定感を得られない、簡単に得ることができないのが多くの女性が抱えてる問題だというご指摘がありまして、ぜひお四方、皆さんにそれぞれご自分のご専門の立場から、自己肯定感というものを現代において、男性も女性も問題を抱えてる方というのが、どういうふうに回復していけばいいのかという、それぞれの知見といいますか、ご意見を伺えればと思います。

斉藤　はい、ありがとうございます。では順番でよろしいですかね。登壇していただいた順番で北條さんのほうからお願いします。

北條　二村先生、ご質問ありがとうございます。自己肯定感をどういうふうに得て回復に向かっていくかということでしょうか。

二村　回復というか得ていくか。

北條　性依存症の場合、やめようと思ってもやめられず、問題行動を繰り返す中で家族からの信頼を失い、自分自身のことも信じられなくなってしまうという非常に怖い症状があります。治療を継続する中で問題行動がしっ

Discussion

かり止まって、その状態が長く続けばそれが自己肯定感につながるのではないでしょうか。治療グループが始まって今年で 12 年目になりますが、その中で長く問題行動が止まった方は、新しい患者さんに自分の体験を伝えていくと言う役割もあります。自分の体験が誰かの役に立つという経験も自己肯定感につながるのではないでしょうか。あとは当院では筋トレ、空手、ボクシングなどの治療プログラムがありますが、私自身参加する中で、そのような運動療法が自己肯定感につながるとも思います。

二村　具体的に体を動かすっていうことですかね、そこで。

北條　はい。運動療法や筋トレです。男性の場合が特に効果があるのではないかと思います。筋トレは回数や身体の変化も分かりやすいので、そのような自己肯定感もあると思います。

二村　やっぱり、じっとしてるってことが自己肯定感が下がっていくというか、フィジカルに体を動かすことが自己肯定力につながっていくっていう。

北條　そういうことだと思います。身体が変わってくると、表情や顔つきもいい意味で変わってくる人がいて、それはプログラムを通して現場で見ていると大きな変化で、自己肯定感につながっているんだと思います。

二村　榎本クリニックでは、北條先生のセクションでは性加害の方のプログラムということでしたけど、もっと一般的ないわゆる共依存、恋愛における共依存ですとか、男性から殴られてリストカットしてしまう人とかのためのプログラムも、もちろんあるわけですか、具体的に。

北條　直接担当しているわけではありませんが、そのような方の治療プログラムもあります。

二村　そういう方にもデイケアをやられていないと、やられてる。

Discussion

北條　デイナイトケアを一時的に利用する場合も、もちろんありますし、外来で医師とカウンセリング主体でやっていく場合もあります。

二村　ありがとうございます。

北條　ありがとうございました。

斉藤　じゃあ倉田めばさん、お願いします。

倉田　私が薬物を止めるためのプログラムにつながったときに、まず「自分を責めるな」というふうに言われたんですね。だからやっぱりそういうすごいいろんな意味で罪悪感をいっぱい持って生きてきたと思うんですね。だから「それはまあ病気がさせたことなんだよ」っていうふうに言われて、まず自分を責めることをやめたということ、あとネガティブないろんな感情ですよね。恐れだとか、不誠実さだとか、そういうネガティブな感情からポジティブな感情を持つように心掛けるっていうか、そういう訓練ってのは、ずっとやってきたような、そんな感じはするんですよね。それってすごく本当スピリチュアルなことで、ただ日本はスピリチュアルって言葉、非常に誤解されていて、さっき先生のあれにもありましたように、スピリチュアルな感じっていうか、人と一緒にいてホッとしたりとか、心が解ける感じとか、そういうめったにないですけど、そういう体験が積み重なって、自分一人で頑張らなきゃいけないとか、そういうことから自由になるっていうことが私は自己肯定感に、自分一人で頑張るんじゃなくて、誰かと一緒にやっていくっていうのがすごく大事なんじゃないかなと思ってます。

二村　ありがとうございます。

斉藤　じゃあ坂爪さんお願いします。

坂爪　自己肯定感はすごく難しい質問と言えるかなと思うんですが、多分これをやれば上がるっていう正解とか、公式とか、方程式は多分ないと思う

Discussion

んですね。さっきもいろんな方法が人それぞれあると思うんですけど、ただ、大事なのは、多分これだけが自己肯定感を上げる方法だっていうふうに、周りで押し付けたり、諦めたりしないことが、いいのかなあって思うんですね。それからJKビジネスで働いてる女性を少し取材で、よく会ってるんですけども、結構やっぱりJKってブラックなイメージしかないんですけれども、実は話を聞いてみると、そこで働くことによってたくさん指名が付いて、自己肯定がぐっと上がったっていう人も少なからずいらっしゃるんですね。風俗に関しても50代ぐらいで、もう本当普通のパッとしない格好の女性が風俗に入ってきて、たくさん指名が付いてお金も稼げて生活が安定して、自己肯定感もググググッと上がったって方も中には少数ですがやっぱりいらっしゃるんですよね。そういった意味で、もちろん公共の福祉に反しないって条件はあると思うんですが、いろんな上げるための方法があって、そういった方法の多様性を周りがあんまり騒がないってことが大事なんじゃないかなってことは活動の中ですごく感じております。以上です。

二村　恋愛ではなくて仕事によって求められるというか、ここにいていいんだよみたいな承認を受けるっていうこと。

坂爪　そうですね。恋愛経験とです。

二村　坂爪さんもよくご存じかと思いますけど、僕がやってる仕事で言うと、アダルトビデオの女優さんが同じように仕事で肯定されていく。だけど僕がちょっと例の朝日新聞に答えた件なんですけど、仕事を頑張り過ぎる、承認を、自己肯定感を得ようと思って頑張り過ぎてしまって、かえって体や心を壊していくっていうことが、性にまつわる仕事の場合はありますよね。難しいですよね、なかなか。ありがとうございます。

坂爪　難しいと思います。

斉藤　対馬先生お願いします。

Discussion

対馬　私が考える自己肯定感の在り方っていうのはちょっとケミカルなもので、やっぱり性ホルモンに関係があるんですね。どうしても性差っていうことを随分長く見てきていますので、男性は必ずやっぱり筋トレとか、筋肉使って、体使ってムキムキになる。これ男性ホルモンの特徴ですけれども、そうすると、すごいうつを脱して、何ていうか、自信がみなぎるような感じになっていく方が多いと思うんですが、私がずっと見てるのはやっぱり女性で、女性はものすごいエリートで、例えばハーバード大学トップで卒業して、バリバリITで仕事をしている人も、ずっと戦ってるのは自分の内側の自己価値観、自分はできないかもしれないっていう、その苦しいですよね、ずっと。いつもできないって自分と戦っていましたっていう告白はよくあるので。私が女性に薦めたいのは、やっぱり自分の中にある女性ホルモンと上手に付き合うっていうことで、女性ホルモン、もちろん男性にもあって、特に50代60代の男性は、同年代の女性よりも女性ホルモン多いんですけれども、女性ホルモンって明るい優しい気分なんです。ただ、揺れ動くので非常にそのとき気分が変わるんですね。それによって気分が下がる。

　だからじゃあどうすればいいのかっていうと、具体的には私はピルを使えと思っています。ピルっていうのはエストロゲンとプロゲステロン両方入っていて、それを飲むと体の中でホルモンのバランスが一定になるんです。このホルモンのバランスずっと一定っていうのは、普通の女性はまず経験しないことなので、そうなっただけですごく安定した気分の自分、安定した体調の自分っていうのを得ることができるんです。かつ、月経痛がつらいだの、月経前にイライラするだの、だるいだの、眠れないだの、そういうこととほとんど縁を切ることができるので、初めて翻弄される自分ではない自分っていうのを体験できます。更年期の人もちろんですけれども、思春期の女の子も、それから思わぬ妊娠をしてひどい目に遭わなくて済むっていうことでも、私は1回みんなピル飲んでみなよっていうことを言っています。3カ月飲むと、お肌はツルツルになる、生理は楽になる、そして安定した心身っていうのを味わうことができます。これは非常に大事な体験で、そういうことができると初めて自己達成感っていうんですか。なんかできるかもっていう経験をしていただくことができるなと思っています。

Discussion

斉藤　はい、ありがとうございます。ホルモンの視点からは対談の中では特に出ていなかったですね。

二村　はい。

斉藤　だからいろんな多角的な視点があるんだなと思って、ちょっと気付かされました。はい、どうでしょう。二村さん何か。

二村　すごく参考になりました。やっぱりいろんな方、一筋縄ではいかない問題なので、たくさんの方のそれぞれの知見で、ちょっと僕、最後に言いましたけど、依存先を分散するっていう今の考え方にも合っているというか、男は体、男で加害者やっちゃった人は体を鍛え、男でうつんなる人は体を鍛えてみる。居場所を持って否定的に考えない。仕事で肯定感を得る。ピルを飲む。それぞれに素晴らしい知見で間違いないだろうけど、どれか一つじゃなくて、自分に合ったものを幾つかやってみるってことが多分、男性にも女性にも。

対馬　選んでみるってのすごい大事。自分で選んだことがうまくいったっていうのが、すごい達成。

二村　自分で選ぶっていうこと？

対馬　そうです。

二村　とても参考になりました。お二人はいかが。医師の立場から。

斉藤　私あの、この打ち合わせ、学会の二村監督と山下院長の対談の打ち合わせで、居酒屋で打ち合わせしたときに、一つアディクションの回復でもキーワードが、よくセルフエスティームを高めるっていうのが出てくるんですけど、私、逆に自己受容だと思うんですよね。I'm OK っていう感覚を自分が持てるってのはすごく楽で、今の自分でいいんだという感覚ってすごく楽で、これはめばさんがおっしゃった仲間と一緒にミー

ティングをしながら、このままの自分でもいいんだ、受け入れてもらえるんだっていう感覚を得て、初めてこの I'm OK が出せるんじゃないか。すごく逆説的なんですけども、自己受容できてる感覚というのが、間接的に自己肯定感が高まってる状況なので、私の考え方としては自己肯定感を高めようとする努力よりも、今の自分を受け入れるということが、結果的には自己肯定感を高める方向につながっていくんじゃないかなというのが、私の中では感覚としてあるので、自己受容ってのが一つ大きなキーワードかなって思ってます。

二村　具体的には患者さんにはどういうふうに指導、指導と言うとあれですけど。

斉藤　指導というのは特にしないですね。使っても使わなくても、これ薬にしてもアルコールにしてもそうですけど、あなただよと、あなたのサポートや支援は変わらないよと、あなたが使おうが使うまいが、ひどくなろうがなるまいが、われわれはちゃんとそばにいるんだよっていうのが、一つの大きなメッセージで、患者さん自身も、そうなんだ、使ってる自分でも使ってない自分でもいいんだっていうふうに、これは患者さん側がどう思うかなんですが、思ってもらいたいなっていうのは臨床の中で考えてることです。

二村　コントロールしようとしないみたいなことも関係ありますかね。

斉藤　コントロールって言葉使うとちょっとチャチになってしまうんで、あんまそういうんではなくて、結局アディクションの臨床やってると、どんな偉い先生でもやめさせられない、われわれがどんなに努力しても目の前で使ってる人やめさせられないので、それをもうやめて、取りあえずそこの横にいようと、側にいようと。さっき愛と恋の話されてましたけども、妥協するのは恋で、側に。

二村　一緒にいるのが。

Discussion

斉藤 　愛だって、そういう意味では愛っていうところで。よく昔はタッフラブっていう言葉を使ったんですけど、突き放す愛とかという言葉を使ったんですが、見守るっていうのも結構タッフラブだと思うんですよね。これは見守ってる側もタフじゃないとできないですし、なんかそんなことを感じました。

刀根 　私はあまり自己肯定感ということで悩むということ、あまりないんですけど、斉藤さんと同じように I'm OK でいたいと思うんですけども、私もケアをする立場ですので、いろんな人、自分の目の前にいる人、とにかくそのまま、まるごと受容してみる、ここから始めようと思うんですね。それをすること、それをしている自分を認知することで、自分の自己肯定感を高めているのかなというふうに感じています。

二村 　ありがとうございます。

斉藤 　ちょっと時間がなくなってまいりましたので、もう一人ぐらい、もしいらっしゃればもう一人だけ。じゃあ早かったそちらの方お願いします。どうぞ前に。

石田 　ありがとうございます。石田月美と申します。私は女性の依存症者を対象に婚活セミナーを行っていて、斉藤先生のお言葉で言えば、自分を知る、私を知るっていうので、私自身がいわゆる当事者です。私は婚活を通して社会とつながるっていう、婚活をプロセス治療としてお薦めしてしているんですけれども、4人の皆さまに質問したいのは、本当、素晴らしいお話だったので、本当はもっといっぱい聞きたいんですけど1点だけ。例えばデイナイトケア、自助グループ、風俗、さまざまな取り組みでしか社会とつながる所がなくなってしまう、ぐるぐる回りのような気がしてしまうんですけれども、それこそ先ほど二村監督からちらりと出た、依存症の回復とは依存先の分散であるっていう意味では、どのように現場でデイナイトケア以外のコミュニティーとつながったり、自助グループ以外、そういうふうに他とのつながり、分散させていくっていうのは、どのようにやられてるのかなと思って、教えていただければと

Discussion

思います。

斉藤　はい、ありがとうございます。ではまた順番に。これ最後の質問になると思うんでそれぞれの先生がたからコメントお願いします。

北條　ご質問ありがとうございます。デイナイトケアはお伝えしたように、時間の長い治療になります。通常、治療初期、例えば逮捕された直後や、刑務所から出所した直後などが多いですが、そのような時は本人にとっても不安定な時期ですし、密度の高い治療を受けるのが原則となります。そこから徐々に元の生活を取戻し、就労に関しても例えば短時間のアルバイトから始めるなど、リスクを抑えながら社会復帰を目指していきます。

石田　それはお薦めするんですか。例えばデイナイトケアプログラムって居心地が良くてずっとい続けちゃう方っていらっしゃると思うんですけど、ハローワークだとかってお薦めする。

北條　そのタイミングでお薦めはします。対象者によってずっと居場所として利用し続けたい、すぐにでも卒業したいなど様々な方が居ます。時期をみて医師や精神保健福祉士と相談しながら社会復帰のタイミングを決めていきます。

石田　ありがとうございます。

斉藤　じゃあめばさん、お願いします。

倉田　なかなかうちに来てる人って薬物依存もあるし、他の精神障害もあったりして、ラルク出ても外の仕事したり行き先って実はないんです。だから最近若いスタッフがラーメン屋を始めてやくちゅうラーメンっていうんです。8910って書いて。知る人ぞ知ってるけど、世間はあんまり白寿って書いてあって、世間の人たち「やく、8910って」「いや、はくじゅです」と。実際、薬中が働いてるラーメン屋こっそりやって。あんまり売

Discussion

れてるからって、ラーメンってあんまり福祉でやってるっていうふうに言うと損だから。覚せい剤が混じってると思われたら嫌なんでね。そういうことやったりとか。

あとは、なかなか来てる人に対しては、次から次へラーメン屋ができないんで、私自身がやっぱり広げていくために、パフォーマンスアートっていうのを7年前からやり始めて、そこで気付いたのはさっきの自己肯定感にも通じるけど、ミーティングの中でも50回100回としてきた話を、ある日ちょっと豆腐を10丁買ってきて、それを足で踏みつぶしながらミーティングで話したことを話したら涙が出てきた。そのときにじゃあミーティングの中で話すのと、豆腐を10丁足で踏みつぶしながら同じことを言ったときに、人前で泣けてくるのは何が違うのかと。それはパフォーマンスアートの場合は、傷ついてる私自身をそのまま人前に出す。ミーティングではやっぱり言葉で分析したりして話してるから、客観的に自分を見てるかもしれないけど、豆腐を踏みつぶす私は傷ついてる私自身の再演なんですよね。なので、今ちょっとそういう自分の表出のあり方みたいのも自分では探って、それを他の人にも生かせないかなとそれは思ってますけど。

石田　じゃあ表現してると。ありがとうございます。

斉藤　じゃあ坂爪さんお願いします。

坂爪　風テラスには特にその人を囲い込む的なものは当然やってなくて、あくまでも相談に来られた方か、依頼があったときにその方が住んでおられる地域のNPOとか行政とか社協さんとか、あといろんな窓口、お伝えするってことが役割かなっていう点で、特にここの自治体とどうこうってのはあまりないかなと。

石田　もう風テラスの取り組み自体が、他にコミットさせていくっていう。

坂爪　そうですね。もちろんそういうもあるんですけれども。つなぐってことを実施しています。

Discussion

石田　ありがとうございます。

斉藤　じゃあ最後は対馬先生お願いします。

対馬　私は女性の生涯かかりつけ医を目指しているので、いろいろな問題を抱えている人たちが来てお話聞くと大変、それはとても大きな問題だなということはよくあります。けれども、その場ですぐじゃあこうすればいいよっていうようなことが言えないですけど、大体。でも私は「それは大変だね」って「つらいね」っていうことは共感はできるし、あと「その後のどうなったかまた教えてくれる？」ってお願いします。そして「お友達だと思ってるから3カ月後でも半年後でもその後どうなったか教えてくれる？」って言います。あるいは「そういう問題に対して、こういう人がアドバイスできるかもしれないからつなごうか」とか、そういうことは。だから例えばビューティーとか、いろいろな専門家とかいろんな情報は私は持ってるわけですよね。自分で全部できるわけじゃなくても。そういうような人と人とのつながりが、その人と持てていけるっていうようなことは、いつも私は意識しています。

石田　いわゆる安全基地として、外に出てもまた戻ってこられる。

対馬　そう。「ちょっとまた教えてくれますか」っていうふうに。

石田　ありがとうございます。

斉藤　はい、4人の先生がたありがとうございました。

公開講座

ティーンたちの恋と性、そしてプラチナ世代の愛と性

家田 荘子 作家・高野山真言宗僧侶

日本大学芸術学部放送学科卒業。高野山大学大学院修士課程修了。
女優、OLなど十以上の職歴を経て作家になる。
1991年、『私を抱いてそしてキスして―エイズ患者と過ごした一年の壮絶記録』で大宅壮一ノンフィクション賞受賞。
2007年、高野山大学にて伝法灌頂（でんぽうかんじょう）を受け、僧侶に。住職の資格を持つ。
高野山の奥の院、または総本山金剛峯寺にて駐在（不定期）し、法話を行っている。
■主な役職
高野山高等学校特任講師、高知県観光特使、大阪府泉佐野市観光大使、四国八十八ヵ所霊場会公認大先達
■主な著書
『極道の妻たち』®『歌舞伎町シノギの人々』『四国八十八ヵ所つなぎ遍路』
『女性のための般若心経』など133作品。
近著：『少女犯罪』『昼、介護職。夜、デリヘル嬢。』
最新刊：『孤独という名の生き方 ―ひとりの時間 ひとりの喜び』

　皆さま、こんにちは。家田荘子です。
　私は、取材をして作品を書くという、ノンフィクション、小説とは反対の分野のことをやってきております。もともとは女優志願だったのですが、「色気と身長が足らない」と言われ、プロダクションから声がかからず、自らテレビ局などへ売り込みに行き、そうしたら映画の仕事をいただきました。この仕事は、毎週毎週通っていただいた役で、このことを、出版社にグラビアに出してほしいと、またもや自ら売り込みに行きました。そうしたら「色気と身長が足らない」と、また言われました。そのときに「最近どんなものがはやってるの」って聞かれました。私は、アルコールアレルギーでお酒は1滴も駄目なのですが、踊りが大好きで六本木に通っておりました。その、六本木で見たこと、聞いたことを話したら、「書いてごらん」って言われたのがきっかけです。ただ、スカウトされたいという気持ちで、出版社にはカメラマンがいらっしゃるので、ずっと出入りしていたことが、「風俗を書くライターがいる」と、マスコミの間で広がり、年齢差別があるので、何年生まれとかそういうことは公開しておりませんが、私が働きだした頃っていうのは、マスコミは男性社会で、女性であるだけで「どいてて」と言われる、そういう時代でした。そんな中で、風俗を追い掛けるライターがいるということで、週刊文春が引っ張ってくれました。そして、私は訳の分からないまま、スカウトされたいってこれだけで文藝春秋社に出入りしてたんですけども、当時は、風俗を書いたら第一線のライターにはなれないと言われてたそうですが、私はそれを知らないので、スカウトされたいって。それで、取材記者をずっとやっておりました。その頃からずっと、10代の子たちを取材し続けてきました。そし

ティーンたちの恋と性、そしてプラチナ世代の愛と性

　5年ほど前、女の子の少年院、群馬県にあります榛名女子学園、こちらのほうに、法務省の許可をいただきまして、1年間、毎週取材で通わせてもらいました。ずっと10代の子たちを取材し続けてきまして、また、大人の取材もずっとし続けてきました。ほとんどが女性です。女性と女の子です。今とっても不倫というものが、流行っているというか、表に出てくるようになりました。女性の、人妻の不倫っていうものをずっと取材し続けてきて、このデータは300人近く持っております。そういう女性の取材をし続けてきたり、最近は、6月10日に本が出たところなのですが、『熟年婚活』、40代以上の人たちの婚活をずっと取材してきまして、上は80代の男女の結婚や恋、こういうものも取材し続けてきました。今日は、年齢の幅がとても広いんですけども、10代から80代までの恋愛や性について話させていただきたいと思っております。

　時間が限られておりますのでどこまでいけるかは分からないんですけども、まずは、若い子から行きたいと思います。先ほど申し上げたみたいに、女の子の取材をずっとし続けてきておりまして、榛名女子学園、少年院の取材もずっとしてきました。少年院というのは、誤解のないように申し上げますと、罰する所ではなく、更生するための教育機関です。素晴らしい先生がいらっしゃって、24時間態勢で寮生活をして、子どもたちを更生させていきます。私はそこに初めて行ったときに、少女たちが、榛名女子学園の場合は80人から100人ぐらい入っておりまして、14歳から20歳までいます。期間は半年から2年半ぐらいですが、半年はあまりいなくて、1年から1年半が多かったように、私が取材したときはそう記憶しております。女の子ですから、犯した罪というのは、家出常習、家出常習でも少年院行きです。万引常習、窃盗、それから薬物、売春になります。そして、傷害、殺人などもあります。女の子の殺人っていうとそんなにたくさんありませんけども、妊娠していることに気がつかないで、あるいは気がついたとしても、どこかトイレなどで産み落としてしまって、自分の子どもを殺してしまった、そういうケースが、私が通っていたときも数人おりました。そういう罪で入ってきておりますが、家庭裁判所の審判で、あなたは少年院でもっと勉強してください、っていうと、手錠をかけられて少年院に行きます。みんな、嫌だ嫌だって泣きながら少年院に連れて来られます。そこで、一人一人面接試験や筆記試験を受けて、一人一人に合った教育プログラムを作られて更生の道を歩んでゆくのですが、毎月目標がありまして、その目標がクリアになると級が上がっていって、出院、卒業するときが近づいてくる、ということになります。そこで出会った1人の女の子、みずきちゃんって仮にしたいと思いますが、みずきちゃんのお話をし

● 公開講座

たいと思います。

　みずきちゃんは、私が出会ったとき17歳でした。何をやったのかというと、おやじ狩りでした。おやじ狩りといっても、相手の男性は30代前半です。深夜、デートしようってサイトで呼び出して、男性がやってきました。そこに、みずきちゃんの友達、男の子ばっかりですね、同じ年代の10代の子たちが金属バットを持って待っていて、その男性を殴ってお金や時計を盗みました。逃げたのですが、その日のうちに、朝、逮捕されるんです。そして、みずきちゃんは、女子少年院に送られていきました。大体、女の子が犯罪を起こすっていうと、今のいじめもそうですが、いじめというのは、『いじめ』という優しい言葉に隠されておりますけども、実は、大変な傷害事件だと私は思っております。少年法があって、逮捕されたあと、何をしたかというのが、外に出てこないのでなかなか分かりませんが、涙と吐き気をこらえながら何をしたかと聞くような、本当にひどいことをいじめでやっています。後遺症が残ってしまってベッドから起き上がれない、そういうことになってしまった被害者の男の子もいますし、それから命は、とにかく辛うじて助かったものの、って、そういう子たちもいます。女の子の場合は、大体、付き合ってた彼氏が主犯で、そのついでといいますか、殴っているうちに「おまえもやれ」と言われてやってしまったって、そういうケースが女の子の場合は多いかと思います。そこで、みずきちゃんという子に出会いました。

　みずきちゃんは17歳ですけど、壮絶な人生を送ってきました。まず、3歳になる前に両親が離婚をしています。お父さんがお母さんを殴っていたのです。で、お母さんが逃げました。お父さんのほうにみずきちゃんは残ったのですが、みずきちゃんのお父さんは、付き合ってる女性がいました。その女性と一緒に住んでいたいので、みずきちゃんが邪魔になります。だから自分のお父さんお母さん、みずきちゃんにとってはおじいちゃんおばあちゃんに預けられます。みずきちゃんはそこで、おじいちゃん、おばあちゃんの他に、お父さんの妹夫婦と一緒に住んでいました。お父さんは、全然姿を現しません。5歳になるまで無事に育てられました。ところが5歳から、おじいちゃんの暴力が始まりました。手で殴る。おばあちゃんはみずきちゃんのことを殴りませんけども、お手伝い以上の仕事をさせていました。料理、洗濯、掃除。出来が悪いとおじいちゃんが殴ります。夜、大人たちは夕食が済むと、居間に集まってテレビを見ながら、お菓子を食べながら、くつろいでいます。みずきちゃんは、与えられた仕事をしています。夜遅くなって仕事を終えると、みずきちゃんは居間にやってきます。テレビを見ることもできないような隅っこの角の所に、正座をして、小さくなってちょこんと座っ

ていました。「虫の居所が悪かったらおじいちゃんに殴られるかもしれないのに、なんで毎晩居間に来てたの？」って聞きましたら、「寂しいから」って言いました。殴られる可能性があってでも、家族と一緒にいたいのです。でも、その思いは家族に伝わっていませんでした。

　みずきちゃんが小学生になると、今度はおじいちゃんが、手だけではなくて足で蹴飛ばしたり、物を使って殴るようになりました。長い物差しのような、スティックのようなものでみずきちゃんを殴って、みずきちゃんの手の甲の所には大きな傷が残っていました。灰皿が飛んできたりとか、そういうことがありました。みずきちゃんの顔や体には、傷やあざが付いています。でも、みずきちゃんは、楽しそうに学校に毎日行きました。どうしてかっていうと、学校に暴力がないからです。でも友達は聞いてきます。「どうしたの、その傷」って。「どうしたの、そのあざ」。みずきちゃんは、いつもごまかしていました。「転んじゃった」とか「ぶつけちゃった」。どうしてかっていうと、本当のことを言うと、その友達が担任の先生に言うかもしれません。担任の先生が知ると、家に電話をかけてきたり、家庭訪問するかもしれません。ばれると、もっと殴られるんじゃないかって。この不安があって、人に言うわけにはいきませんでした。小学校6年間、担任の先生は6人いらっしゃいます。でも、どの先生も、どうしたって聞いてこなかったそうです。それでもみずきちゃんは、「それでよかった、ばれないで済んだから」と言っていました。誰にも相談しないでたった1人でもがきながら、暴力に耐えてきたんです。小学校5年生のとき、夏休み、夕方、家の前でお友達とみずきちゃんは花火をして遊んでいました。そこに黒い車がやってきまして、家の前に止まりました。そして、運転席の窓が下がって、白いタオルを頭に巻いた日焼けした姿の男性が顔をのぞかせました。みずきちゃんは、お父さんの顔を覚えておりません。でも、「お父さん」って叫んでいました。確かにお父さんでした。男性は車から降りてきました。みずきちゃんは泣きながら「お父さーん」って言って、お父さんの体にしがみつきました。お父さんは「ごめんなあ」って言って、みずきちゃんの頭をなでていました。みずきちゃんは、お父さんの体に抱きついています。家の中に入ってもらおうと思って、抱きつきながら後ろに引っ張っていこうとしますが、お父さんはびくともしません。そして、10分もそこに立っていませんでした。みずきちゃんは泣きながら、おじいちゃんが暴力を振るうの、私を連れてってと言いたいんですけども、でも、もう泣くことで一生懸命で声になりません。「ごめんな」って言って、最後、お父さんは車に乗って去っていきました。それっきりでした。姿を現しませんでした。

●公開講座

　中学になっておじいちゃんが、今度はみずきちゃんの体を触るようになりました。「嫌だ」って最初抵抗したときに、ものすごく殴られました。それで、もう抵抗することができなくなって、おじいちゃんのしたいようにしていました。おじいちゃんは、誰もいないときにいつもみずきちゃんの体を触っていました。「自分の体の上に乗れ」って言われたこともあったそうです。それも言うことを聞きました。それをしないといられなかった。誰にも相談できなかった。「こんなつらいこと、こんな恥ずかしいこと、誰にも相談できるわけがないじゃない」って彼女は言いました。それと、自分の同級生を見ていて、自分ほど苦しい思いをしている、そういう子はいないだろうと思ったそうです。だから、同年代の子に、友達に相談したところでこの苦しみなんか分かるわけない、そう諦めて、誰にも言わないで耐えていました。ただ、幸いなことにというのも変ですが、中学１年のうちにおじいちゃんが病気で亡くなってくれました。それで暴力は止まりましたが、亡くなる前の日まで、みずきちゃんの胸を触っていたそうです。

　おじいちゃんがいなくなって、その反動で、みずきちゃんは外に遊びに出るようになりました。プチ家出も繰り返していました。家に居場所がない子たちが集まる場所っていうと、繁華街です。みずきちゃん以外の、家に居場所がないと思っている子どもたちがいっぱい集まってきます。これは、少年院で私が学んだことですが、家に居場所がない子たちってどういう子たちかというと、家の中で会話が少なくなってきている、そういう子たちです。どんな家族構成かは関係ありません。家の中で会話が少なくなってきて、自分の居場所が家にないと思うようになってしまった子たちが外に出ていって、そこで悪い大人に捕まって、道を外れてくというケースが多いのですね。どういう家族構成だから少年院に行くような子が育ってしまうとか、そういうことは関係ないと思います。みんな、家に居場所がないと思っている、そういう子たちだと思います。家に居場所がない子たちが、繁華街に集まってきて遊んでいるとお金が必要になるので、万引をしたり、盗みをしたり、恐喝をしたりして遊んでいました。みずきちゃんは、とってもかわいい子です。後輩にもとっても好かれるので、いろいろと相談を受けます。相談を受けて一番多かったのが、彼氏を取られたって相談です。後輩から相談を受けると、みずきちゃんは黙っていられなかったそうです。立場上、何とかしなくちゃいけなかった。それで仲間に、かわいい後輩の彼氏を取った、その女を連れてこいって、命令します。女っていっても10代の、やっぱり15～16歳、17歳、それぐらいの女の子です。連れてくると、みずきちゃんは殴っていました。１発殴ると、もう何が何だか分からなくなって、自分を忘れて夢中で殴っていた

そうです。1時間ぐらいして、われに返ります。「被害者の女の子の、唾液や血液が手に付いてヌルッとして、あ、気持ちわるって思ったときにわれに返った」と、言っていました。そのときに、被害を受けた女の子の上にみずきちゃんは馬乗りになっていたり、それから、いびきをかいていたり、意識がなくなっていたり、そんな状態でした。それでもまだ終わらなくて、見ている仲間に命令をして洋服を脱がせて、携帯で写真を撮っていました。そういうことを繰り返しやって、その後におやじ狩りもしました。そして逮捕されて、少年院にやってきました。「暴力を小さいときから受けていて、暴力のつらさを誰よりも知っているのに、どうしてまた暴力を振るったの？」って言ったら、「暴力を振るったら人が言うことを聞く、っていうことを教えられたから」と、言っていました。暴力が人を支配するっていうことを、彼女は家の中で学んでしまったわけです。

　でも、そういうみずきちゃんも、少年院のプログラムに従って更生への道を歩んでいきます。真ん中ぐらいまで来たときに誰もが受ける、そういうプログラムがあります。自分を見つめる時間を持たされるのです。3畳もないような、2畳ぐらいの個室に朝から晩までこもって、過去を思い出します。例えば、きょうは5歳のときのことを思い出してみましょうって。お母さんが何を料理してくれましたか、おばあちゃんとどこへ行きましたか、お父さんとどんな話をしましたか。全部思い出して、夜、思い出したことを書き留めます。翌日、また、きょうは6歳のときのことを思い出してみましょうって。これをやります。そうすると、自分が愛されていたっていうことに気が付きます。お母さんが料理をしてくれた、あの味が忘れられないとか。お父さんは、ただ、仕事で忙しかっただけだとか。お父さんは、ちょっと言葉で表現することが不器用で、だから、あんまり私に話し掛けてくれなかったとか。いろんなことに気付いていきます。そしてその結果、自分はいらない子ではなかった、愛されていたんだっていうことに気が付いていきます。みずきちゃんもそうでした。おじいちゃんのことを思い出しました。そしてその結果、おじいちゃんは確かに怒ると厳しかった。でもおじいちゃんは、優しいところもいっぱいあった。お父さんは、一回も誕生日に現れなかった。もちろんプレゼントも1回ももらっていない。おじいちゃんは、毎年誕生日のプレゼントをくれた。それから、長い休みになると必ず、遊園地や映画に連れてってくれた。おじいちゃんは怖かったけど、でも、優しいところもいっぱいあった。「私は、そういうおじいちゃんが、本当は大好きだったって、気が付いた」と、彼女は言いました。性的暴力まで受けていて、それで大好きだったって気付く、そのみずきちゃんのことを考えるとちょっと切なくなりますけども。そうやって、

● 公開講座

　彼女は過去のことを思い出して、そして、愛されていたっていうことに気が付いていきます。最後は、「暴力なんて絶対嫌」っていう言葉を残して、少年院を出てくるのですけども。少年院に入ってくるとき、みんな、泣きながら嫌だ嫌だって入ってきます。出るときも、泣きながら嫌だ嫌だって言います。それぐらい更生されます。みんなの前で作文を読みます。「私が更生できたのも、寮のみんなと先生たちのおかげです」って言って、そういう作文を泣きながら読みます。最初、私それに遭遇したときに、先生にお世辞を言っているのかな、と思ったのですが、そうではなくって、本当に彼女たちは感謝をしていました。「ここの先生のように、親や学校の先生がいっぱい話を聞いてくれていたら、私はここに来ないで済んだかもしれない」と、こういうこともみんな言いました。少年院の先生は、褒めることもしますが怒ることもいっぱいします。何か注意して直らないと、1日何回でも、何日でも、何カ月でも、同じことを言います。最初のうち子どもたちは、何か注意されると反抗して男言葉を言ったりして、言うことを聞きません。先生も負けないで、毎日毎日注意をします。何カ月か続いたときに、ようやく子どもが考え始めます。先生は、なんでこんなにしつこく言うのだろう。その理由を考え始めます。そして答えが見つかると、先生に言っていきます。ある子の場合は、チンピラ歩きって、肩を振ってがに股で歩いて、腰パンって、腰までパンツを下げて歩いている癖が抜けませんでした。それを、毎日毎日、何カ月も先生は注意しました。彼女は自分で考えて、これは私が社会に復帰したときに、スムーズに社会の中に入っていけるようにって、先生は「直しなさい」ってきっと言ってくれているのだろうと。その答えが見つかって、先生に言いました。そしたら先生が、「あなたのこと、もうちょっと好きになった」って言って褒めてくれて、それでますます更生が進んでいきました。そうやって、どんなときでも話をいっぱい、24時間体制ですから本当忙しいのですが、話をいっぱい聞いてくれるので、彼女たちは、大人でもいい人がいっぱいいるのだってことに気が付いていくんですね。そして更生していきますが、みずきちゃんの場合も、「暴力は絶対嫌」っていう言葉を残して、泣きながら出ていきました。
　ただ、お父さんが結婚した相手っていうのが、風俗嬢でした。おじいちゃんが亡くなったときに1回、その新しいお母さんが、お父さんと一緒にやってきました。超ミニスカートをはいて、髪の毛も染めていて、いわゆる風俗で働いている人が働きながらそのまま外に出てきたような、そういう状態で対面しました。彼女は性的暴力を受けていたので、風俗で働いている女性に対して、かなり偏見を持っておりました。それで、新しいお母さんに対して、すごく壁を作ってしまい

ました。出院してから、お父さんと、結婚してもまだ風俗で働いている、そういうお母さんと一緒に住むようになったのですが、みずきちゃんはどうしてもそれが受け入れられませんでした。でもその新しいお母さんは、一生懸命働いて、そのお金でお小遣いをみずきちゃんにくれます。みずきちゃんは、どういうお金か知っていて、でも受け取るわけです。それが辛くて辛くてしょうがなくって、お母さんからお金をもらうたびに、おばさんの家に行って「これ、両替してくれる」と言ってお金を交換してもらったりとか、そんなことをしておりました。でも、やっぱりお母さんのことが受け入れられなくて、彼女は、結局は一人暮らしをするようになりました。子どものときに受けた傷は、ずっとトラウマになってしまって、残ってしまうものだと思います。暴力には五つありまして、殴ったり蹴ったりする、体を傷つける暴力と、心を言葉によって傷つける、心を傷つける暴力。それから性的暴力と、金銭的なことですね、働きに行かせないとか、お金を取り上げてしまう、そういう経済的暴力、それから、拉致監禁などの社会的暴力と、五つあるわけですが、そういうのを受けてしまうと、いつまでたっても残ってしまうものだと思います。ちなみに私も、物心ついたときからずっと殴られて育てられました。とても厳しい母親で、いつも殴られて。殴る、蹴る、怒鳴る、押し入れに閉じ込める、これで教育をされてきましたので。ですから、ずっと子どものときにビクビクして。何かやれば殴られるって。そういう経験をして、一回も褒められることなく育てられました。ですから、いまだに私もトラウマがあって、人としゃべっているときに、肩より上に、隣の人がこう手を上に上げたとき、頭がかゆいとかでパッとこうやったときに、殴られる角度と似ているものですから、つい体がビクッて反応するようなこと、いまだにしています。みずきちゃんも、やっぱり、子どものときに受けたトラウマをずっと背負って、これからも生きてくんじゃないかなと思います。男の人は怖い。そういう気持ちが、まだ残っているようです。

　もう一人、17歳の女の子で、モデルをやっている高校生の子なのですけども、彼女の場合も、そういう辛い経験を持っています。彼女の場合は、モデルをやるぐらいすごくかわいくて、みずきちゃん以上にかわいくてすごくきれいな子です。お母さんが再婚して、小学校1年生のときに新しいお父さんができました。その女の子は、本当は再婚に反対していました。でも、お母さんが選んだっていうことで、賛成をしていたのですが、反対しているんだってことをお父さんが気付いたと思うんです。それで彼女を殴っていました。小学校1年生のときから、結婚してすぐですね、お酒を飲むと殴っていました。さらに悪いことに、2年後、弟が

● 公開講座

生まれました。新しいお父さんの子どもです。弟ばっかりかわいがっていて、その少女は何かあるといつも殴られていました。お母さんが止めに入ると、お母さんも殴られます。でも、お母さんは経済的なこともあったので、やっぱり、その少女のことよりお父さんのほうを大切にしていたようです。彼女は、その暴力にずっと耐えてきたのですけども、あるとき、高校1年のときですね、携帯をお父さんが取り上げようとしました。彼女は「携帯だけはやめて」って言って、自分の携帯を戻そうとしました。携帯に両手で飛びつきました。そしたら、この手をそのまま、お父さんは家の中で引きずっていきました。そして、「離せ離せ」って言って彼女の顔を殴ったり、頭を殴ったり、おなかを足で蹴り落としたり、そういうことをしてきました。高校生にとって携帯はとっても大切ですから、とにかく「もうこれだけはやめて」って言って、それでも携帯を離さないで暴力に耐えていたのですが、最後、かかと落としをされて。それで、気を失ってしまったって。彼女は救急車で運ばれたそうで、なんでこれが事件にならなかったのかなって不思議ですが、事件になることなく入院しました。そして3日後、退院しますが、そのまま家に戻らないで、彼女はおばあちゃんの家に住むようになりました。おばあちゃんの所から学校にちゃんと通って、将来はこの経験を利用してカウンセラーになりたいと、そう夢を持って頑張ってやっているんですけども。でも彼女は、男の人が怖いって。これが、なかなか取ることができません。彼女は、中学3年のときに初体験をしております。そしてその後、17歳、高校3年までに17人の男の子と付き合って、そのうち4人の男の子と肉体関係があります。でも、2カ月ぐらいしか続かないのです。それはどうしてかっていうと、お父さんに殴られていたときの記憶がよみがえってしまうそうです。彼氏がちょっと大きな声で笑ったり、しゃべったりすると、ビクッと体が萎縮してしまったり。それから私と同じように、ちょっと手が上に上がると、やっぱりビクッとなって、彼女の場合はもう泣きだしてしまう。そうすると「付き合ってらんねえよ」と言って、彼氏のほうが去ってってしまうそうです。そういうことを繰り返しながら、でも、何とか将来はカウンセラーになりたいって。こうやって頑張っている子がいます。

　大人たちはそういう子どもたちの、心の奥のほうの抱えているものに、気が付きにくいんじゃないかなと思います。特に、今のお子さんたちはとても賢くて、大人の顔色を伺っているような、そういうお子さんが多いので、ここまではお母さんに言える話、ここから先をお母さんに言うとお母さんが心配しちゃうから言えないとか、これはおじいちゃんに言うとおじいちゃんが心配して眠れなくな

ちゃうから、かわいそうだから言えないとか。お父さんは仕事で忙しいから、相談なんかできないと遠慮してしまったり。あるいは、これをおばちゃんに言うと、おばあちゃんが泣いちゃうから言えないとか。自分の中で勝手に判断して、言える話と言えない話、区別して、言える話だけを大人に言って安心させているような、そういう賢い子が結構いると、私は取材をしていて思います。じゃ、大人はどうかっていうと、大丈夫、うちの子は友達みたいだから。何かあったら必ず言ってくれるから大丈夫。うちの子はとってもいい子だから、人さまの子をいじめたりするわけないとか。それから、隣の子は私とお友達関係でとっても仲良くて、「おばちゃん、おばちゃん」っていつも言ってくれるって。親に言えないようなことがあっても、友達の私には言ってくれるから大丈夫って。こういう受け身でいらっしゃると、いつまでたっても、今のお子さんは肝心なことを言ってくれないかもしれません。もがいてストレスがたまっていって、ある日、爆発のときを迎えるのかもしれません。それは、引きこもりになったり、暴力になったり、リストカットになったり、薬物に手を出したり、摂食障害を起こしたりとか、いろんなことがありえます。そして、それに気付くのが、親が気が付くのが、そういう症状が出てきてからだったりします。薬物をやっている子たちの取材も私はいっぱいしておりますけども、それに気が付くのは本当に、薬物を、覚せい剤とかそういった本格的な薬物に手を出してからで。最初子どもたちは、自分の家の中にある、手の届く所にある風邪薬とか鎮痛剤とかをいっぱい飲んじゃったり。せき止めの薬をいっぱい、何本も飲んじゃったりとか、そういうところから始まって、だんだん強い薬を求めていくようになるんですけども、最初の頃の、そのサインに気が付かないでいるって、そういう大人がとっても多いんじゃないかと思います。大人たちが、子どもの心の奥のほうに触れようとしてない、そういう現実があるんじゃないかなと思います。うちの子は大丈夫って言っているのが、本当にそれが危険なことじゃないかなと思います。そして今、子どもにこびを売っている、そういう親がいたり、それから、友達関係になろうとする、そういう親も結構いて。子どもを叱れない、そういう親がとっても増えてきているんじゃないかと思います。親が、子どもがやっていることを見て見ないふりして、怖いから見ないふりしている。そうやって、円満な家庭をしているふりをしてる。そういう家族もいます。

りかちゃんって女の子ですが、この子も、とても気の毒な女の子です。お母さんのおなかに、りかちゃんを身ごもってるときにお父さんと別れました。そして、新しいお父さんと結婚したときが、りかちゃんが生まれたときです。お父さんは、

●公開講座

運転の仕事をやっておりました。普通に育てられているんですけども、小学校6年生のとき、りかちゃんがいとこの家に遊びに行きました。いとこがコンビニに買い物に行っているときに、その部屋に、いとこの同級生の男の子が3人いたんですね。高校生です。その高校生たちにレイプをされてしまったのです。りかちゃんはその3人にレイプされた後、男ってこんなもんか、と思ったそうです。小学校6年生です。そしてその後、泣きもしなかったそうです。彼女はこういうふうに思ったそうです。男ってきっと、みんな一緒だから。こんなもんだったら、どうせなら、お金もらったほうがいいって、思ったそうです。そこで、小学校6年生から援助交際を始めました。中学生の先輩で、女の子でやっている子がいたそうです。相手は、30代から50代のサラリーマンが多かったそうです。そういうお客さんを取っていました。触るだけだったら、3000円とか5000円とか。本番までいったら3万とか。そうやってお金を取っていました。奥さんの前でできないことを、いろんなことを、りかちゃんの体を通して大人たちがやってきました。りかちゃんは、その男の人たちを下からずっと眺めながら、男ってみんな一緒だなって、そんなことを思っていたそうです。お金を払わなきゃ私を買えないんだから、自由にできないのだから、と思って、優越感で見下していたそうです。

　彼女はそれから中学となっていって、そして高校と、ずっと援助交際を、援助交際っていいますか売春を、サイトなどでもやっておりました。そして彼氏というと、付き合う男の人は、なぜかホストばっかりだったそうです。彼女は、見かけは不良じゃないのです。本当に、頭のいい子だと思います。すごく頭のいい顔をしている。髪の毛は茶色ですが、すごくしっかりしたことをしゃべる子で、そんなだらしなさそうに見えないんです。でも、彼女はなぜかレイプをよくされます。六本木を歩いていて、いきなり車に乗せられたりとか。それから、連れて行かれたりとか。夜、歩いているのもいけないんですけど、歌舞伎町を歩いていて、いきなりホストに腕をつかまれて、4人のホストに連れて行かれて公園でレイプされたりとか。そんなことが、ちょこちょことありました。決して、男の人に対してこう色気があるような、そう見えないタイプなんですけども、でもなぜかレイプを繰り返しされておりました。こんなもんなんだって、また彼女は自分に言い聞かせていました。男ってこんなもんなんだって。「ただ、立ち方が違うだけで、子どもも大人もみんな一緒なんだ」って。そんなことを、中学生のときに言っておりました。「男は、お金にしか見えない」、そんなことをずっと言っていました。中学生で、月収20万ぐらい稼いでいました。そのお金を「バイト代」って言ってお母さんに渡して、あるときお母さんは海外に旅行に行ったときに全部そ

れ使っちゃったんですね。そういうお母さんでもあるんですけども。でも、高校になってからは、学費として家に5万円を必ず納める、そういうことも、売春で稼いだお金ですけど、そういうこともきちんとやっていた人なんです。
　中学1年生のときに妊娠をしました。相手の男の子は、地元の名士といわれてる歯医者さんの息子さんでした。お母さんが気が付いて、「もう、しちゃったの」って言ったら、「した」って。「しょうがないわね。これは病院に行くしかないわね」って言って、お母さんと病院に行きました。相手の男の子を呼びつけて、お母さんが話をしました。そしたら「自分の親にだけは絶対に言わないで」って泣いて頼んできたので、「しょうがないわね。その代わり、うちの子にはもう二度と会わないで」って言って約束をして別れさせて、手術をしました。手術をして、麻酔が切れて目が覚めたとき、彼女は1人でした。赤ちゃんいなくなっちゃったと思ったら、いっぱい泣けてきちゃったそうです。恵まれない、望まれない赤ちゃんだったけど、自分の体の中からいなくなっちゃったと思ったら、1人ぼっちになっちゃったと思ったそうです。寂しくて寂しくて泣いていて、そしたらそこに看護師さんがやってきて、看護師さんに抱きついて泣いたそうです。私は1人ぼっち、赤ちゃんいなくなっちゃったって。そしたら看護師さんが、「1人ぼっちじゃないよ。あなたのことを、必ず見ていてくれる人がいるからね」っていうことを、親だったんですけど、そういう意味で言ったんですが、彼女はそのときは実感がなくって、1人ぼっち、1人ぼっちと、思っていました。1人ぼっちだから、また誰かと付き合ったりします。寂しいから、援助交際するようになっていきました。「お金で買われた男の人と肌を触れ合っているとき、嫌な男なのに、肌を触れ合わせていると安らぐ。さみしくない」って、言っていました。すごく切ない言葉だと思います。そんな嫌なおやじに抱かれながら、それでも寂しくないって。そんなことを本当に聞いたときに、涙出そうになったんですが、彼女は「寂しいから」と言って、嫌な男の人にお金で買われて抱かれていました。中学2年生のとき、また妊娠しました。今度は誰の子か分かりません。レイプされたときの子どもだったようです。また同じ病院に行きました。今度はお母さんには言わないで、友達にだけ付き添ってもらって手術をしたそうです。つらいことが次から次へ来るんですけど、こんなもんだって、彼女はいつも思って、それを乗り越えてきたそうです。そういう人生を送っているので、彼女は、優しくされるととっても弱いんですね。いい彼氏に出会ったのです。同年代の、優しい彼氏に出会って、お互いに好きになって付き合い始めました。とっても優しい子です。ただ、優しさに慣れてないので怖いのです、彼女は。もっともっと好きになっちゃ

●公開講座

うのが怖いのです。傷ついてしまう、それだったら好きにならないほうがいい。付き合えないほうがいい。わずか2カ月で、自分から離れていってしまう、そんなことをやっていました。

　彼女はその頃、シンナーに手を出しました。高校1年生になって、大麻にも手を出しました。お父さんは後から結婚していますから、ずっと遠慮があったんだと思います。見ていたんですけども、何も言えないでいました。それに、プチ家出を繰り返しておりますから、あまり彼女は家に帰ってきません。2、3日に1回しか帰ってきません。でも、ついにお父さんが「おまえ、いい加減にしろ」って言って怒りました。彼女のことを殴りました。「もっと自分を大切にしろ」って言って怒鳴って、殴りました。殴られたとき、彼女はとってもうれしかったそうです。初めてお父さんが殴ってくれた、怒ってくれた。誰か見ててくれたんだって。うれしかったんですが、お父さん興奮し過ぎまして、作戦なのか興奮し過ぎたのか、これはよく分かりませんけども、灯油を持ってきて彼女の体に灯油をかけました。そして、これは冗談だったと私は思うんですけども、「マッチ持ってこい」ってお母さんに命令したんです。そこでびっくりして、ああ、殺されちゃうって思って、彼女は家を飛び出しました。友達の家に行って、そこで2週間ほど過ごさせてもらったんですが、殺されると彼女は思ってしまったものですから、2週間で10キロ体重が減ってしまったそうです。卒業式のとき、お母さんと学校で待ち合わせをして、友達の家から卒業式に向かったということです。その後彼女は、自分から家に帰って、お父さんの前に行きました。「決心するまで時間がかかっちゃってごめんなさい」って言って、謝ったそうです。お父さんは、「もうこれ以上、自分の体を傷つけるようなことはしないでくれ」って。これは、売春のことも薬のことも含んでるんだと思います。そう言って、「自分もすまなかった」って謝ったそうです。また彼女は家で生活できるようになりました。そして、お父さんと話ができるようになりました。さらに、クリスマスがやってきました。家に帰ると、机の上に香水のプレゼントが置いてありました。お母さんからでした。『サンタママ』って手紙に書いてありました。その中、手紙を開けましたら、『もっと自分のことを大切にして。私があなたに対してやってあげられることは、限りがあるから。だから、自分で自分をもっと大切にして』といった内容が書かれていたそうです。その手紙を見て、彼女は涙が止まりませんでした。愛されていたっていうことに気が付いたのです。泣くことが、全く彼女はできなかったのです。どんなにつらい目にあっても、涙が出てこなかった、そういう子どもだったのです。でも、お母さんの手紙で、ようやく初めてポロポロと泣

ティーンたちの恋と性、そしてプラチナ世代の愛と性

くことができたそうです。その後、夕食を食べている最中に、彼女はたばこを吸いました。親の目の前で、たばこを彼女はずっと吸っていた。お母さんが「もうやめなさい」って注意したそうです。そしたら、彼女は「たばこ以外、全部やめたのだからいいでしょ」って言ったのです。売春とか薬とか、そういったことを全部やめたということです。それを聞いたお母さんが、「本当なの、本当にやめたの」って言いました。彼女は、しつこいなあって、ちょっと照れくさそうな嫌そうな顔をして「やめたんだよ」と言ったそうです。お母さんが「やめてくれたのね、よかった」って言って、涙を流していました。「こんなに喜んでくれたり、泣いてくれるのだったら、もっと早く気が付けばよかった」、彼女は言っておりました。今は、商才がすごくある子なので水商売をやっておりますけども、普通に健全に、高校を卒業してから生きております。「将来は平凡な結婚をして、子育てをして、家族を幸せにしたい」って。そういうことを言っている。愛されているっていうことをやっと彼女は知ったので、「これからは人を愛していきたい」って、そんなことを言っていました。

　多くの子たちがもがきながら、泣いたり笑ったり、悔しがったり、そういうことをしながら、一生懸命生きているのですが、なかなかその心のひだの中まで親は気が付いてあげられないって、そういう現実がたくさんあるようです。そういう子たちも、一生懸命恋をしたり、やり時だっていってエッチをしまくっている、そういう時期もあるんですけども、そういうことをして悩んだり笑ったり泣いたりしながら、頑張って生きているんですが、じゃあ、大人になったらどうなるかっていうことで。私は、大人の女性の取材もずっとしてきましたけども。今、総人口が1億2700万人ぐらいです。厚労省が把握している人数ですけども。50年前は、男性の平均寿命が67.74歳、女性が約72歳でした。今、男性が80.79歳、女性が87.05歳。この勢いでいきますと、女性は平均寿命が90歳になってしまいそうです。今、65歳以上の人は4人に1人。2035年になりますと、3人に1人の割合になる。高齢者大国になってきております。

　そんな中で、離婚をする人がとても増えております。それから、成人病などストレス社会で生きておりますから、結婚をして、その後ご主人が早くに亡くなったりとか、そういうことがあって、1人で生きている方たちがいらっしゃいます。平均寿命がとっても長いので、例えば、仕事をご勇退されても、そこから何十年と頑張って生きていかないといけない。それが現状なのですけども。年金をあてにしていたら年金がどんどん減っていくので、優雅な年金暮らしっていうことも夢だけの世界で、現実はそうなってこなくて。では、どうやって生きていかなく

●公開講座

ちゃいけないのか。でも、何十年も1人で生きてくのは寂しい。50代の男性で、一回も結婚をしてないって男性は今、4人に1人もいらっしゃいます。それで、1人が寂しいからっていうことで、熟年の婚活が、すごくはやってきております。若い子の婚活よりも、40代以上の婚活が、ものすごく盛んになってきております。婚活エージェントさんもいっぱいありますし、私も、そういうエージェントさんのやるパーティーに参加させてもらったりとか、婚活ツアー、これに東京と大阪で参加させてもらって取材したりとか、そんなことをいろいろとしてきました。でも、熟年の方たちの結婚っていうのは、結構難しいものがあります。しがらみがいっぱいあるんですね。婚活で、条件があります。一番いい条件ってのは、まず女性は、少しでも若いことですね。やっぱり男性は、年下の女性を求めますね。中には自分の子どもが欲しいっていうことで、失礼だなと思うんですけども、お子さんが産める年齢の女性を求める男性も、結構いらっしゃいます。女性は50代よりもやっぱり40代、熟年の中でも40代のほうがおモテになります。そして、男性でモテない年齢っていうのが、60から65歳ぐらいの収入が一時とても下がっている時期なので、その辺がちょっとモテなかったりもします。年金の方はちょっと、あんまりおモテにならなかったりもします。しがらみがない、だから一番モテるのは少しでも若いこと。それから、仕事を持っていること。お子さんがいないこと。これが大きな条件なのですね。お子さんが独立されていても、「自由にしていいよ、お父さんにはお父さんの人生があるよ」とか、「お母さん、恋人でも見つけなさいよ」とか、そういういいことを言うんですけど、いざ結婚となると、財産の件でとか、年金をあてにしている子どもとかいまして、反対が起こります。家や土地を半分取られるのが嫌だとか、そういって反対されたりしてしまって、なかなか籍まで入れられなくって、事実上の結婚という形をとっている方もいらっしゃいます。

　一つのエージェントで、幸せな結婚をされた方たちがいます。なかなか結婚までいくのは難しいんですけども、70歳の男性が、49歳の看護師さんと結婚されました。婚活パーティーがありまして、そこに参加をして。49歳の看護師さんですけども、ものすごく仕事が忙しくって、周りの看護師さんも独身の方がとても多かったので、そのまま年を重ねてきてしまった。でも、看護師さんなので、どういうふうに生きて、どういうふうに死を迎えるかっていうことを考えたりもする。それで、私の残された人生をどうやって生きていこうかなって思ったときに、お子さんが2人いらっしゃるんですけども、誰かと一緒に人生を歩んでいって、一緒に泣いたり笑ったりできたらと思って、ある婚活エージェントさんの所を見

学に行ったんです。一番年上の人を探しにきましたって。彼女、年上の人が好きなんだそうです。その男性なんですけども、随分前に奥さまを病気で亡くされまして、息子さんがいて、ずっと、奥さんがいなくて寂しくてお酒浸りの毎日を過ごしていたそうです。6年ぐらい経って、スポーツ紙の所に『中高年よ、諦めることなかれ』って、そういう文章が載っていて、婚活エージェントさんのことがいろいろと載っておりました。そこで申し込んだんですけども、10年後の、婚活エージェントさんの行うパーティーで皆さんの世話をすることが楽しくて、自分の婚活を忘れてきちゃったんです。ところが、世話ばっかりしているので見つからないので、もうやめようかなと思ったときに、その看護師さんが見学に来て。そこで、出会いがあったわけです。そこから、すぐにデートをして。喫茶店のはしごをして、朝から夜まで話をし続けて、そして看護師さんが「うちの子どもに会ってください」ってすぐ言いだして。会ったら今度は「どこに住む？」って、看護師さんがどんどん押してくるんですね。70歳っていう年齢なので、ちょっと引いてるんです。なかなか積極的にいけないんです。でも、お若い看護師さんが、どんどん次から次へと押してくるもんですから、「え、え」と言っている間にどんどん進んでいってしまいまして、ついに結婚ということになってしまうんですけども。そうしたら「婚活すればいい」って言ってた息子さんが、家と土地があるので「それ、結婚したらどうなるんだよ」って。「駄目だ」って言うんです。「いや、君の分もあるから」って言っても、駄目だって。お父さんが死んだら、そしたら女の人変わるから、今は優しくてもお父さん死んだ後、全部財産持っていくといけないからって、そういうことを言いだすんですね。お父さん生きてるのに、お父さんが死んだらって話をするんですね。それでショックを受けて、その男性は生前に全部与えてしまうって、そういうことをやりました。そして、自分の入るお墓も自分で買いまして、きれいにして、何もかもあげて、その女性の所に行きました。さらに、いろんなことでもめないように、女性の戸籍のほうに入るっていう方法を採りました。その看護師さんの娘さんですけど、娘さん、2人おります。とっても明るい子たちで、今、同居をしております。最初は2人だけで住んでいたのに、娘たちが家の中に入ってきてしまって、ここは私の部屋とかいって住み始めてしまったんです。実は、その看護師さん、離婚をしておりますけども、最初の旦那さんは暴力を振るっておりました。お子さんも暴力を振るわれてたので、父親に飢えていたんですね、お子さんが。お子さんといっても、今20歳なわけなんですけども、それで、お母さんが新しく結婚した相手がとても優しい人なので、「父ちゃん、父ちゃん」って言って離れなくなってしまう、それ

● 公開講座

ぐらい、いい関係になったそうです。ただ、いつも父ちゃん、父ちゃんって娘が付いてくるので、2人がイチャイチャしようと思っても全然できないんだそうです。いつも、父ちゃん、父ちゃん、って。それで、昼間、看護師さんですから休みが土日とは限らないので、ビジネスホテルの会員になって、そこに月1回行って2人でイチャイチャしてるっていうことなんです。「たまにイチャイチャが止まらなくなると、今夜は帰らないっていう電話をして、泊まりになってしまう」ってことを言っておりますけども。その70歳の男性は、他の同じ年代の人たちに対して「自分の人生、このまま終わっちゃっていいの。奥さんが死んじゃったっていって、それでイジイジとお酒に頼ってばっかりいても何も始まらない。人を愛する気持ちっていうのは、幾つになってもあるものだから。人を愛するってことは素晴らしいことだから。人生と暮らしが変わるから。笑みも増えるし、張りができるし。だから、恋はどんどんしたほうがいい。ただ、恋をするためには、待っているだけでは年齢的に来ない。熟年の人たち、若い人ってのは、待っていて何もしなくても、出会いがいっぱいあったりとか、そういうことがありますけども、熟年の場合は、待ってて家の中でこもってるだけでは出会いはない。勇気を持って一歩外に出て、積極的になんないと、自分でいい人をつかむことができない。必ず、人の所に行く。これが大切なのよ。もう70とか、もう80だからとか、そういうことは決して言っちゃいけない。恋をするのに年齢は関係ない」って。そんなことを言っておられます。

　実は、他の婚活エージェントさんでパーティーに出たときに、80歳の女性が3人いらっしゃいました。すごいお化粧を、おしゃれをしていて、ご主人を病気で亡くされたっていうことで、割とお金に余裕のある方たちだったんですけども。すごく、シャキッと背筋もしておられまして。82の方、83の方、80の方、女性が来ておられました。来ておられる男性は、その方たちより年下の人たちだったんですね。1人ずつテーブルで3分ぐらい話をして、どんどん相手が変わっていくっていう回転ずしのようなものなんですけど、それをやるんです。それで話をするんですが、私、隣で話を聞かせてもらったんですが、よせばいいのに自慢話をするんですよ。ご主人が生きていた頃はどこどこの外国のどこに行ったとか、今タワーマンションに住んでるとか、どこどこの国で何十万のカーペットを買ってきたとか。そういう話をするもんですから、年金暮らしをしてる男性たちが引いてしまいまして、カップルにはならないんですけど。でも、彼女たちは月に1回、このパーティーに来ることによって、社会とつながりを持ってるんですね。おしゃれをして、磨きをかけてやってきますから。社会とつながりがあるので、老

け込んでいかないんですよね。別に、結婚相手を求めるとまでいかなくても、そうやって社会とつながりを持ってくってことが、大切なんじゃないかなと思いました。

　そして、他の結婚エージェントさん、関西のほうなんですけども、65歳の女性が2人、うまく結婚できました。私はその2人にお会いしたんです。1人の人は、悪徳エージェントさんに入ってしまいまして、入会金が50万だったりとか、それから月会費が何万とか、そんな状態で。「もうやめます」って言ったら、紹介してくれた人がサクラで、10カ月付き合ってそれでおしまいになったりとか、そういうことをやってて。もう一人の人が「私が入ってる所に来たらいいわよ」って言って、その人も同じ所に移ったんですが、そこで紹介された70歳の男性と、68歳の男性と、うまい具合に結婚ができました。私は、彼女たちに聞いたんですね、「65歳。それで、やっぱりするもんでしょうか」って言ったんですね、肉体関係。そしたら「それは、男性ですからねえ、やっぱり」って。その彼女の場合は、会った途端に話がどんどん進んで、海外に旅行に行こうって、そういう話がまとまってしまったそうです。海外に行くってことは部屋を一緒にしなくちゃいけないから、これはと思って、先に1回、ちょうどホテルの宿泊タダ券があったそうなので、ちょっと行ってみませんかって。やっぱり、一晩過ごしてみないと分からないでしょうっていうことで過ごして、食事も一緒にして、あ、食べ方もきれいな方だわって、これで合格して一緒に海外に行って、また結婚されたってことなんですが。彼女は、「受け入れるって気持ちが大切だ」と言っておりました。「長い間、肉体関係を持ってる人がいなくて、できるかなって不安はあったんですが、この人を受け入れようって。信頼しようって。そういう気持ちでいればできるんじゃないか」と、言っておりました。もう一人の人は、なかなかそういう関係にならなかったんです。両親のお墓に連れて行かれて、「この人と結婚しようと思ってる」と紹介されて、ようやく「うちに遊びに来ない？」って言って誘われて、ああ、いよいよなんだと思ったそうです。で、「花見をするのに、前の日から来ない？」って言われて、いよいよこれは、やらないといけないんだと、彼女は覚悟して。彼女は何十年もしてなかったそうです。そしてどっちかっていうと、手をつないで寝たりとか、くっついて寝たりとか、そっちのほうのが好きっていうタイプの人だったんです。その夜、寝具を見たら、イオンで買ってきてくれた、年寄りくさいパジャマがペアで置いてあったそうです。そして、年寄りくさい枕カバーが用意してくれてあったそうです。こんなん着たことないわと思ったそうですが、そういう気持ちがうれしいということで、今夜は何があっても絶

●公開講座

対に断ったらあかんのやと、大阪人ですから思って、きょうは応じないと駄目なんだ、と思って、応じたそうです。ただ、男の人っていうのは、1回女性を自分のものにしてしまうともう安心みたいで、その男性は、あんまりそういうことはしなくていい、そういうタイプの人だったそうで。それ以降はもう、そういう肉体関係はしないで、2人ともいびきをかいてすぐ寝ちゃうって。そういう生活をされてるそうなんです。

　70代の女性で、福祉の中に、老人ホームの中に入ってる方で、そういうお付き合いをしてて肉体関係のある人たちがいました。この方たちは、九州の方なんですけども。ホームの所長の方針によって、恋愛を勧める所と禁止にする所が結構ありますが、禁止にしてる所はもうみんな活気がなくって、ただ死ぬのを待ってるだけ、そういう人たちがいます。朝食が終わると、すぐにお風呂場のほうへみんな行って、廊下に椅子が並んでるんですけど、お風呂に入る順番をずっと待ってる。1時間、2時間待ってる。お風呂が終わると、今度は昼食の時間ですから、昼食の所の廊下に行ってまたじっと待ってる。ただ、死ぬのを待ってるだけって私言われましたけど、それぐらい活気がないです。でも、恋愛OKって所ですと、私が出会った女性は2人いるんですけど、78歳と76歳の女性です、2人とも彼がいました。1人はまだいますけど、1人は10年付き合って亡くなってしまいました。昼間っから着物を着て、お化粧をして。まるで、私が取材したヤクザの姐さんのような、そういうかっこいい女性でしたね。その2人が現れて、インタビューに応じてくれたんですけども。その2人にも聞きました。78歳の女性は、68歳のときから男性と付き合っているわけで。5歳年上の男性です。「そういうことはあります」と、私にはっきりと言いました。「そりゃあ、年がいっても、男と女だからね」って言いました。最初のうち、なかなか男性が誘いをかけてこなかったそうです。お茶を一緒に飲みに行こうとか、どこどこにドライブに行こうとか、そういう誘いはしてきても、手ひとつ触れなかったそうです。それで、当時68歳の彼女は、この人は私を女として見てないのかしら、と思ったそうです。色気がないのかな、そういうふうに真剣に思ったそうです。だから、年齢って関係ないんですね。彼氏が手を出してこなかったら、この人、私を女として見てないのかしらって、これ10代の子も思いますし、60代の人も思うわけです。それで、やっと結ばれました。「結ばれたら、すごく、もっと仲良くなれた」って、そういうことを言っていました。ただ、相手のほうの体が、下半身があんまり言うことを聞かないものですから、それ以降、もう結ばれるっていうことはなかったそうです。でも彼女、こんなことを言いました。「男の人ってのは、1回、自分

ティーンたちの恋と性、そしてプラチナ世代の愛と性

のものに女の人をしてしまえば、自分の女だってことで安心するみたい。自分が手を出してやっとかないと、どっかに行っちゃうんじゃないか、奪われちゃうんじゃないか、と、そういう不安があるのかもしれないわねえ」って。「でも、1回自分のものにしちゃうと、もう安心して、自分の女になったって自信と確信が生まれるので、だからその後は、無理してED治療薬を飲んでまでそうやってやる必要はないんじゃないかしらね」って、そんなことを言っていました。そしてもう一人の人も、76歳で、70歳のときから相手の5歳上の男性と付き合ってたわけなんですけども、「何十年と肉体関係がなかった。それで、できるかどうか本当に不安だった。まるで、娘のときに戻ったような、そんなドキドキ、ドキドキ。そういう気持ちがいっぱいあって、とっても緊張した。でも、肉体関係を持つことによってもっと深い関係が築けたから、本当によかった」って、そういうことを言っていました。プロポーズされてるんですね。「何とか結婚をして、君に残すものを残してあげたい」って、そう言ってたんですけども、彼女は子どももいましたので、お子さんがいるとやっぱりうるさいからっていうことで、プロポーズには応じませんでした。「ここでだけの友達でいましょう」って、言ってたんですけども、でも、その方は亡くなりました。男性が亡くなりました。家族旅行に行って、連れてった温泉で、急に亡くなってしまったんですけども。現在76歳の彼女が、こういうことを言いました。「まさか彼氏ができるとは思わなかった。長い年月、とても楽しませてもらった。楽しんだり、悲しんだり、悔しかったり。でも、もう嫌ですね、恋は」って。76歳の女性が言いました。すごいセリフですよね。私はもう、わあ、すごいなあって。でも、いつか別れが来てしまうんですね。ホームに限らず、人はいつか別れが来ます。夫婦でいても別れが来ます。それは、死別であったり、生き別れであったり、いろんな別れ方がありますけど、でも、ホームに入ってる人たちは、いくら恋をしてもいつか、近々別れが来るって。これを覚悟して付き合っているって。ちょっとそれは、寂しいなと思いますけど、中には、何人も亡くなっても次から次へと彼氏を見つけていって、で、なぜか付き合うとその彼氏が死んじゃって、とか、そういうたくましい、きれいな女性もいます。男性のほうもこんなことを言っていました。「自分には、老後っていう言葉はないんじゃないか。老いってのは、どこが境で老人になるのか。自分の場合は、老後、老いはまだ来てないと思ってる。だから老人って言われたくないし、老後って、老いてないのにその後があるっていうのはおかしい。自分はやりたいことをいっぱいやるんだ」って言って、80代ですけどね、サーフィンやったりとか、そういうことをしてる男性もいらっしゃいました。

●公開講座

　時間が来てしまったんですけど、最後に、私がなぜ僧侶になったのかって、これだけ申し上げております。別に、無資格でやっているわけではなくてですね。ミニ駆け込み寺を作りたいと思っておりました。取材をして、たくさんの女性が、苦しんでらっしゃったり、もがきながら頑張ってらっしゃる、これを知りました。そういう方たちが気楽に立ち寄れて、話を聞いてあげられて、爽やかに帰っていただけるような、そういう場所が欲しいと思いまして、1992年に鹿児島の最福寺というところで得度をしました。朝鮮総連の建物を買うといってニュースに出ていたお坊さんが、私の師匠です。その後修行をして、伝法灌頂という僧侶になる資格をもらえる儀式を受けて、僧侶になりました。人が1、2年でできるところを、働きながらだったので7年かかりました。高野山真言宗の僧侶になって、さらに2年後、テストを受けて、ぎりぎりですけども住職の資格をもらいました。お坊さんの世界って男性の世界ですから、尼僧に何ができるだろうって考えたときに、布教師という、法話をする役目があるっていうことを、高野山大学の大学院の布教の先生に言われまして。これだと思いまして、布教師という修行を受けてそれになりました。お寺の話は、本山からも、いろんな所から話をいただいておりますが、まだ修行もしたいと思って、水行、海に入る、深夜海に入る水行、これは18年間年中、雪の中もやっております。そして四国歩き遍路は、毎月、11年間やっておりまして、日本列島を3往復歩いた距離に、今、値しております。滝に入る滝行等も修行をずっと積んでおりまして、いつか、駆け込み寺をやりたいと、そう思って。ただ、お寺は簡単にできるものではないので、人もいなくちゃいけないし、お金もかかるし。廃寺を頂戴してもそれを直さないといけないし、いろんなことがありますので、まだまだ時間はかかりますが、何とか頑張って、私も小さな、何かの力になれたらいいなと思っております。

　最後の最後ですが、ちょっと私の宣伝をさせていただきますと、『少女犯罪』っていう本が出ております。これは、先ほどお話しした、榛名女子学園に1年間通ったときの話を書いております。そして、『熟年婚活』、これが出たてです。ふさわしい状況の方、条件の方、ぜひ読んでいただきましたら前向きになる、そういうものではないかと思います。お医者さまで、いきなり婚活パーティーで「私は年収何千万です。医師です」と言った途端、70歳の方です、女性がワーッと集まってきて離れなかったって。「やっぱりお医者さまは、何歳になってもモテるんですね」って、エージェントの方がおっしゃっておりましたけれども。そういうよういろんな話が書いてありますので、ぜひお読みいただけたらと思います。では失礼いたします。ありがとうございました。

一般演題

一般演題

刑事施設から出所する性犯罪者
～リハビリテーション～

田村 勝弘
新潟刑務所　処遇部　企画部門（教育）　法務教官　教育専門官

1　昨年の研究大会では

　私は、昨年の第8回大会で「刑事施設から出所後の社会資源～リハビリテーション～」と題して発表した。日本の刑事施設の受刑者は、多くは懲役刑として服役している。懲役刑とは、自由を制限する自由刑と所定の作業を実施する。刑事施設では、規則正しい生活をして（規則正しい生活をさせられているとも考えられるが）、心身共に健康を取り戻していくため、彼らの中には出所して自分は社会で十分通用する、問題解決したと考えているものが多い。実際には刑事施設に収容されることが多くなれば多いほど、長くなれば長くなるほど、社会復帰が難しく何らかのサポートが必要である。
　そのため、刑事施設内で実施ししている改善指導及び教科指導の重要性と、出所後のサポートがとても大切であるということを発表させていただいた。

2　性犯罪者に対する改善指導の課題

　刑事施設で改善指導及び教科指導が始まり、10年が経過する。そもそも、改善指導が始まった原因の一つに、性犯罪者の再犯の問題があった。
　性犯罪再犯防止指導は、性犯罪につながる認知の偏り、自己統制力の不足等の自己の問題性を認識させ、その改善を図るとともに、再犯をしないための具体的な方法を習得させることを目的とするものであり、性犯罪者調査対象者のスクリーニング、性犯罪者調査、各種プログラムの実施、メンテナンスの順に行われる（平成27年版　犯罪白書）。もちろん、プログラムは刑事施設だけで完結するものではなく、プログラムを続けていくことで、彼らは新しい生き方を選択し、再犯を防止し、回復に近づいていく。しかし、性犯罪者がプログラムを受け続けていくには、いくつもの課題がある。
　性犯罪再犯防止指導は、同指導を実施している刑事施設に移動して実施する。彼らの中には、プログラムを集中して取り組めると肯定的に考えている者もいる

ものの、性犯罪のプログラムを受講するということで、周りから性犯罪とみられることに抵抗をみせる者、すでに再犯をしているため同じプログラムを何度も受講しても意味がないと否定的な者もいる。さらに、プログラム実施時期と本人の刑期の関係（刑期が短いなど）で、受講できずに出所を迎えてしまう者もいる。

最近は嗜癖からの回復のために、ピアスタッフの果たす役割が重要視され、刑事施設の改善指導では、薬物依存の受刑者に対してダルクスタッフによるミーティングや、アルコールに問題を抱えた物に対して自助グループのメンバーによるメッセージやミーティングを行っている。しかし、性犯罪者が刑事施設の中で正直な話のできる場は少ない。性犯罪をアディクションと考え、回復していくためには、アルコールや薬物と同じようなミーティングの場も必要だろう。

3 性犯罪者に対する出所後のサポート資源

性犯罪者に対する社会のプログラムは少ない。そんな中でも、保護観察所でプログラムを実施しているが、仮釈放で出所しないと受講することができない。正確な数値は確認していないが、性犯罪者は仮釈放で出所する者が少ないと私は感じている。おそらく、再犯のおそれや更生の意欲、社会の感情が仮釈放で出所できない理由であるだろう。

しかし、刑期が終了して出所する満期釈放では、プログラムを受けることができず、さらに保護観察などの生活再建のサポートも受けられない。全て自己責任となる。本来、仮釈放の者は、出所後の住居、引受人等サポートが整っている者が受けられ、サポートがない満期釈放者に対してはサポートがないのである。

4 事例

性犯罪を繰り返してきた者に対する当所で実施した改善指導の事例を紹介する。仮にAとしよう。Aは30代後半の男性、知的障害の疑いがある。幼少時から施設で育ち、少年院2回、刑事施設は7回受刑していた。父親はいるものの、一緒に生活したことはほとんどない。今回の事件の前に亡くなり、Aは第一発見者として、父に何もできなかったと悔んでいた。

Aの今回の事件は、窃盗（女性の下着窃盗）であり、本人は性的な嗜好で下着

●一般演題

を盗んだと考えているものの、性犯罪再犯防止指導はできなかった。

AはSST（ソーシャル・スキルズ・トレーニング＝対人関係トレーニング）に自ら申し込んできた。しかし、グループ指導になじめず、黙っていることが多かった。

SST終了後、Aの希望により個別指導を開始した。性嗜好を改善させるために条件反射制御法を実施した。制御の刺激を「私はいま、性犯罪はできない、大丈夫」と設定して取り組ませ、2週間に一度というペースで、制御の刺激は1日20回実施を目標に取組ませたが、実施記録は適当に記載していた。でもそこはあえて指摘せず、個別指導を続けていくことを重要視した。

Aは時間が掛かったものの、条件反射制御法の第二ステージ、疑似を実施する。本人の性犯罪パターンを聞き取りにより設定して、インターネットから本人の嗜癖に合わせたパワーポイントを作成した。彼は小学校から帰宅する児童の後をつけて行き、オートロックのマンションに一緒に入り、エレベーターの中で抱きつくということが犯罪パターン。スライドを観ながら、その動作を疑似として繰り返した。Aの嗜癖はなかなか手ごわい。毎回、スイッチが入り、ニヤニヤしながら取り組んだ。

Aのターニングポイントは、意外なところから訪れた。私がAとは関係のない薬物事犯者に対する改善指導の1コマで、刑の一部執行猶予制度が始まり、社会にサポート資源を増やす必要があり、ピアスタッフの役割がとても大切であることを話した。彼らには、教室の話はここだけの秘密であるというルールの下で改善指導を実施している。しかしある薬物事犯の者が、Aにピアスタッフの話をしたのだ。

Aは、ピアスタッフに強い興味関心を示した。Aはピアスタッフについて詳しい説明を求めた。今まで犯罪を繰り返し、将来に希望が見えなかったAは、自分の目標を見つけた。自分がピアスタッフになり、自分が犯罪を繰り返さないこと、性犯罪者を減らすために役に立ちたいと述べた。

目標が決まったAは、いずれは何らかの資格を取りたいと志を高く設定した。そのためには大学に入学すること、実は高校も行っていないので、高校卒業程度認定試験に合格しなければならない。そもそも、漢字がとても苦手で読み書きがままならない。Aはすぐに補修教科指導（義務教育程度の教科指導）に申込み、出所まで勉強を続けた。

Aは、出所後の生活の場も決まっていないことから、特別調整で福祉的な支援を受けながら生活を立て直すことを希望していた。特別調整とは、高齢又は障害

を有し、適当な帰住先がない者について、釈放後速やかに適切な介護、医療等の福祉サービスを受けることができるようにするため、各都道府県に設置された地域生活定着支援センターを中心として社会復帰の調整を図るのである。Aは知的障害があった。

　しかし、Aの特別調整は難航した。やはり性犯罪を繰り返してきていたためであろう。出所近くなり、やっと薬物を中心としたリハビリテーション施設で生活することが決まった。彼は、早速辞書を引きながら一生懸命手紙を書いた。

5　刑事施設出所者に対するサポート

　犯罪を起こした彼らは、社会復帰した後はほとんど者にサポートが必要である。困ることがあるだろう。受刑中の彼らも「社会に出てみないとどうなるかわからない」ということを口癖のように話す。もちろん、隔離された場所で生活しているので、実際の状況が分からないということではどうすることもできないのかもしれないが、予想される課題に対しては、刑事施設の中でプログラムとして取り組む必要がある。困ったことがあったら、適切な支援制度があり、適切な制度に繋がること、その時のコミュニケーションを身につけておく必要がある。しかし、制度さえ彼らの方から拒んでしまう者もいるのも現実である。

6　性犯罪者に対するサポート

　前述したように、性犯罪者に対するプログラムは少ない。刑期が終了する満期釈放で出所する者が多いことから、保護観察所でプログラムを受講できず、そんな中でも都市部には性依存を治療するクリニックもあるが、自ら通うということはかなりハードルが高い。だからこそ、適切な情報とプログラムを続けていくことの重要性を理解させることが大切である。

　彼らには、自助グループに参加してもらいたい。今後は全国の各地に広がっていくことが望まれる。

　最近、彼らの中には「いずれは自助グループを立ち上げたい」と聞くようになった。彼らはグループを立ち上げることで、自分がまず犯罪を繰り返さないようになり、犯罪をしないということは被害者がいなくなる、被害者が少しでもいなく

●一般演題

なれば社会が明るくなると考えている。

　刑事施設に何度も受刑して、将来に不安を抱いていた者たちが、目標を持って出所することは、今までとは違うとても大きな第一歩であると考える。期待したい。

参考文献
田村　勝弘　満期出所者に対する支援　日本「性とこころ」第7回学術研究大会　2015 Vol.07/No.02 130頁-135ページ

一般演題

電車内での痴漢行為予防の検討

五十嵐 愛子[1]　木村 幸代[2]　田中 光子[3]
1）文京学院大学　2）創価大学　3）桐生大学

Ⅰ．はじめに

　近年、痴漢防止対策は充実をみるものの痴漢検挙数の変化はほとんど見られない。痴漢行為は各都道府県の迷惑防止条例にかかわる犯罪であり、その条例は「公衆に著しく迷惑をかける暴力的不良行為等を防止し、もって住民生活の平穏を保持すること」を目的としている。平成27年法務省総合研究所の研究報告では、痴漢型の性犯罪者は、複数回の刑事処分を受けているにもかかわらず痴漢行為を繰り返している者が多いことなどが明らかにされた。図1の平成27年版犯罪白書によると、迷惑防止条例違反の痴漢事犯（電車内以外で行われたものを含む）の検挙件数は、平成18年～平成26年まで非常にゆるやかな減少傾向にあるものの、ほぼ横ばいである。毎年3,000件を超える被害があり、検挙されている。

　今回、痴漢型の性犯罪を起こした者の心理状況に考察を加え、再犯防止への取り組みを考案する。

Ⅱ．痴漢行為について

1）用語の定義

　痴漢という精神障害（病気）であり、以下にDSM-5とICD10の定義を述べる。

　① DSM-5（精神障害の診断と統計マニュアル5）302.89窃触障害 Frotteuristic Disorde 窃触障害は、性嗜好に偏りのある「パラフィリア障害群」のひとつに数えられる精神疾患である。DSM-4-TRでは窃触症 Frotteurism と述べ、同意していない他者の体を触ったり、自らの身体をこすりつけることに性的興奮を感じる性的倒錯であるとした。DSM-5では窃触障害 Frotteuristic Disorder に名称が変更された。

●一般演題

> DSM-5 の診断基準
> A. 少なくとも6カ月間にわたり、同意していない人に触ったり、身体をこすりつけたりすることから得られる反復性の強烈な性的興奮が、空想、衝動、または行動に現れる。
> B. 同意していない人に対してこれらの性的衝動を行動に移したことがある、またはその性的衝動や空想のために臨床的に意味のある苦痛、または、社会的、学業的、職業的、または他の重要な領域における機能の障害を引き起こしている。

②ICD-10　F65.6 他の性嗜好障害の1つとして、さわり魔的行為としてFrotteurism 窃触症が記されている。

すなわち、痴漢行為は迷惑防止条例違反の性犯罪であり、精神障害という病気でもある。

2）迷惑防止条例違反の場所

図2によると平成28年度中の、迷惑防止条例違反は、52.7パーセントが電車内で発生しており、駅と合わせると約72.1パーセントが電車・駅で発生している。加害者は混雑している場所で身体を接触できる場所を選んで実行しているといえる。

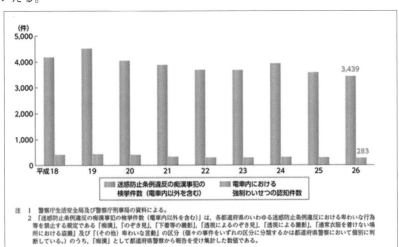

図1　迷惑防止条例違反の痴漢事犯の検挙件数・電車内における更生わいせつの認知件数の推移
　　（平成18年～26年）
平成27年犯罪白書より

電車内での痴漢行為予防の検討

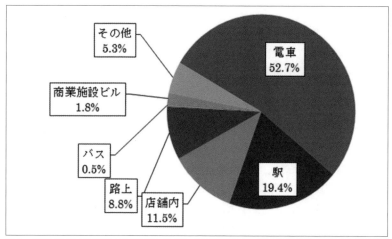

図2 平成28年中迷惑防止条例違反（痴漢）の場所別発生状況　　警視庁ホームページより

Ⅲ．研究の方法

　文献により痴漢型の性犯罪者の事例検討を行った。産経新聞ニュースサイト「産経WEST」より事例を引用した。同ニュースサイトに記載されている個人名、特定の場所等は削除し倫理的配慮をしている。

Ⅳ．結果

事例1

　2016年9月、Q大学教育学部付属小学校教諭A（39）は、電車内で女子高校生のスカート内に手を入れ下半身を触れ続け、警察署により強制わいせつの疑いで逮捕された。Aは容疑を認め「若い女性の体を誰でもいいから触ろうと思った」と供述した。逮捕容疑は午後6時55分ごろから約6分間、走行中の電車内で、帰宅途中だった高校1年の女子生徒（16）のスカート内に手を入れ、尻を触り、下半身をなで回すなどのわいせつな行為をしたとしている。同署によると、泣いていた女子生徒に周囲の乗客が気づき、Aのカバンをつかむなどして引き留め、駅で駅員に引き渡したという。Aは「混雑した電車を選んで乗車した」と供述し

●一般演題

ている。

事例2

　2017年3月、P署刑事2課の男性巡査部長B（36）は、電車内で女子高校生の胸を触ったなどで、県警は強制わいせつ容疑で逮捕した。Bは容疑を認め「好意を持ってくれたと思い込んだ」と供述した。Bは女子高校生に警察官だと名乗って声を掛けており「自分を良く見せたかった」と話している。電車内で隣に座っていた高校2年の女子生徒（17）に「かわいいな」などと声をかけ、キスをしたり胸を触ったりしたとして、県警は強制わいせつ容疑でB容疑者（36）を逮捕した。逮捕容疑は午後8時50分～9時25分ごろまでの間、走行中の普通電車内で、左隣に座っていた女子生徒の唇に2回キスをした後、左手を腰に回して胸を1回触ったとしている。「間違いない」と容疑を認めているという。県警によると、B容疑者は駅で乗車して間もなく「かわいいな。俺、警察官やねん」と身分を明かして女子生徒に声をかけ、自身の携帯電話の番号を教えていた。女子生徒が下車後、警察に被害届けを提出して発覚した。女子生徒とは初対面とみられる。B容疑者は事件を起こした日が春の定期異動の着任日で、市内の居酒屋で同僚2人と2時間程度飲酒した後、帰宅途中だった。

事例3

　2017年2月、電車内で中学3年の女子生徒の尻を触ったとして、県警は県迷惑防止条例違反（痴漢）容疑で男性警部補C（36）を逮捕した。Cは過去にも数回、同じ女子生徒の体を触ったことを認めており、「自分の欲求を満たすためだった。女子生徒に興味があった」と話した。警察は電車内で中学3年の女子生徒の尻を触ったとして、県警に県迷惑防止条例違反（痴漢）容疑で逮捕された男性警部補（36）を停職1カ月の懲戒処分とした。警部補は同日付で依願退職した。

Ⅴ．考察

　事例1～3はDSM-5による窃触障害といえる。同意していない人に触ったりする「性的逸脱」とされる欲求を抑えられず行為に及んでいた。3事例の言葉は、「若い女性の体を誰でもいいから触ろうと思った」「好意を持ってくれたと思い込んだ」「自分を良く見せたかった」「自分の欲求を満たすためだった。女子生徒に

興味があった」と相手の迷惑も考えず自身の欲求のままに欲求を合理化して行為に及んでいた。容疑者3人はともに30代、4大卒、社会から信頼される職業に従事している。

　3事例とも認知のゆがみを有していると考える。事例Cのように繰り返す者も多い。痴漢は犯罪ではあるが、上記の事例から見ても認知のゆがみを伴った精神障害といえる。抑制をコントロールできない衝動や行動が反復され、やめようと思ってもやめられない、コントロールできない性依存症ともいえる。認知のゆがみを修正する認知行動療法、カウンセリング、集団精神療法、薬物療法など加害者へ性依存症専門の治療が必要といえる。以上から窃触障害者には処罰と治療の継続が重要である。被害者へは精神的苦痛を緩和するケアが必要といえる。電車内の痴漢による犯罪を予防するために、電車内にポスター掲示や痴漢遭遇時にスマートフォンに警告音が出る機能を付けるなどの工夫を提案する。

Ⅵ.結論

　窃触障害の予防と治療への動機づけを図るために、以下の提案をする。
1. 窃触の予防を図る。
　①電車内のつり革を増やして、窃触の思考・欲求のある乗客はつり革に両手をかける。
　②両手を挙げ、合掌し思考をストップさせる。
　③窃触の思考・欲求のある乗客は満員電車には乗車しない。
　④窃触の思考・欲求のある乗客は電車から一旦下車する。

図3　思考ストップのテクニック

● 一般演題

2. スマートフォンからの警告音発信を図るアプリ開発の提言
　①被害者から痴漢被害にあっていることをスマートフォンから110番に通報する。
　②スマートフォンから被害者乗車の車輛の乗客へ警告音を発信する。

軽い警告音発信

ご乗客の方へ

当車輛の乗客から迷惑行為を受けているとの連絡が入りました。お心当たりの方は速やかにおやめください。

○○警視庁

中等度の警告音発信

ご乗客の方へ

先程の迷惑行為の改善がないため、迷惑防止条例の措置を実行します。

○○警視庁

　③電車内広告による治療への動機付け
　　・電車内中吊り
　　・窓上ポスター
　　・ドア横ポスター
　　・ドアステッカー
　　・電車内動画広告

広告例です

痴漢行為は窃触障害という病気です!!
痴漢行為をしているあなた、やめたくても、
痴漢行為はなかなかやめられませんね。
治療で痴漢は止められます。
さあ、相談しましょう！　治療に通いましょう！
相談先・治療機関・・・○○精神保健福祉センター、
　　　　　　　　　　○○保健所
　　　　　　　　　　○○○○クリニック
　　　　　　　　　　電話：03(・・・・)・・・・
　　　　　　　　　　メール：

Ⅶ. おわりに

　満員電車内での痴漢事件、加害者と思われる人の線路内侵入事件、痴漢冤罪判決など毎日のように報じられている。今回あげた3事例とも高等教育を受けており、社会から信頼されるべき人であった。普通の男性が痴漢行為をする。自己の欲求をコントロールできず行為に及んでしまった。欲求をコントロールできるための治療が必要であり、再犯しないことは痴漢事件の減少にもつながる。
　痴漢を犯罪として対処するとともに、病気としての治療の進展を望む。

参考文献

1) 法務省法務総合研究所編:平成27年版犯罪白書、日経印刷、2016.
2) 日本精神神経学会監修:DSM-5精神疾患の診断・統計マニュアル、医学書院、2014.
3) 榎本稔編:性依存症の治療、金剛出版、2014.
4) 産経WEST:ニュースサイトwww.sankei.com/west/newslist/west-n1.html
5) 針間克己:窃触症・摩擦症、別冊日本臨床領域別症候群シリーズNo.9,p.294-296,2003.
6) 松本俊彦他著:薬物・アルコール依存症からの回復支援ワークブック、金剛出版、2011.
7) 松下年子、五十嵐愛子:薬物依存症からの「回復」-アメリカ合衆国カリフォルニア州のドラッグコート視察より　マトリックス・アディクション治療施設とマトリックスモデル、精神科看護39(10)、精神看護出版、2012.
8) 融道夫他監訳:ICD-10精神および行動の障害臨床記述と診断ガイド、医学書院、2007.
9) 日本精神医学会監修、高橋三郎他監訳:DSM-5精神疾患の診断・統計マニュアル、医学書院、2014.
10) 斉藤章佳:男が痴漢になる理由、イースト・プレス、
11) 警視庁ホームページ:http://www.keishicho.metro.tokyo.

一般演題

発達障害と性犯罪および性非行についての検討
～事例とのインタビュー調査から～

篠原 百合子[1)]　久保 正子[2)]
1) 和洋女子大学　2) 共立女子大学

1. 緒言

　本研究は、発達障害と性非行および性犯罪との関連について文献検索を行うと同時に、発達障害を持ち、性犯罪歴を持つ、比較的若年（20-30代）の男性当事者を対象に、インタビューを行うことで、どのよう発達障害特性が性非行や性犯罪に関連するのかを明らかにする。

2. 研究目的

1) 国内外の文献を検索し、対象とする発達障害と性犯罪に関する論文検索を行い「発達障害」、「性犯罪」をキーワードに、この関連性に内容を検討する。
2) 発達障害があり、性犯罪暦のある若い世代の当事者にインタビューを行い、対象の性非行、犯罪を引き起こす要因、彼らが受けている支援内容とそれを基にした彼らの問題解決方法、認知の仕方などを基に支援の在り方を分析していく。

3. 研究計画・方法

1) 国内文献検索の実施
2) 発達障害のある性犯罪・性非行歴のある対象へのインタビュー調査の実施
3) 倫理的配慮
　　研究開始前に、調査医療機関理事長へ研究計画について文書と口頭で同意を得る。
　　平成29年4月末より週1回実施し、3ヶ月を目途に当事者の変容の在り

方を分析同クリニックにおける研究倫理審査を通した後に、同対象者に対して、説明と同意を得た後に、文書にて研究の同意を得ている。また、研究倫理条項を遵守し、研究を進める。

4. 結果

1) 文献研究結果

　平成 19 年から平成 23 年に実施された保護観察処分を開始し、かつコアプログラムを修了した性犯罪者 3838 人のうち、3 分類の「その他」に該当する（下着窃盗、露出、窃視、児童買春等）のうち、性犯罪の再犯率（4 年経過時点）は以下のとおりであり、性犯罪プログラムの効果が認められることが分かっている。

　日本では平成 18 年にカナダとイギリスをモデルとした性犯罪再犯防止を目的とした「性犯罪者処遇プログラム」が矯正施設と保護観察所でスタートした．このことにより日本のパラフィリアに対する治療は大きく変化し、社会的にも認知されるようになった。

保護観察所における 性犯罪者処遇プログラム受講者の再犯等に関する分析　平成 24 年
表1　性犯罪加害者の再犯についての 4 年経過時点での推定再犯率（罪種別）

	人数	推定再犯率		χ^2 値
		受講群	非受講群	
強姦	1,264	9.50%	12.60%	1.18
強制わいせつ	1,531	16.70%	25.80%	5.23
その他	1,390	22.50%	35.00%	11.01

$*p<.05, ***p<.001$

2) 性犯罪における小児性愛研究文献

　車谷は、アスペルガー障害や広範性発達障害の少年（18 名）の非行事実は、放火や強制わいせつ罪が比較的多い[1]とし、発達障害者の少年犯罪の特徴は障害の特性にある自己意識の欠如に起因すると藤川は述べている[2-4]。また、斉藤[5]は ADHD の場合、年齢にともなって反抗挑発性障害、行為障害、反社会的人格障害へと変化していくとも述べられていると述べ、早期に治療できるような環境を整えていくことを重視している。

　④ ADHD と非行の関連性については、ほとんどの ADHD 児は行為障害にはならず、家族内の葛藤や凝集性の低さなどの問題を抱える ADHD 児が非行に至

●一般演題

ると指摘している[6-8]。

3) 事例研究

　①性犯罪加害者に対して、"社会内におけるプログラム参加と自身の変化"に関するインタビュー調査を行った。

　②対象者は、性犯罪行為を行った満期出所者、保護観察終了者及び不処分者であり、自主的に本プログラムに参加し、プログラム1クール（全12回）を終了した後に就労支援を受けている回復途上にある者1名。

　③対象には、事前にクリニック担当者より説明があり、事前に研究者と面談し、了承を得た後に面談を実施した。

　④面談は全部で8回実施し、1回の面談は40分前後とし、近況などにも触れながら進めた。

　⑤インタビューは答えたくない内容には答える必要はなく、それに伴って治療上の不利益を受けないことを説明を行った。

　⑥インタビュー結果は、研究以外には用いないことを説明し個人情報の保護に留意する事を説明した。

4) インタビュー結果

　生育暦は以下の語りが得られた。

表2　生育歴

1回目	2回目	3回目	4回目	5回目
両親と姉1人、弟1人の5人家族。父親はトラック運転手で、小さいころは虐待を受けていた。			小学校高学年からいじめを受けていた。中学校では、悪い奴らとつるんで、低学年の子をいじめていた	父親にはこの前会った。父親は、自分が小学校3年生の時に、母親と喧嘩をして家を出て行った。子供心にものすごくこわかったのを覚えている。父親とはそれっきりだった。
	小学校高学年にマスターベーションを覚える。当時は、行為時に母親に見てもらっていて自慰行為を行った。	母親の件は触れず	現在まで、刑務所に3回入った。母親は、もう帰ってくるなと言ったので、連絡はずっとしていなかったが、8回目に電話をかけたら泣いていた。ずっと迷惑をかけて悪かったなど思った	

発達障害と性犯罪および性非行についての検討〜事例とのインタビュー調査から〜

表3 家族構成

項目	項目	項目
小学校高学年にマスターベーションを覚える。当時は、行為時に母親に見てもらっていて自慰行為を行った。	母親の件は触れず	現在まで、刑務所に8回入った。母親は、もう帰ってくるなと言ったので、連絡はずっとしていなかったが、8回目に電話をかけたら泣いていた。ずっと迷惑をかけて悪かったなと思った
母親との関係はよく、大切な存在として認識していた。		母親は、自分がクリニックで就労支援を受けている段階になって、自宅で死亡しているのをホームヘルパーが発見した。死後数日たっていたので、すぐには会えなかった。その後1週間アパートに閉じこもった。もっと、親孝行をしてやりたかったと悔いた。
何度目かの刑務所出所の際に、母親に電話をかけたら、泣いていて、どうしてこんなに迷惑をかけたんだろうと後悔した。		
何回目かの刑務所出所後、数日した後に、独居生活をしていた母親が、単身のまま死亡した。生活保護を受けていて、ヘルパーさんは2～3日に一度しか訪問はしていなくて、数日後に発見されたときには、すでに腐敗が進んでいた。そのため、すぐには会うことがかなわなかった。		
母親が死んだ時に、なんで自分は母親に親孝行をできなかったんだろうと後悔し、1週間くらい食事も喉を通らず、死ぬことばかり考えていた。		
葬儀には、父親は来なかった。妹が北海道から来てくれて「にいちゃん、しっかりしてよ」とたしなめられた。子どもを持つと女は強くあるなあとうらやましかった。		
弟は、交通事故で脳挫傷で数日後に死んだ。そのときには、自分も若かったし、そんなもんかと思った。		

表4 性犯罪歴

3回目	4回目	5回目	6回目	7回目	8回目
中学の時に少年院に入った。詳細は語らず		前科8犯。小児性愛の対象は小学校から中学校低学年の少年	刑務所を出てから、性の対象だった男の子に会った。声をかけたら「俺は嫌だったんだ」と言われたときに、ああ、本当は嫌だったんだと思った		
子どもが好きなんだ		何故、子どもなんですかと問うと、しばらく考えて「<u>言うことを聞くからかな</u>」 何でだろうとしばらく考え込む。男の子なんだ、どうしてですかと問うと、わかんないんだけど、女はこわい	近所に子どもいっぱいいるし、いつも公園にいる幼児(6歳くらい)が気になる。<u>母親に虐待されていて背中に傷がいっぱい</u>。かわいそうだから、自分が育ててやっても良いと思うくらい。<u>自分の幼児期と重ね合わせてしまう</u>		近所には、親に構ってもらえない子どもが多い。自分の家に遊びに来る奴らも多い。担当医に厳しく言われているから「お前ら帰れと言うんだけど」

●一般演題

表5 将来への夢

	2回目	3回目	4回目	5回目	6回目	7回目
仕事 （就労支援）	就労支援で、保健科学で働いている。仕事内容は覚えたし自信を持っているんだ				最近、仕事先で、気になる女の子がいるんだ。少し知的に低いんだけどさ、すり寄ってくるんだよと話す。俺もいつかは家庭を持ってみたい	前回同様に、女の子の話をしきりにする。成人した女性にも興味あるんだと聞くと、まあねと話す
支援内容	生活保護、就労支援からの収入（生保と差し引きあり）、簡易宿泊所に居住しており、ここの寮長さんに信頼をおいている	自分は今は、仕事もできているし、もう1-2年頑張って資格を取って自立したい。アパートを借りて一人暮らしをしたいからまずはお金を貯める。				
自己の受け止め方	自分は頑張っている、周囲が認めない（主治医、担当者）	肯定的発言多い				

5）事例結果の要約

①N氏の語りからは、幼少期からの家庭内環境もあり、適切な発育支援を受けずに、少年犯罪に至った経緯が読み取れる

②発達障害があることで、社会相互交渉、言語とコミュニケーションの障害があり、想像力が乏しく非常にこだわりが強い。唯一、母親との関係性が良かったことが、他者への思いやりを持つことができていた所以であった。

③N氏は、自身が、幼少期から小児性愛の対象としてのサバイバーの経験を持っていた。体験された幼少期の性行為を自身の性的問題行動へとつながらせた要因と考えられた。

④現在は、様々な支援を受ける中で将来への希望を持ち自己像を描いている段階である。

5. 考察

1）性犯罪加害者はしばしば劣悪な環境で育っており、それによって不安やトラウマを抱え、感情の自己調整能力の発達を阻害されている。それらへの

対応は、自助グループのみならず、支援者の個別的な対応が必要な場合もある。
2) 発達障害を持つ子どもは、障害ゆえに虐待やいじめなどの被害を受けやすい。特に、発達障害のある子どもとない子どもにおける虐待遭遇率は、発達障害のある子で割合が高い。こうした被害体験が少年の情緒に問題を引き起こし、重大な加害行為へと向かわせる要因になる。
3) 性加害行為者への支援は、集団の中での心理教育、自己洞察だけでなく、個別的な関わりも重要である。

文献

1) 車谷隆宏:「アスペルガー障害の非行事例」『現代のエスプリ』至文堂,465:68-74.2006,
2) 藤川洋子他:「広汎性発達障害を伴う非行事例について―医務室技官との連携例の考察」『調研紀要』最高裁判所家庭裁判所調査官研修所,72:51-76.2001
3) 藤川洋子他:「性非行にみるアスペルガー障害―家庭裁判所調査官の立場から」『児童青年精神医学とその近接領域』43(3):280-289.2002
4) 藤川洋子:『発達障害と少年非行―司法面接の実際』金剛出版.2003
5) 齊藤万比古:「注意欠陥/多動性障害(ADHD)とその併存障害―人格発達上のリスク・ファクターとしてのADHD」『小児の精神、2000
6) 牧野智和:「少年犯罪報道に見る『不安』―『朝日新聞』報道を例にして」『教育社会学研究』東洋館出版社,78:129-146.2006
7) 野村俊明:「突発的に暴力犯罪を行なったアスペルガー障害と考えられる一例―少年非行と発達障害の関連について」,『犯罪学雑誌』日本犯罪学会,67:56-62.2001
8) 野村俊明他:「注意欠陥/多動性障害ADHDと行為障害―医療少年院の経験から」『犯罪心理学研究』39(2):29-36.2001

一般演題

消滅危惧集落の離島で生きる一人暮らし男性高齢者の孤立要因

藤川 君江 [1]　風間 みえ [1]　五十嵐 貴大 [1]

1) 日本医療科学大学

Ⅰ．はじめに

　我が国は超高齢社会となり、一人暮らし高齢者が増加傾向にある。特に一人暮らし男性高齢者が社会的に孤立しやすいことが報告されている [1]。

　筆者は 2009 年から過疎地域で一人暮らし男性高齢者の生活状況など心理社会面について聞き取り調査を行っている。本研究の調査地（以下 Q 島）は、1950 年代は人口が 3,000 人を超えており、遠洋漁業の基地として栄えた漁村であった。しかし、1970 年代から若者の島外への流出により人口の減少と高齢化が進行した。2017 年 3 月末の人口は 355 人、高齢化率 71.27％ である。人口減少と高齢化率の上昇は顕著であり、消滅が危惧される地域である。調査の途中の 2011 年に発生した東日本大震災では、沿岸周辺の家屋や漁船が流失するなど甚大な被害を受けた。漁業を仕事としている男性高齢者にとって、漁ができないことは精神的ダメージであり、島を去り子どもの家に移住した高齢者もいた。Q 島は一人暮らし女性高齢者または高齢の夫婦の世帯が多く、高齢であっても一人暮らし女性高齢者の家に行くと島中の噂になり居住継続が困難になることから女性との交流はほとんどなく、自宅でテレビを見て過ごしていることがほとんどである。2010 年には、【子どもや親戚との強い絆がある】や【他者に頼れない】[2] ことを報告した。Q 島では、年々人口が減少し、高齢化率の上昇が顕著であり、地域での交流がほとんどなく、孤立のリスクが高いことが懸念されている。

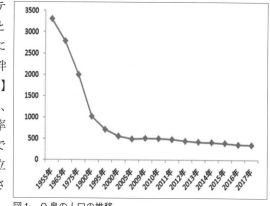

図1　Q島の人口の推移

消滅危惧集落の離島で生きる一人暮らし男性高齢者の孤立要因

　総務省によると、2006年〜2010年の間に93の集落が消滅し、特性として山間地が73.1%を占めること、高齢者割合が50%以上の集落は10,091存在すること[3]が報告されている。これらの地域に一人暮らし高齢者においては、様々な生活課題を抱えながら生活を継続していることが推測され、必要な支援策を検討することは喫緊の課題であると考えられる。

　本研究では、消滅が危惧される離島において一人暮らし男性高齢者を対象者とし、生活行動から孤立要因を検討し、最期まで地域で暮らし続けられるための支援の示唆を得ることを目的とする。

Ⅱ. 研究目的

　一人暮らし男性高齢者の生活行動から孤立要因を検討することを目的とする。

Ⅲ. 研究方法

1) 研究対象者：Q島で一人暮らしをしている75歳以上の元遠洋漁業の漁師男性5名とした。

表1　対象者の概要

対象者	年齢	配偶者	子の人数	子の居住地
A	90代	死別	1（死別・孫2）	島外
B	80代	死別	4	島外
C	70代	死別	1	島外
D	80代	施設入所	3	島外
E	80代	施設入所	2	島外

2) 調査期間：2016年10月

3) データの収集方法：研究参加に同意が得られた5名に半構成的面接法による聞き取り調査を行った。聞き取り調査を各対象者に1回実施した。調査項目

●一般演題

は、①1日の過ごし方、②近隣の他者との交流状況、③島外へ行く目的と頻度などとした。聞き取り調査時間は研究対象者が高齢であることを配慮して、各人50分以内とした。語られた内容は、対象者の同意を得てICレコーダーに録音した。なお、録音データは逐語録作成後に消去した。

4）データの分析方法

聞き取り調査により語られた内容を逐語録とし、分析前に言葉の確認を行い、①1日の過ごし方、②島外へ行く目的と頻度、③近隣とのつき合いなどについて語っている文章を抽出し、コード化した。

面接内容は、面接中の参加者の発言のみを取り出し、回答内容をデジタルデータ化した後、テキストマイニングを行った。回答のデータ解析には、計量テキスト分析システムKH Coder（Ver.2.00f）を用いた[4)5)]。デジタルデータ化した回答内容は、データのエラーの有無を確認した後、形態素に分解し処理を行った。また、テキスト化の過程では、文脈を十分に考慮し、「いま」「今」は「今」とし、類似語の置き換えを行い、表記揺れ吸収の処理を行った。分析は、回答内容の出現頻度を算出し、頻出語を用いて、語と語の結びつきを探るために階層的クラスター分析を行った。なお、階層的クラスター分析には、Ward法を採用した。各対象者の内容を精査し事例分析した上で、個別のケースから捉えた一人暮らし男性高齢者の生活課題を抽出した。なお、分析結果の記述については、質的研究の経験を持つ研究者2名に信頼性の確認への協力を依頼し、妥当性の確保に努めた。

5）倫理的配慮

対象者に口頭及び文書で研究の趣旨、個人情報の保護、参加の任意性の保障、守秘義務、匿名性など倫理的配慮について説明した。なお、本研究は浦和大学倫理審査委員会の承認（受付番号012）を得て実施した。

Ⅳ．結果

対象者の概要を表1に示す。全対象者の年齢は、70歳〜90歳代の範囲であった。一人暮らし男性高齢者の生活課題に関する聞き取りの内容を形態素に分解した結果、総出語数6,281、異なり語数1,062であった。出現数の頻出語は「行く」「言う」「人」「食べる」「買う」「作る」「思う」「妻」「家」「猫」の順に上位であった。

次に、頻出語（最小出現数6、最小文章数1）の語と語の結びつきを探るために、クラスター間の距離、併合水準を確認し、階層的クラスター分析を行った結果、5つのクラスターに分類された（図1）。

クラスター1は、「見る」「起きる」「テレビ」「寝る」の単語からなり、原文を確認すると、「昼間はテレビを見ているの、韓国ドラマああいうの好き」「テレビを見ているだけ」「日中はほとんどテレビ見て横になっている。横になってテレビ見たりしているのが多いようだな」などの内容がみられ、クラスター名を【テレビ中心の生活】とした。

クラスター2は、「野菜」「飲む」の単語からなり、原文を確認すると、「腹が減るから野菜ジュースや牛乳を飲んでいる」「昼はご飯食べたり、野菜ジュース飲んだりしている」などの内容がみられ、クラスター名を【ジュースで空腹を満たす】とした。

クラスター3は、「行う」「思う」「考える」「親戚」「死ぬ」「入る」「ボケ」「来る」「言う」「取る」「歩く」「行く」「買う」「入れる」「止める」「吸う」の単語からなり、原文を確認すると、「一人で2.7トンの船に乗って働いてたの、妻が病気になったので働いて金残したってしようがないと思うから辞めたの」「地域活動の役職もやっているこれからどうしようかなと思う」「今は島にいてもなあって、考えるときもあるしさⅠ市に行けば兄弟たちいるから姪も甥もみんないるから考えるときもある」「隣の家に人が住んでいないでしょう。そっちの人もいないでしょう。だからそういうことを考えると島には長く住んでは駄目だなと思っている」「親戚の家は誰もいないもの。みんな年寄りでね。隣の人なんかもいないのでほとんどどこにも行かないね」「親戚というのもないのね。本当の親戚はみんな死んでしまったの」「親戚が兄妹みたいに育った人たちがみんな女の人達だから恵まれているんだ」「女の人が集まるところには行きたくない」「一人で暮らしている歳を取った一人の男でボケがかってる人間の家に誰も遊びに来るわけでもないし、遊びに来る人もいないし、人がいないんだ」「不安なのは、転んだりボケたりが一番これは気をつけたってどうにもできないことだけどもできるならば転んだり、ボケたくないな」などの内容がみられ、クラスター名を【ここで暮らすことに迷いがある】とした。

クラスター4は、「作る」「ご飯」「食べる」の単語からなり、原文を確認すると、「最近面倒くさいから朝ゆっくり起きると昼は腹減らないから早目に食べる。そしたら2食で終わるときある」「面倒くさいとね、インスタントラーメンにお湯入れて食べる」「Ⅰ市に買い物に行ったときは孫たちと食堂でご飯食べる」「少し作れ

●一般演題

ば良いものをいっぱい作ってしまう。3日も4日も食べるようになるのさ」などの内容がみられ、クラスター名を【食事作るのは面倒になった】とした。

クラスター5は、「自分」「お金」「持つ」「働く」「辞める」「年金」「食う」の単語からなり、原文を確認すると、「私が働いていたときは食って余るくらいのお金を得ていたので良かった。今は年金生活だけどもね」「年金をもらい始めたときは20万円もらってたが、今は1年に200万円もらえないもの」「私の生活としては1週間に1回2週間に1回行くのは金掛かるけども私の年金は15万円ぐらいですかそれで十分やっていけるものね」などの内容がみられ、クラスター名を【年金でやりくり】とした。

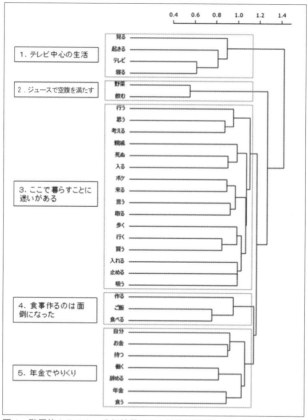

図1　階層的クラスター分析結果による形態素のデンドログラム

Ⅴ.考察

 本研究では、消滅危惧集落の離島で暮らす一人暮らし男性高齢者に聞き取り調査を行った結果、日々の生活における孤立要因として5つのクラスターに分類された。

 クラスター1の【テレビ中心の生活】については、自宅でテレビを見て一人で過ごすことが多かった。対象者は遠洋漁業の漁師として働いてきたこともあり、友人が多いわけではない。女性の親戚がいる人はお茶のみに誘われることもあれば、お茶のみに行く場所がある。高齢であっても女性と親しく会話をすると小さい島のため噂になり、島で生活しづらくなるだけではなく、女性にも迷惑がかかると考えていた。そのため、自宅でテレビを見て過ごしていることが多かった。男性高齢者は、女性と気軽に交流できないため、孤立するリスクが高くなると考える。

 クラスター2の【ジュースで空腹を満たす】クラスター4の【食事作るのは面倒になった】については、健康維持のためには食事で必要な栄養を摂取する必要がある。しかし、食事を作るのが面倒になったという発言からも食事面から健康管理の必要性の認識が低下していることが考えられる。武田ら[6]は、一人暮らし高齢者において、行動範囲、健康状態、食事づくりには相互の関連性があり、身体機能が衰えると行動範囲が狭くなり、食事作りが困難となることを報告している。また、早瀬ら[7]は、一人暮らし男性高齢者の食事内容は栄養学的にバランスを崩す傾向にあり、食事に対する自己評価および改善意欲が低いことを報告しており、食欲不振による健康面への影響を栄養面から捉えていく必要があると考えられる。一方、地域で高齢者が一人暮らしを継続するために、武山ら[8]は調理技術の習得の重要性を指摘しており、事例からも「料理の負担感」が抽出されたように、簡単にできる調理への支援の必要性についても検討することが重要であると考えられる。

 クラスター3の【ここで暮らすことに迷いがある】については、身近な存在の親戚がいなくなることで訪問する家がなくなり、高齢であることから子どもや兄弟・姉妹が住んでいる地域へ離島することを考えていた。男性高齢者にとって、島で暮らすことは、海とともに生きてきた自分の人生を振り返る機会であり、漁師アイデンティティを再確認していると考える。本当は島で暮らしたいと考える一方で、親戚が亡くなる事実は孤独感を強める要因であると考える。島で暮らす人の多くは女性であるため、親戚でなくても居られる場所作りを検討する必要が

●一般演題

あると考える。
　一人暮らし男性高齢者が女性高齢者と助けあって生活できる環境は、孤立を防ぎ地域で男性高齢者の役割を見出し、孤立を防止できることができることが示唆された。また、課題としては女性高齢者との関係性の構築であることが明らかになった。

Ⅵ．結論

　一人暮らし男性高齢者は、女性高齢者との交流がないため、孤立するリスクが高いこと、今後女性高齢者との関係性の構築が課題であることが明らかになった。

付記
　本研究は、学術研究費助成金基金助成金基盤研究（C）課題番号16K12223を受けて実施した。

引用・参考文献

1) 内閣府.平成29年版高齢社会白書.日経印刷株式会社2017：2-52
2) 藤川君江,渡辺俊之,小林定子.限界集落で暮らす一人暮らし男性高齢者の現状.日本精神科看護学会誌2010;53（3）：154-158
3) 総務省.「過疎地域等における集落の状況に関する現状把握調査結果の概要」.2011：1-27
4) 樋口耕一.KHCorder,　http：//khc.sourceforge.net/.
5) 樋口耕一.テキスト型データの計量的分析　―2つのアプローチの峻別と統合―.理論と方法2004;19（1）：101-115
6) 武田康代,小寺由美,熊沢昭子,他.ひとり暮らし高齢者の食生活の自立支援に関する要因の検討.名古屋女子大学紀要 家政・自然編2007;53：125-133
7) 早瀬須美子,山中克己,松下英二,他.都市における独居高齢者の健康意識と食生活の現状.日本健康・栄養システム学会誌2015;15（2）：33-40
8) 武山清子,鈴木道子.一人暮らし後期高齢者の食生活を支える諸要因.榮養學雑誌2013;71（3）：112-119

一般演題

精神科看護学分野の子ども虐待に関する文献レビュー

川下 貴士[1]　刀根 洋子[2]

1) 目白大学大学院　2) 和洋女子大学

Ⅰ．はじめに

　わが国において、子どもの虐待問題は深刻化している。厚生労働省の発表によると、全国の児童相談所で対応した児童虐待相談件数は、平成26年度で88931件であり、年々増加している[1]。これは児童虐待防止法が施工される前の平成11年度と比べると、7.6倍増加している。このように子どもの虐待は連日、テレビや新聞などマスメディアを通して、報道されるようになり、子ども虐待への対応は看護職においても喫緊の課題である。

　このような現状に日本看護協会は、「看護職による子どもの虐待予防と早期発見・支援に関する指針」を策定し、看護職が子ども虐待に取り組む意義について示唆している[2]。看護職の子ども虐待に関する先行研究では、周産期病棟に勤務する助産師や看護師などの母性看護学分野、小児病棟で勤務する看護師などの小児看護学分野、行政で勤務する保健師などの地域看護学分野が中心となって、研究が行われている。これらのことから、子ども虐待の研究は、子どもと接触する機会が多い分野が行っていることが考えられる。また、精神科看護学分野において、子ども虐待の研究があまり行われてこなかった要因としては、子どもと関わる機会が少ない分野であったためということが考えられる。

　しかし、近年、子どもの心の問題は深刻化しており、徐々に関心が高まってきている。精神科看護学分野においても、2002年に思春期精神科入院医療管理加算が診療報酬制度に新設され、子どもの心の問題を専門的に治療する病棟が精神科病院に設けられ、現在は専門病床数も徐々に増加している。このように子どもの心の問題が注目される中、虐待を受けた子どもたちの影響として、精神疾患との関連が示唆されている。虐待を受けた子どもの心が今後、どのような影響を及ぼすのか明らかになってきており、トラウマなどの外傷後ストレス障害（PTSD）や解離性障害などに罹患する可能性が高くなるといわれている。子ども虐待で精神科病院へ入院というケースは少ないとしても、入院となった子どもたちのバッ

クボーンには虐待が関連している可能性があると考えられる。そのため、入院する子どもたちの理解を深めるためには、精神科看護学分野においても子ども虐待への理解は必要であると考える。
　そこで、本研究では精神科看護学分野での子ども虐待に関する先行研究の動向を明らかにすることを目的とした。

Ⅱ．方法

　対象とする文献は、国内の日本語文献を対象に医学中央雑誌 Web 版（Ver.5）を用いた。キーワードは「精神科」「子ども虐待」「看護師」とし、収載誌発行年は指定せずに and 検索を行った。検索日は平成 29 年 4 月 3 日であり、その中から原著論文のみを選定した。

Ⅲ．結果

1）対象論文の年次推移
　得られた国内文献は 18 件であり、原著論文は 10 件、原著論文以外は 8 件の解説や会議録であった。原著論文 10 件の年次別では、2003 年が 1 件、2006 年が 1 件、2010 年が 2 件、2013 年が 2 件、2014 年が 1 件、2015 年が 1 件、2016 年が 2 件だった。

2）対象論文の概要
　対象の原著論文の研究手法は、事例研究が 9 件で、インタビュー調査が 1 件であった。研究対象者は虐待を受けた子どもを対象とした研究が 9 件、精神科病棟で勤務している看護師を対象とした研究が 1 件であった。研究者の所属は、精神科病院で勤務する看護師 9 件、看護大学で勤務する看護師 1 件であった。論文のテーマに関しては、全ての論文が虐待を受けた子どもに対する関わり方であった。

Ⅳ. 考察

　選定した論文を概観するとすべての論文が 2000 年以降に発表されていた。このことは、2000 年の児童虐待防止法の施行が影響していると考えられる。また、虐待通告が義務化されたことやマスメディアの影響が関心を高める要因となったと考えられる。また、子ども虐待に関する研究の年次別においても僅かであるが、増加してきている。このように、精神科看護学分野においても子ども虐待への関心が徐々に高まってきていることが推測される。

　本研究の対象となった論文 10 件は全て虐待を受けた子どもたちへの関わり方がテーマであった。また、事例研究が 9 件であったことから、臨床の現場では虐待を受けた子どもたちへの関わり方に困難感を示している看護師が多数、存在しているということが考えられる。実際に研究者の所属の多くが精神科病院で勤務する看護師であったことからもそのようなことがいえる。これらのことから、精神科看護学分野において、看護師の子ども虐待に関する知識が不足しているということが考えられる。虐待を受け入院する子どもたちは、不充分な養育環境のもとで育っている可能性が高く、養育者からの愛情を受けていないケースが多いと考える。精神疾患に罹患する場合もあるが、一方でスタッフや他の患者へ暴言や暴力などの問題行動を起こす可能性が高く、集団行動が困難となり、精神科病院へ入院するということも少なくない。実際に今回の対象となった論文の多くは、子どもたちの看護師への暴言・暴力やリストカットなどの自傷行為等に対する子どもたちが事例研究の対象となっていた。そのような子どもたちに対して、看護師は行動化を抑制することのみに終始するのではなく、行動化に至る心の機序を理解[3]することやくり返す自傷行為や困らせる行為は信頼感獲得に向けての行為であるととらえ非難などせずていねいに傷の対応を行い気持ちの確認[4]を行うなどの関わりを行っていた。このように、精神科看護学分野の子ども虐待に関する研究は、虐待を受けた子どもたちへの関わり方についての論文が主に発表されていた。2015 年以降の 3 件の論文は、認定看護師[5]や経験豊富な看護師[6]が関わった事例研究が 2 件発表されており、そのほか、フォレンジック看護[7]という新たな理論を加えて視点を変えて関わる研究が 1 件発表されていた。以上のことから、精神科看護学分野での子ども虐待に関する研究の動向として、近年は看護師としてのより専門的な知識が必要とされているということが考えられる。

　しかし、今後の課題として、精神科看護学分野での子ども虐待に関する研究は、ほかの看護学分野に比べ、充分に研究がされているとはいえない現状である。そ

●一般演題

のため、今後もさらなる研究が必要であり、子ども虐待を防止するために早期発見・支援のための知識を得ることが今後の課題であると考える。

Ⅴ. 結論

1. 精神科看護学分野における子ども虐待に関する研究は、2000年以降に発表されていた。
2. 精神科看護学分野における子ども虐待に関する研究は、事例研究を中心に行われていた。
3. 精神科看護学分野における子ども虐待に関する研究は、ほかの看護学分野に比べ、充分に研究がされているとはいえないのが現状であった。

引用・参考文献

1) 厚生労働省、児童虐待の現状.2014年: http://www.mhlw.go.jp/stf/seisakunitsuite/bunya/kodomo/kodomo_kosodate/dv/about.html（2017.4.7）.
2) 日本看護協会、看護職のための子どもの虐待予防&ケアハンドブック.日本看護協会出版社　2003年.
3) 鈴木砂由里、岸泉、福田大祐、心理的虐待を受けた患者の行動化に至る心の機序を理解するまで～虐待サバイバーの日記を手にして～.日本精神科看護学会誌　2006年:49巻;26-30
4) 利根川千晶、自傷行為をくり返す思春期患者への看護援助～信頼感の獲得により自傷行為が減少した1事例～.日本精神科看護学会誌　2010年:53巻2号;62-66
5) 出川義洋、要保護児童ケースへの関わり～遊びを通して患児の成長を促す取り組みの報告～.正光会医療研究介誌　2016年:13巻1号;7-11
6) 佐保今日子、児童精神科病棟に入院している警戒心の強い被虐待児と対人相互関係を結ぶ過程に行われている看護師の関わり.医療法人財団青溪会駒木野病院看護研究集録　2016年:2巻;31-39
7) 北條芙美、友田尋子、子ども虐待へのフォレンジック看護という視点.日本フォレンジック看護学会誌　2015年:1巻2号;78-84

一般演題

子どもへのマルトリートメント予防に向けた育児支援プログラムに関する文献検討

山﨑 道子 [1]　主濱 治子 [1]　柴田 文子 [1]

1）松蔭大学看護学部

【要旨】

　マルトリートメントという概念は、明らかな虐待とは言えないまでも、子どもへの不適切な関わり全般を視野に入れた概念であり、我が国の母子保健にとってマルトリートメント予防は、子どもの心身の健全な成長・発達を護るために急務である。そこで今回子どもへのマルトリートメント予防に向けた育児支援プログラムに関する文献検討を行った。

　「マルトリートメント」「育児支援プログラム」をキーワードとして、過去10年間の文献を検索し、32件の文献を対象に分析した。その結果、育児支援プログラム・ペアレンティングプログラムの実践評価に関する研究が13件中8件（61％）あり、2014年以降増加傾向がみられた。研究対象者は育児中の母親を対象とした研究が26件中7件（34％）で最も多いが、その他妊婦、父親、障害児を持つ親など、マルトリートメントの起きる背景や支援の対象が明らかにされ焦点化されてきていた。また、諸外国のペアレンティングプログラムを導入しての実践評価、携帯アプリケーションツールによる育児支援プログラムの開発など、プログラムの多様化が見られた。

【研究の背景と目的】

　児童相談所による児童虐待相談件数は、平成2年から24年間連続で増加の一途をたどっている。マルトリートメントという概念は、明らかな虐待とは言えないまでも、子どもへの不適切な関わり全般を視野に入れた概念であり、我が国の母子保健にとってマルトリートメント予防は、子どもの心身の健全な成長・発達を護るために急務である。

　誰にでも起きうるマルトリートメントをどのように予防し、母子のウェルネス

● 一般演題

を支援することが必要なのか、その一方策としての育児支援プログラムについて示唆を得ることを目的に文献検討を行った。

【方法】

文献研究

医中誌Web (Ver.5) で、「マルトリートメント」「育児支援プログラム」をキーワードとして、2007年から2016年までの過去10年間の文献を検索した。ヒットした文献のうち、会議録を除く原著論文、総説・解説32件を対象とした。

なおキーワード「マルトリートメント」でヒットした文献には「児童虐待」も含まれていたが、広義の同義語として分析した。また「育児支援プログラム」には「ペアレンティングプログラム」も含まれていたが合わせて分析した。

【結果】

1. 発行年別文献件数（表1、図2）

2016年は7件、2015年〜2007年は1年につき1〜4件、合計32件の文献が得られた。

2. 主な文献の内容

育児支援プログラム、ペアレンティングプログラムの実践報告が13件、文献研究が6件、調査研究が6件、実践報告が4件、総説・解説が3件であった。

3. 研究の対象者

1) 育児中の母親を対象とした研究が7件；総説・文献研究を除く26件中,34%)
（荒木ら,2016、奥山ら,2015、中山ら,2008、伊藤,2013、中垣,2012、前原ら,2007、唐ら,2007）であった。
2) 妊婦を対象とした研究が2件；8%（綾瀬ら.2015、磯山.2014）であった。
3) 発達障がい児の母親・家族を対象とした研究が4件；15%（涌水,2016、中山ら,2013、中山ら,2012;2件）であった。
4) 育児中の父親を対象とした研究が2件；8%(安成ら,2014、朴ら,2012)であった。

5) 孫育て中の祖父母を対象とした研究が2件;8%(石井ら,2011,2008)であった。

表1 発行年別件数と主な内容

発行年	件数	主な内容
2016年	7件	育児支援、ペアレンティングプログラムなどの実践評価（3件）、総説・解説（3件）、活動報告（1件）
2015年	4件	育児支援プログラム、ペアレンティングプログラムなどの実践評価（3件）、活動報告（1件）
2014年	3件	育児支援プログラム、ペアレンティングプログラム実践評価（2件）、文献研究（1件）
2013年	2件	育児支援プログラム開発の開発過程報告1件、育児支援プログラムの実践評価（1件）
2012年	4件	育児支援、マルトリートメントに関する調査研究（2件）、育児支援プログラムに関する文献研究（1件）、育児支援プログラムの実践評価（1件）
2011年	1件	孫育児支援活動の実践評価（1件）
2010年	2件	児童虐待関連用語・マルトリートメントに関する文献検討（2件）
2009年	1件	マルトリートメント対応システムの検討（1件）
2008年	4件	児童虐待防止に関する文献研究（1件）、育児支援に向けた調査研究（1件）孫育児プログラムの実践評価（1件）、育児支援活動報告（1件）
2007年	4件	家族支援プログラムの実践評価（1件）、育児支援に関する調査研究（2件）、マルトリートメントに関する調査研究（1件）

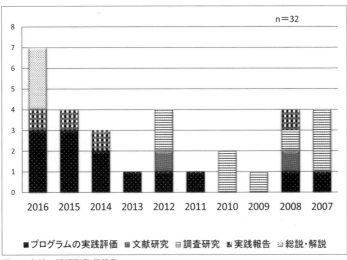

図1 文献の種類別発行件数

●一般演題

【考察】

1. 実践評価に関する研究の増加傾向
    1）2014 年から 2016 年にかけて育児支援プログラム・ペアレンティングプログラムの実践評価に関する研究が 8 件 /13 件中（61%）あり増加傾向がみられる。
    2）育児支援に向けた調査研究、文献研究は 2012 年以前に多く見られる。

    などの傾向があり、様々なペアレンティングプログラムが欧米から日本に導入され、それらの枠組みを使ったプログラム（プログラム名が明記されたものは 1 件：トリプル P）の実践が試みられていると考えられる。

2. 研究対象者の焦点化
    1）育児中の母親を対象とした研究は 7 件；総説・文献研究を除く 26 件中；34%（荒木ら ,2016、奥山ら ,2015、山中ら ,2008、伊藤 ,2013、中垣 ,2012、前原ら ,2007、唐ら ,2007）で最も多く、母親に対する育児に関する調査により支援の内容や方法を検討する研究、ペアレンティングプログラムの実践評価研究により、その効果や課題が示唆されている。
    2）妊婦を対象とした研究は 2 件；8%（綾瀬ら .2015、磯山 .2014）で、妊娠期から産後 0 ～ 4 か月の育児支援の必要性に着目した研究が行われてきている。
    3）発達障がい児の母親・家族を対象とした研究が 4 件（涌水 ,2016、中山ら ,2013、中山ら ,2012;2 件）あり、いわゆる子どもの「育てにくさ」を感じる母親・家族への育児支援につながっていることがうかがえる。
    4）育児中の父親を対象とした研究が 2 件（安成ら ,2014、朴ら ,2012）で、父親の育児の参加参加度や意識に難する調査研究が進められてきている。
    5）孫育て中の祖父母を対象とした研究が 2 件（石井ら ,2011,2008）あり、家族機能の強化や子育てネットワークに着目した支援につながりつつあることが示唆された。

    これらのことから、マルトリートメントまたは児童虐待の起きる背景が明らかにされ、支援の対象が焦点化されてきている。

3. プログラム（ツール）の多様化
    従来の育児支援プログラムの多くは子育てに関して学ぶ講座制が一般的であっ

たが、トリプルPを用いた発達障がいを持つ親へのプログラムを行った研究（涌水,2016）では、親のペアレンティングや精神状態や子育てへの認識、児の問題行動、家族のエンパワメント、の全アウトカムで有意な改善効果が見られており、親がペアレンティングの知識や技術を習得したことで、余裕をもって子育てに臨めるようになったこと、児や家族の良い反応、家族の関わりの変化があったと報告されている。

また、携帯アプリケーションツールによる育児支援プログラムの開発を試みる研究（伊藤,2013）もあり、対象のニーズに応じて支援プログラムが多様化しているといえる。

4. 地域のサポートシステム、妊娠期からの支援プログラムの重要性

堀口（2005）は、孤立する親へ頼れる人や場所づくり、家庭や地域を中心としたサポートシステム、また、妊娠期からのペアレンティングを子育て支援のニーズと捉え、一人ひとりの連続的な発達プロセスを支えるシステムの構築が急務であると述べている。

子育て中の母親が抱えるストレスや不安を妊娠中から予測し、対処能力を高めるためのペアレンティングプログラムの重要性が示唆された。

5. 今後の課題

地域レベルでの結婚から妊娠・出産を経て子育て期に至るまでの切れ目のない支援の強化を図っていくことは重要であり、そのような支援を求める声も高まってきていることから、厚生労働省では平成26年度に妊娠・出産包括支援モデル事業が実施されている。

地域の自治体や教育機関、NPO団体等によるプログラムの実践評価から得られる知見を参考に、母子のウェルネスを支えるニーズに応じた支援につなげていく必要がある。

【引用・参考文献】

1) 荒木奈緒,安藤由美子,梅本智子,他.出産病院で実施される産後1～3か月の母親を対象とした子育て支援活動の効果.母性衛生 2016;57（1）:183-189

2) 有村大士.日本における子どものマルトリートメント対応システムの検討と課題:北米における区分対応モデルとの比較から.日本子ども家庭総合研究所紀要 2009;45:417-424

●一般演題

3) 綾瀬なつ子,服部律子.助産師による妊娠期からの育児支援;岐阜県立看護大学紀要2015;15（1）:29-41
4) 朴志先,小山嘉紀,近藤理恵,他.日韓中における就学前児の父親の育児関連Daily Hasslesとマルトリートメントの関係.厚生の指標 2012;59（6）:13-21
5) 藤田美枝子,園田順一.子ども虐待防止のための家族支援の研究（1）.吉備国際大学 臨床心理相談研究所紀要 2008;5:77-87,
6) 磯山あけみ.第2子を迎え入れる母親に対する準備教育プログラム開発と評価.国際医療福祉大学大学審査学位論文　　2014
7) 石井邦子.乳児期にある孫を持つ祖父母に対する孫育児支援活動の実態と課題.母性衛生2011;52（2）:311-318
8) 石井邦子,井出成美,佐藤紀子.家族員の育児対処能力向上のための孫育児支援プログラムの有用性と課題.千葉看護学会誌 2008;14（1）:107-114
9) 伊藤奈津子.乳児期の母親に対する『携帯メール』を用いた育児支援プログラムの開発の試み（第1報）携帯アプリケーションの作成過程の報告.淑徳大学看護栄養学部紀要2013;5:89-97
10) 松山三鈴.救急外来に勤務する看護師のマルトリートメントに関する学習会前後での認識の変化.横浜市立病院看護部看護研究集録, 2016;19-24
11) 松本憲子,齋藤益子.我が国における「育児力」に関する文献検討.日本母子看護学雑誌, 2014;7（2）:47-55
12) 前原邦江,森恵美.千葉大学「家族支援室」における育児支援活動の実践報告2008千葉大学看護学部紀要, 2008;30:43-47
13) 前原邦江,大月恵理子,林ひろみ,他.乳児を持つ家族への育児支援プログラムの開発-出産後1～3か月の母子を対象とした家族支援プログラムの評価.千葉看護学学会誌2007;13（2）:10-18
14) 中垣明美,千葉朝子.母親役割獲得支援に向けた産後3～4か月の母親の現在と妊娠中の思いおよび希望する支援の検討.母性衛生 2012;53（1）:125-133
15) 中山かおり,佐々木明子,田沼寮子,他.就学前の発達障害の特徴をもつ子どもの保護者のための個別育児支援プログラムの効果.日本地域看護学会誌 2013;5（3）:41-50
16) 中山かおり,佐々木明子,田沼寮子.就学前の発達障害をもつ子どもの親を対象とした育児支援プログラム.日本地域看護学会誌 2012;5（1）:45-51
17) 中山かおり.就学前の発達障害の特徴を持つ子どもの保護者のための個別育児支援プログラムのアウトカム評価.お茶の水看護学雑誌, 2012;6（1）,54-69
18) 大野真実,澤田いずみ,今野美紀,他.幼児をもつ親を対象としたペアレンティングプログラムにおける開催方法の検討-育児態度とストレスへの効果に着目して.札幌保健科学雑誌 2015;4:33-40
19) 岡本光代,山田和子.子ども虐待を含む虐待周辺用語の定義に関する文献検討.和歌山県立医科大学保

健看護学部紀要 2010;6:1-7
20）岡光素子.米国サンディエゴにおける早産・低出生体重児の退院後の育児支援プログラムと看護職の役割について.Neonatal Care 2007;20（9）:943-947
21）奥村ゆかり,渡邊聡美,勝田真由美,他.妊娠期から育児期までの母親に対する育児支援プログラムによるストレスへの効果.日本赤十字広島看護大学紀要 2015;15:51-58
22）奥山真紀子.妊娠期からの虐待予防に関する研究.児童虐待などの子どもの被害、及び子どもの問題行動の予防・介入・ケアに関する研究、分担研究報告書 2007
23）笹尾明美,山本八千代,前田尚美,他.北海道科学大学が提供する地域子育て支援活動 北海道科学大学研究紀要 2016;41:213-216
24）榊原秀也.【女性医師のキャリア教育】横浜市立大学附属病院での取り組み事例-多様な価値観をもつ職場文化の形成.医学教育, 2015;46（3）:242-245
25）友田明美.不適切な養育と子どもの依存.日本小児禁煙研究会雑誌2016;6（2）:3-9
26）友田明美.子供虐待とケア.被虐待者の脳科学研究-児童青年精神医学とその近接領域, 2016;57（5）:719-729
27）友田明美.小児の虐待-脳科学的な解析から.小児科臨床 2016;69（10）,1613-1622
28）唐軼斐,矢嶋裕樹,中嶋和夫.母親の育児関連Daily Hasslesと児に対するマルトリートメントの関連.厚生の指標, 2007;54（4）:13-20
29）上野喜子,金城八津子,植村直子,他.アメリカ合衆国のサブスタンス・アビューズ チャイルド・マルトリートメント問題の文献検討による研究動向と背景.滋賀医科大学看護学ジャーナル2010;8（1）:18-21
30）涌水理恵.ペアレンティングプログラムが発達障がい外来に通院中の児・親・家族に与えた効果についての定量的/定性的考察 家族看護学研究 2016;21（2）:158-170
31）安成智子,神崎初美.育児支援プログラムに参加した父親の育児ストレス低下の特徴について.宇部フロンティア大学看護学ジャーナル 2014;7（1）:9-13
32）山本理絵,神田直子.家庭の経済的ゆとり感と育児不安・育児困難との関連 - 幼児の母親への質問紙調査の分析より.小児保健研究, 2008;67（1）:63-71

一般演題

乳幼児を子育て中の女性が認識する夫についての悩み
~育児支援プログラムNobody's Perfectで語られた内容より~

主濱 治子[1]　柴田 文子[1]　山崎 道子[1]

1) 松蔭大学看護学部

要約:本研究は、乳幼児の母親が父親である夫に抱く認識を明らかにすることで、子育て中の夫婦への支援プログラム開発の基礎的データとすることを目的に実施した。乳幼児の母親が、子育て支援プログラムで記述・語られた夫に対する内容を質的帰納的に分析し、【何もしない夫と子どもの二人の育児にイライラ】【妻の期待に添わない夫の育児参加】【夫と親として共感したい気持ち】【夫の世話がナオザリになる罪悪感】【何でも世話をやく義父母の子育ての結果が何もしない夫】の5つのカテゴリが抽出され、何もしない夫と子どもの世話や、夫の陰に何でも世話をやく義父母を感じ、不満を募らせていた。さらに、夫と親として共感したい気持ちを持ちながらもマイルールにあわない夫の家事・育児に、負担を感じていた。また、古典的性別役割意識からくる罪悪感をいだいていた。これらのことを踏まえながら子育て中の夫婦やその親に対する支援の必要性が、示唆された。

Ⅰ．緒言

　厚生労働省(2017)の平成29年我が国の人口動態によると、我が国の婚姻率(人口千対)は5.1で前年と同率となっており、婚姻件数は63万5096組で、前年の64万3749組より8653組減少し、年々減少傾向にあるといわれている。それに対し、離婚件数は22万6198組で、前年の22万2107組より4091組増加し、離婚率（人口千対）は1.80で、前年の1.77より上昇している。また、厚生労働省（2012）の全国母子世帯調査によると、母子世帯の離婚時の末子の平均年齢をみると、4.5歳で、父子世帯の末子の平均年齢は、6.0歳となっている。いずれも夫婦が協力して子育てに取り組まなくてはならない時期に、離婚が増加していることがうかがえる。

　加藤（2000）は、子どもといると「イライラすることが多い」と答え「虐待したことがあるかもしれない」答えた母親が年々増加していると述べている。全

国の児童相談所での児童虐待相談対処件数は、平成24年度で6万6千件を超え、増加の一途をたどっている現状にある。また、平成24年度に厚生労働省が把握した虐待により死亡した子どもの事例の年齢別統計によると、3歳までに死亡した子どもの割合が全体の8割を超えており、虐待死の主たる加害者が実母である割合が、約6割を占めていることは、母子保健上の大きな課題であると考えられている。母親の不安・ストレスを抱えながらの育児やそれを支える父親への支援は、見過ごすことができない状況になっている。

そこで、私たちは、平成27年よりA市において乳幼児を育てている女性(母親)を対象に、Nobody's Perfect (NP) と呼ばれている乳幼児の親支援プログラムを実施している。その中で記述や語られたことを分析し、親支援プログラムを発展させ、子育て中の夫婦が協力して育児に取り組めるように支援するために、本研究に取り組んだ。

【目的】乳幼児を子育て中の女性が、父親である夫に対しどのような認識を持っているのかを明らかにすることで、子育て中の夫婦への支援プログラム開発の基礎的データとする。

Ⅱ. 研究方法

 1. 研究デザイン 質的帰納的研究
 2. 対象と方法・期間
【研究協力者】
子育て支援プログラムに参加した乳幼児の子育て中の女性(母親)21名。
【方法】
 A市において乳幼児を育てている女性への子育て支援プログラム(週1回、全6回)を3クール実施し、その中で記述や語られた悩みの中から夫に対する内容を、意味ある文節に「コード」化し、さらに抽象度をあげ＜サブカテゴリ＞【カテゴリ】に分類し、分析した。
【期間】平成28年5月10日〜平成29年6月16日
【倫理的配慮】
 子育て支援プログラムに参加した女性に、研究目的と本研究に参加の有無により個人及びその家族等の関係者に不利益を蒙ることはなく、また、記述や語られた内容は、個人が特定されないように分析し匿名性が保たれることについて説明

●一般演題

し、同意を得た。本研究は、松蔭大学研究倫理委員会の承認（平成27年承認番号9）を得た。

【用語の紹介・定義】

　NPプログラムの紹介：0〜5歳の子どもを育てている母親が対象で、毎週1回2時間のセッションを全6回、2名のファシリテーターのもとに、参加者が知っていることや自分や子どものために行っていることを土台として話し合い、相互にアドバイスやサポートする関係を築けるよう支援するプログラムである。

　母親：乳幼児の子育て中の女性

　夫：乳幼児の子育て中の女性と婚姻関係にある乳幼児の父親

Ⅲ. 結果 （表1）

　研究協力者21名の年代は、30代18名、40代3名。初産婦19名、経産婦2名であった。子どもの年齢は、0歳〜2歳であった。子育てについて語られた内容から107の悩みが得られ、その中で、父親である夫についての記述や語られた27の悩みを、分析の対象とした。その結果、30のコードから10のサブカテゴリが抽出され、5つのカテゴリが抽出された。コードを「　」、サブカテゴリを＜　＞、カテゴリを【　】内に、記述する。

　＜夫の世話に積もるイライラ＞　＜自分のことに夢中で、育児に協力しない夫にイライラ＞のサブカテゴリから【何もしない夫と子どもの二人の育児にイライラ】のカテゴリが、＜妻の期待通りにならない夫の家事や育児に積もるイライラ＞　＜夫の都合に合わせた育児参加で、子どもに負担＞のサブカテゴリから【妻の期待に添わない夫の育児参加】のカテゴリが、＜二度とないかわいい今に、夫の子育て参加希望＞　＜夫は子どもより、自分が大事＞　＜子どもと楽しく遊んで、親として夫と共感したい＞のサブカテゴリから【夫と親として共感したい気持ち】のカテゴリが、＜育児の忙しさに追われ夫の世話がオザナリになることへの罪悪感＞のサブカテゴリから【夫の世話がナオザリになる罪悪感】のカテゴリが、＜何もしない夫は、何でも細かく世話をやく義母の子育ての結果＞　＜夫を通して見える義理の両親＞のサブカテゴリから【何でも世話をやく義父母の子育ての結果が何もしない夫】のカテゴリが抽出された。

乳幼児を子育て中の女性が認識する夫についての悩み

表1 乳幼児を子育て中の女性の夫への悩み

カテゴリ	サブカテゴリ	代表的なコード
何もしない夫と子どもの二人の育児にイライラ	夫の世話に積もるイライラ	夫の朝夕の食事作りが負担で、作るのやめたい
	自分のことに夢中で、育児に協力しない夫にイライラ	夫と子どもの二人の育児にイライラする
		子どもが泣いていても「泣いてるよ」というだけで、自分のことをしている夫
妻の期待にそぐわない夫の育児参加	妻の期待通りにならない夫の家事や育児に積もるイライラ	（夫が）上の子をあやしてもらうのは良いけど、その間に私が全ての家事を行わなくてはならない。本人は育児参加してるつもり
		（私の）マイルールが夫にはわからないので、希望通りにならない夫の家事
	夫の都合に合わせた育児参加で、子どもに負担	帰宅の遅い夫の都合に合わせた育児参加で、寝てる子どもを起こして入浴
何もしない夫は、何でも世話をやく義母の子育ての結果	何もしない夫は、何でも細かく世話をやく義母の子育ての結果	大きくなっても細かいことから何でも夫の世話をしてきた義母の子育ての結果が、今の何もしない何もできない夫
	夫を通して見える義理の両親	夫から義理の両親（夫の親）に言ってほしいのに、夫は義理の両親の話になると、何も言わなくなる
夫と親として共感したい気持ち	二度とないかわいい今に、夫の子育て参加希望	子どもは成長するので二度とないかわいい今に、夫に子育てに参加して欲しい
	夫は子どもより、自分が大事	旦那は、子どもが内心可愛くないようだ。どうしたらよいか
	子どもと楽しく遊んで、親として夫と共感したい	子どもと遊んで欲しい。親として夫と共感したい
夫の世話がオザナリになる罪悪感	育児の忙しさに追われ夫の世話がナオザリになることへの罪悪感	悪いと思うけど、子どもの世話で手一杯。自分のことは自分でしてと思う
		子どもの育児で一日が終わり、夫の世話がナオザリになってしまう。罪悪感を感じる時がある

●一般演題

Ⅳ．考察

　中澤ら（2003）は「出産後に妻の方が夫婦の関係性が悪化したととらえるものが多く、半数にのぼっている」と報告している。また、田中（2010）も「0か月よりも生後6か月には、夫から見た夫婦関係満足度ならびに妻から見た夫婦関係満足度が有為に低下している」とし、その原因として夫の家事・育児行動の減少をあげている。本研究においても「子どもが泣いていても『泣いてるよ』というだけで、自分のことをしている夫。」「夫の朝夕の食事作りが負担で、作るのやめたい」と思い【何もしない夫と子どもの二人の育児にイライラ】して、家事・育児に追われ夫への不満をつのらせている母親の姿が浮かんでくる。田中（2010）は、褥婦が夫の協力を得ることや夫が妻や子どもと過ごす時間の確保の重要性を述べている。子育て期における母親の不安感を解消していくためにも、夫婦双方へ家族としての成長を支援する必要性が示唆された。

　しかし、夫の家事・育児があっても「(私の)マイルールが夫にはわからないので、希望通りにならない夫の家事」「帰宅の遅い夫の都合に合わせた育児参加で、寝てる子どもを起こして入浴」など、【妻の期待に添わない夫の育児参加】により、意に添わない夫の育児行動に、さらに不満や負担感を増している様子も見られた。また、「子どもは成長するので二度とないかわいい今に、夫に子育てに参加して欲しい。」「子どもと遊んで欲しい。親として夫と共感したい。」など、夫が育児に関わって欲しいと望む気持ちに【夫と親として共感したい気持ち】があり、夫と共に親として育児の楽しさを共感したい気持ちを持ちつつもそれを夫に伝え切れていない母親たちの思いが感じられた。NPプログラムで母親たちが話し合っていく過程で、「言わないとわからない夫」から「言わないと伝わらない自分の気持ち」へと、母親の気持ちに変化がみとめられた。このような気持ちを支えることで、夫婦のコミュニケーションがとれ、夫婦が協働して育児・家事を行いお互いの夫婦満足度をあげることによりお互いに愛情を深めていくことができるような支援が必要であろう。

　さらに、夫が何もしないのは「大きくなっても細かいことから何でも夫の世話をしてきた義母の子育ての結果が、今の何もしない何もできない夫」のように、夫の行動の陰に見え隠れする義父母の育児を投影し【何でも世話をやく義父母の子育ての結果が何もしない夫】に、夫とその親への不満を募らせていく状況もあると考えられる。子育て中の夫婦を中心としてそれを支える祖父母へも支援の必要性が示唆された。

「子どもの育児で一日が終わり、夫の世話がナオザリになってしまう。罪悪感を感じる時がある。」「悪いと思うけど、子どもの世話で手一杯。自分のことは自分でしてと思う。」のように【夫の世話がナオザリになる罪悪感】は、男は仕事・女は夫の世話（家事）や育児のような古典的性役割意識からくる罪悪感が、母親の悩みの一因となっていることがうかがえた。

Ⅴ．結論

1. 乳幼児を育てている女性は、夫と親として共感したい気持ちを持っていた。
2. 何もしない夫と子どもの二人の世話や、何もしない夫の陰に何でも世話をやく義父母を感じ、不満や不安を募らせていた。
3. 夫が家事や育児を行っても夫の都合に合わせたり母親のマイルールにあっていない場合は、負担感や不満を感じていた。
4. 育児に追われ夫の世話がナオザリになる罪悪感のように、古典的性別役割意識からくる罪悪感をいだいていた。

【本研究の限界】

　本研究は、6〜9名の母親がテーマに沿い自由に記述し語り合う方式であり匿名性を尊守し氏名の記述等行わなかった。そのため、明らかに経産婦の発言として分類できるものは2コードのみであった。また、研究協力者は、NPプログラムのために公募で集まったグループである。そのため性生活等プライバシーに関することは、話題にされていない。今後はさらに子育て期の夫婦の思いについて研究を深めていきたい。（謝辞：本研究にご協力いただきました研究参加者の皆様に、深く感謝いたします。）

　本論文内容に関する利益相反事項はない。

【引用・参考文献】

1) 福岡明日香、1歳半の子どもをもつ家族の
父‐母‐子三者相互作用の検討─母親および父親の抑うつの観点から─．名古屋大学博士論文　2014:1-108.

2) 厚生労働省（2017）：平成29年我が国の人口動態
file:///C:/Users/syhmh/AppData/Local/Microsoft/Windows/INetCache/IE/CEVVF5QQ/81-

●一般演題

1a2.pdf

3) 厚生労働省（2012）:平成23年度全国母子世帯等調査結果報告
file:///C:/Users/syhmh/AppData/Local/Microsoft/Windows/INetCache/IE/ZWBTCS43/2r9852000002j6rz.pdf

4) 厚生労働省（2004）:児童虐待死亡事例の検証と今後の虐待防止対策について
http://www.mhlw.go.jp/bunya/kodomo/dv-01.html

5) 中島英貴、夫婦の愛情表現行動と夫婦関係満足度との関連性.名古屋大学大学院教育発達科学研究科紀要　2004:51;317-318.

6) 中澤智惠　倉持清美　田村毅ら、出産・子育て体験が親の成長と夫婦関係に与える影響（4）-第一子出生後の夫婦関係の変化と子育て-.東京学芸大学紀　2003:55;111-122.

7) 田中恵子、父親の育児家事行動・夫婦関係満足度の変化と母親の育児ストレスとの関連性人間.奈良女子大学文化研究科年報　2010:25;215-224.

一般演題

母親の育児不安に関する国内文献の動向
—文献タイトルのテキストマイニング分析—

境 美砂子[1]　一ノ山 隆司[1]　村上 満[2]　岩城敏之[3]

1）金城大学看護学部　2）富山国際大学子ども育成学部　3）厚生連滑川病院

Ⅰ．はじめに

　わが国では、1960年代より育児環境の変化が取り上げられ始め、1970年代後半には、「育児不安」の問題が顕在化し社会問題として注目され始めた[1]。育児不安に関する定義は様々あるが、例えば牧野[2]は育児不安を「子どもの現状や将来、或いは育児のやり方や結果に対する漠然とした恐れを含む情緒の状態また無力感や疲労感、あるいは育児意欲の低下などの生理現象をともなってある期間持続している情緒の状態、或いは態度を意味する」と定義している。また、大日向[3]は「子どもの成長発達の状態に悩みを持ったり、自分自身の子育てについて迷いを感じたりして、結果的に子育てに適切にかかわれないほどに強い不安を抱いている状態」と定義している。

　育児不安が問題となった社会的背景として、戦後政府が実施した産児制限や高度経済成長に伴う社会構造の変化により、核家族化や少子化、コミュニティの希薄化、女性の社会進出が進んだことなどが考えられる。核家族化により、妻が夫からの適切なサポートを受けられない中で、妻が母親として子育てを担うこととなった。さらに、コミュニティの希薄化により母親は育児に関する悩みを相談出来ず、孤立した中で育児を行っていることが問題となった。また、仕事と育児を両立している母親は、仕事と育児の両方に時間とエネルギーを費やし主体的に関わりたいと考えても、両者に自分が望むほど十分な時間とエネルギーを注ぐことは困難であるという二律背反性の問題が生じやすく、心理的な葛藤や心苦しさを体験している[4]。また、わが国には「3歳までは家庭で子どもを育てるべき」という3歳児神話の風潮があり、2013年の全国家庭動向調査でも、「子どもが3歳くらいまでは、母親は仕事を持たず育児に専念した方がよい」の項目に賛成している割合は77.3%と高く、常勤の女性であっても55.9%がそのような考えを持っており[5]、母親偏重の育児観が反映している。

　一方、わが国の出生数は年々減少しており、2016年の出生数は976,978人で

●一般演題

ある。その中に占める2015年の低出生体重児（2500g未満）の出生率は男児が8.4%、女児が10.2%であった[6]。近年、不妊治療の普及と周産期医療の進歩により、超低出生体重児や合併症を持つ児も究明が可能となった。低出生体重児の母親の心理過程として、思い描いていた出産と異なる状況に直面し、衝撃と混乱の中で、子どもに少しずつ接することで愛着を育んでいくとされる[7]一方で、退院後間もない時期の育児困難感が強く[8]、その後も将来の成長や健康について不安を抱いていることが示されている[9]。

以上のことから、現在に至るまで「育児不安」に関する研究は様々行われており、子育て支援も国を挙げて実施しているにも関わらず、虐待による子どもの死亡事例が増加の一途を辿っており、社会問題となっている。

Ⅱ. 研究目的

本研究はKHコーダーを用いたテキストマイニング分析により、母親の育児不安に関する国内文献の動向を把握し、看護の視点から母親の育児不安の全体像、構造を明らかにすることを目的とする。

Ⅲ. 研究方法

医学中央雑誌Web Ver.5（2017.4）を用い、「育児不安」と「看護」を検索語として投入し、ヒットした原著論文・総説・会議録のタイトルを抽出した。1997年から2016年までの20年間分の育児不安に関連するタイトルの登録数は382件あり、そのうち父親、看護学生対象の研究を除外した349件を分析対象とした。抽出したタイトルをデータとして、KHコーダー（Ver.2.00.f）を用いてテキストマイニング分析（単語頻度分析、共起ネットワーク分析、階層クラスター分析）を実施した。

Ⅳ. 結果

1997年から2016年までを対象とした文献タイトルの単語頻度分析結果から、

形態素は 3,529 語得られた。頻出語は「育児(363)」「母親(215)」「不安(250)」「支援(74)」「検討(61)」「産後(60)」の順であった。また、サ変名詞の頻出語は「育児(363)」「支援(74)」「検討(61)」「関連(53)」「調査(50)」「退院(47)」の順であった。

共起ネットワーク分析は、出現パターンの類似した語、すなわち共起の程度が強い語を線で結び、出現数が多いほど大きな円で描画している。図の色は中心性(固有ベクトル)という手法で色づけを行い、それぞれの単語がネットワーク構造の中でどの程度中心的な役割を果たしているかを示し、色の濃い順に中心性が高いことを示している。その結果、中心性の高い形態素は「退院」「育児」「関連」「要因」「影響」で、共起関係が強い語は、「出生」と「体重」、「NICU」と「入院」であった。また「訪問」「電話」「相談」「母乳」「外来」など具体的な支援方法を示す語が抽出された(図1)。

階層クラスター分析では、異なる単語集団の中から、類似している単語を集めてクラスターを作る。クラスター間の距離測定方法は Ward 法で行い、値が小さいほどそれぞれの単語の類似性があることを示す Jaccard 係数で距離を示した。その結果、5つのクラスターに分類され、育児と不安、入院と NICU、体重と出生の結びつきが強いことが明らかになった(図2)。以上の結果より①母親の育

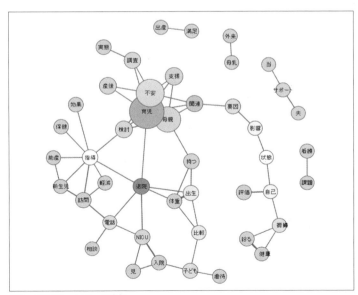

図1　共起ネットワーク分析

●一般演題

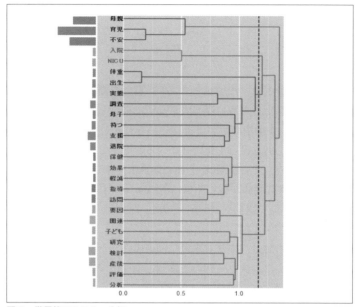

図2　階層的クラスター分析

児不安に対する関連要因や影響、困難さなどを調査し明らかにしている研究が多いこと、②退院支援の具体的な指導方法や、③訪問指導などの取り組みが多く実施されていること、④研究対象は、NICU に入院となった児、特に低出生体重児の母親であることが明らかになった。

V．考察

本研究は、母親の育児不安に関する国内文献の動向を把握し、看護の視点から母親の育児不安の全体像、構造を明らかにすることを目的として実施した。その結果、単語頻度解析より、「産後」の「母親」を対象とした「育児」「不安」に対する「支援」を「検討」した研究や、「育児」「不安」の「関連」「要因」を「検討」した研究が多いことが示唆される。また、共起ネットワーク分析では、共起関係の強い語として「NICU」と「入院」が抽出されたこと、また、階層性クラスター分析においても「NICU」と「入院」の結びつきが強いことから、研究対象となる「産後」の「母親」とは、NICU に入院している子どもを持つ母親であ

ることが示唆される。NICU に入院した子どもとその親は、集中治療の必要性から、出生直後に母子分離が余儀なくされる。母子分離は親子関係、愛着形成や子どもの成長発達阻害の要因となりえるため、NICU では子どもの救命のみならず、発達促進支援、早期の親子接触をはかるとともに、家族もチーム医療の一員として子どものケアや意思決定への参加を積極的に推奨する家族中心のケア(Family-Centered Care) を実践している[10]。

母親は退院前に子どもの観察方法や育児技術などを退院指導の一環として NICU 看護師とともに学ぶ。しかし、入院中には愛着形成や育児技術などに問題ないと判断された母親も、専門家のもとを離れ、母親自身の判断で育児していくことに不安や心配を抱くことが多い[11]。また、子どもの虐待に至るおそれのある3つの要因（リスク要因）の1つに「子ども側のリスク要因」があり、具体的には乳幼児の子ども・未熟児・障害児・何らかの育てにくさを持っている子どもが挙げられている[12]。このことから、NICU に入院する子どもは虐待のハイリスク因子を持つと考えられる。また、わが国では、0歳児の心中以外の虐待事例の死亡人数全体における割合は 44.4% を占めている[13]。これらの背景より、NICU 看護では虐待予防の観点から育児不安に対する支援が重要と捉え、現在も様々な研究が行われている。

共起ネットワーク分析では、「電話」「相談」「訪問」など、退院指導の具体的な方法に関する語が抽出されており、NICU 看護師は退院支援の実践能力の向上を課題として研究に取り組んでいることが考えられる。NICU 看護師が多く所属する日本新生児看護学会でも、退院支援コーディネーターの養成や、退院支援パスの作成を通して、退院に向けた育児支援のボトムアップをはかり、育児不安を未然に防ぐための取り組みがなされている。

Ⅵ. 結論

母親の育児不安に関する国内文献の動向を把握し、母親の育児不安の全体像、構造を明らかにすることを目的にテキストマイニング分析を実施した結果、①産後の母親の育児不安に対する関連要因や影響、困難さなどを調査し明らかにしている研究が多いこと、②退院支援の具体的な指導方法や、③訪問指導などの取り組みが多く実施されていること、④研究対象は、NICU に入院となった児、特に低出生体重児の母親であることが明らかになった。

●一般演題

文献

1) 上野恵子,穴田和子,浅生 慶子,他、文献の動向から見た育児不安の時代的変遷.西南女学院紀要 2010:14;185-196.
2) 牧野カツコ、乳幼児をもつ母親の生活と<育児不安>. 家庭教育研究所紀要 1982:3;34-56.
3) 大日向雅美、育児不安とは何か その定義と背景 発達心理学の立場から.こころの科学 2002:103;1045.
4) 岡本祐子・松下美知子（編）、新女性のためのライフサイクル心理学.福村出版2002:10-29.
5) 国立社会保障・人口問題研究所、第5回家庭動向調査.2010.
http://www.ipss.go.jp/ps-katei/j/NSFJ5/Mhoukoku/Mhoukoku.pdf【2017.10.10参照】
6) 厚生労働統計協会、国民衛生の動向2017/2018.2017:64（9）;60-62.
7) 森島知子他、早期産で低出生体重児を出産した母親の出産体験に関する検証研究.Kitakanto Med. J 2011:61（1）;15-23.
8) 茂本咲子,奈良間美保、早産で出生した乳児の母親の育児困難感の特徴と関連要因―正期産児の母親との比較より.日本小児看護会誌 2011:20（3）;28-35.
9) 石野晶子,松田博雄,加藤英世、極低出生体重児の保護者の育児不安と育児支援体制.小児保健研究 2006:65（5）;675-683.
10) 浅井宏美・森明子、NICUの看護師が認識する家族中心のケア（Family-Centered Care）の利点および促進・阻害要因.日本看護科学学会誌 2015:35;155-165.
11) 宮崎たつ子、NICU入院を経験した患児をもつ両親への意識調査（第2報）-親の心理的特性-.母性衛生 2000:44（1）;127-133.
12) 厚生労働省、子ども虐待の手引き 平成25年8月改訂.2013.http://www.mhlw.go.jp/seisakunitsuite/bunya/kodomo/kodomo_kosodate/dv/dl/120502_11.pdf [2017.10.10参照]
13) 厚生労働省、子ども虐待による死亡事例等の検証結果等について 社会保障審議会児童部会児童虐待等要保護事例の検証に関する専門委員会 第11次報告.2016.http://www.mhlw.go.jp/file/06-Seisakujouhou-11900000-Koyoukintoujidoukateikyoku/0000099959.pdf [2017.10.10参照]

一般演題

性別違和に関連する文献タイトルの分析からみる国内文献の動向

一ノ山 隆司 [1]　境 美砂子 [1]　村上 満 [2]　岩城 敏之 [3]

1）金城大学看護学部　2）富山国際大学子ども育成学部　3）厚生連滑川病院

Ⅰ．はじめに

　これまで性・性意識に関わる発達研究は、女と男という「性別二元性（sexual dichotomy）」を基礎におき、生物学的性（セックス：sex）、社会・文化・心理的性（ジェンダー：gender）、性的指向性（セクシュアリティ：sexuality）の3つの主要概念（用語）を区別しながら発展してきた。現在、これら3つの概念（用語）の関係と相互作用のメカニズムを解明することが中心的な研究課題のひとつとなっているが、最近では、sex, gender, sexuality いずれにおいても、性別二元性に関する科学的事実の存否が問われ始めている。

　LGBTQ（lesbian, gay, bisexual, transsexual, questioning）と称され、同性愛に代表されるセクシュアリティに特異性をもつ人々、性同一性障害（gender identity disorder; GID）などの特徴をもつ人々の存在が、性別二元性の絶対視に対して根本的な疑問を突きつけている状況である。これを契機として、多様性をもつものとして、性を捉え直そうとする社会的機運が生まれている[1]。

　DSM-Ⅳでは、性別二元性で捉えられない人を「性同一性障害」とし、男性または女性としての身体をもちながらもその身体的性別を基準として性別の自己認識（性自認）や性役割を男性、または女性として必ずしも捉えない人々、あるいは、男性、または女性として、必ずしも生活しない人々を理解するひとつの概念であり、医学的に定義された精神疾患として明記された。2013年のDSM-5では、「性別違和」となり、診断基準も変更となったことからも、今後の研究動向に何かしらの影響を与える事実だと考えられる。メディアでは、性別違和に関する話題が多く取り上げられ、一見すると世間でも関心が寄せられている状況である。しかし、現代社会にはこの世には2つの性別しか存在しない、性別は生物学的「事実」として存在するものである、ある個人の性別は決して変化しない、性器は性別を規定する本質的特徴であるという性別二元論が我々の意識や社会システムのあらゆる側面に浸透している。また、世間一般の人々の「性別違和」に関する理

●一般演題

解不足のために、当事者らは生きにくさを感じていることは否めない。そこで、DSM-5 の改訂に伴う性同一性障害から性別違和への診断名変更が当事者に与える影響などを含めて、これまでの研究動向を捉える必要性があると考えた。

Ⅱ．研究目的

本研究は、わが国における性別違和に関する研究の過去 10 年間の動向を文献タイトルより把握し、その全体像を構造化・可視化することを目的とする。

Ⅲ．研究方法

医学中央雑誌 Web Ver.5 (2017.4) を用い、「性別違和」を検索語として投入し、ヒットした原著論文・総説のタイトルを抽出した。2007 年から 2016 年までの 10 年間分の性別違和に関連するタイトルの登録数は 233 件あり、そのうち外科的治療、ホルモン療法、動物実験に関する研究を除外した 147 件を文献対象とした。分析方法は、抽出したタイトルを質的データとして、KH コーダー(Ver.2.00.f)およびワードマイナー®を用いてテキストマイニング(単語頻度分析・共起ネットワーク分析・階層的クラスター分析・対応分析)の手法で分析した。

Ⅳ．結果

単語頻度分析からは、1,637 語の形態素の出現数が得られ、頻出語は「性 (113)」「障害 (104)」「同一 (99)」「性別 (33)」「調査 (27)」「看護 (26)」「当事者 (24)」「学生 (18)」「現状 (14)」「研究 (14)」の順であった。サ変名詞は 414 語で、研究者が注目する単語である。動詞「する」に接続してサ行変格活用の動詞となりうる名詞のことで、頻度の多い順に「調査 (27)」「看護 (26)」「研究 (14)」「意識 (14)」「検討 (12)」「治療 (10)」「教育 (10)」「認識 (8)」「対応 (8)」「支援 (8)」「関連 (8)」「分析 (7)」「比較 (7)」「経験 (7)」の結果を得た。

共起ネットワーク分析では、出現パターンの類似した語、すなわち共起の程度が強い語を線で結び、出現数が多いほど大きな円で描画している。図の色は中心

性(固有ベクトル)という手法で色つけを行い、それぞれの単語がネットワーク構造の中でどの程度中心的な役割を果たしているか示しており、色の濃い順に中心性が高いことを示している。その結果、中心性の高い形態素は「性別」「調査」「看護」「意識」「教育」「人」「もつ」であり、次いで「児童」「マイノリティ」「検討」であった。共起ネットワークではテキスト中で隣接した単語同士を線で結んでおり線が太いほど強い共起関係を示す。その結果、強い共起関係を示す語は「性別」と「違和」、「人」と「もつ」、「課題」と「現状」であった（図1）。

　階層的クラスター分析では、異なる単語集団の中から類似している単語を集めてクラスターを作る。クラスター間の距離測定方法はWard法で行い、値が小さいほどそれぞれの単語の類似性があることを示すJaccard係数で距離を示した。その結果、5つのクラスターに分類された。その特徴として、「性」と「障害」・「同一」、「学生」・「看護」と「調査」、「性別」と「違和」の結びつきが強い結果となった（図2）。

　対応分析の結果では、原点付近に「看護」「障害」「同一」「患者」「当事者」などの形態素が集中していたが、他方に「精神」「教育」「認識」「調査」「学生」の集まりや「もつ」「人」「支援」の集まり、「児童」「研究」「医療」といった集まりがみられた。「精神」「教育」「認識」「調査」の集まりは、共起ネットワーク分析と階層的クラスター分析では抽出できなかった新たな結果である。対応分析では結合したテキストの内容を分析し、内容が近いもの同士が近くに、遠いものが

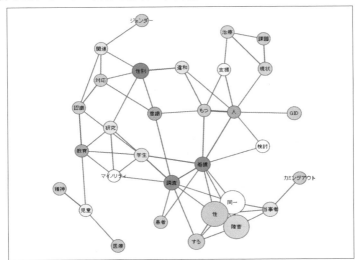

図1　共起ネットワーク分析

●一般演題

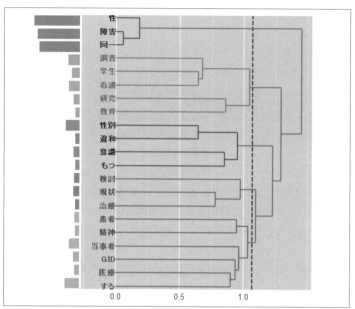

図2　階層的クラスター分析

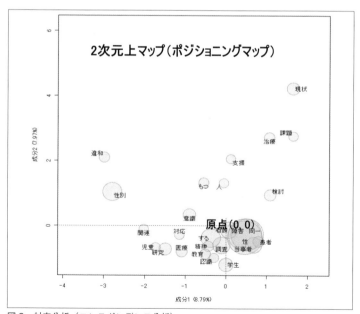

図3　対応分析（コレスポンデンス分析）

離れて配置される。中心から遠くに配置される形態素は、より特徴的な内容を含んでいるものである。その結果、特徴的なものとして、「現状」「課題」「治療」「支援」が散見された（図3）。

V．考察

　本研究は、わが国における性別違和に関する研究の動向を文献タイトルより把握し、その全体像を構造化・可視化することを目的し実施した。その結果、単語頻度分析と共起ネットワーク分析より、性同一性障害や性別違和の「治療」に関する研究が多い。また、性別違和に変更となったのが2013年とごく最近であり、タイトルにはDSM-4の「性同一性障害」の形態素を含む研究が多い。性別違和の研究動向としては、「看護」の「学生」を対象とした「調査」、「性別」「違和」を「持つ」「人」の「治療」や「現状」の「課題」に対するものが多いことから、性別違和の研究は、「現状」や「課題」を明らかにするための「調査」が主であることから、学校教育の場においては性別違和に対する理解や認識が未だに浸透していないことが示唆される。土肥が実施した調査によると、「性同一性障害」をキーワードとして検索を行い、それらをタイトル・著者名・掲載誌を元に「医療」「心理」「法律」「社会」「教育」に分類し集計した結果、60.4%が医療・心理分野、社会分野は12.1%、教育分野は5.7%であり、医療・心理分野が多く、教育分野が少ないという結果を報告している[2]。学校教育はジェンダーの再生産の場であることは、多くの研究者により明らかにされている[3]。このような状況で性別違和を抱える人は「学校教育の場では性別分化に従わなければならない」という現実と「自らがありたい性別で通学したい」という欲求の間で葛藤を抱えている。また、「自らがありたい性別で通学したい」気持ちが強い場合は、教員や生徒・学生に対して「カミングアウト」を行う必要がある。しかし、教育現場では教員や周りの生徒・学生の性別違和に関する知識や理解が十分でないことが考えられ、その場合は「カミングアウト」が返って悪い結果を招く恐れもある。

　わが国の性同一性障害者は推定46,000人と言われているが、実際にはさらに多いと考えられている[4]。しかし、性別違和という性質上、マイノリティの視点で捉えた研究が多い。2013年の文部科学省の調査によると、全国の小・中・高校で、心と体の性が一致しない「性同一性障害」を抱え、学校に相談している児童生徒が600人以上で、その約6割の児童生徒には学校側が服装などで特別な配慮を

しているが、中には不登校や自傷行為など深刻なケースもあったという結果が報告されている[5]。また、この調査では性の違和感をもちながらも誰にも打ち明けられずにいる児童生徒数については把握できていない。そのため、実数としてはさらに多くの性の違和感をもつ児童生徒が在籍している可能性が高い[6]。本研究の結果では、学生や児童に対する研究・調査が実施されていた。このことより、文科省の言う性別違和を認識するための教育や障害を抱える児童・生徒・学生への早急な対応が求められており、障害への理解、いじめや差別による二次被害を防ぐことは重要であると考えられる。

Ⅵ．結論

わが国における性別違和に関する研究の過去10年間分の動向の文献タイトルを抽出し、その全体像を構造化・可視化することを目的としてテキストマイニング分析を実施した結果、①学生や教員を対象とした性別違和を持つ人に対する意識調査や、②治療に関する研究が多く、③性別違和という性質上、マイノリティの視点を重要視した研究・調査がなされており、また④学生や児童への性教育に関する研究・調査が実施されている動向が明らかになった。

文献

1) 湯川隆子、性・性意識の発達を個人差としてとらえる試み―性別二元性からの脱却―.奈良大学紀要 2015:43;175-191.
2) 土肥いつき、トランスジェンダー生徒の学校経験.教育社会学研究 2015:97;47-66.
3) 秋池宏美、教育法研究とジェンダー～子供の人権論におけるジェンダー平等の視点の意義～.比較法文化 2012:20;19-76.
4) 池田官司、性同一性障害当事者数の推計.産婦人科の実際 2013:62（13）;2105-2109.
5) 文部科学省.学校における性同一性障害に係る対応に関する状況調査について.2013. http://www.mext.go.jp/component/a_menu/education/micro_detail/__icsFiles/afieldfile/2016/06/02/1322368_01.pdf[2017.10.10参照]
6) 吉川麻衣子、心理臨床領域における「性の多様性」に関する課題と展望.沖縄大学人文学部紀要 2016:18;25-40.

一般演題

「保育ソーシャルワーカー」養成に向けた現状分析と今後の課題
－これからの養成校が果たすべき役割に焦点を当てて－

村上　満 [1]　開上　滉己 [1]　濁川　美穂 [1]　彼谷　環 [1]
本江 理子 [1]　一ノ山 隆司 [2]　境 美砂子 [2]

1) 富山国際大学子ども育成学部　2) 金城大学看護学部

I　はじめに

　子どもたちを取り巻く環境は、年々厳しさを増している状況が続いており、2014年3月の内閣府発表の「家庭と地域における子育てに関する意識調査」で、子育てする約9割の人が「地域の支えが重要」と回答したこと [1]、に本研究は着目した。そこで、その背景に潜む問題点を探りながら、解決の糸口と新たな提案を行うことに本研究の意義があるとした。

　1点目は、「家族形態」である。厚労働省発表の2015年4月の「ひとり親家庭等の現状について」によれば、母子世帯数は、123.8万世帯であり、ひとり親家庭全体の約85%となって、25年間で1.5倍に増加と報告された [2]。さらに、2017年6月の厚生労働省発表の「国民生活基礎調査」で、80.5%が核家族というわが国の状況が明らかになったことである [3]。

　2点目は、「児童虐待」である。2017年8月に厚生労働省が発表した全国210か所の児童相談所における相談対応件数は、12万2,578件と過去最多となり、26年連続で増加した。また、18歳未満の子どもの虐待死者数が13人増えて84人になったこと、その中の32人は無理心中であり、6割の実母がうつ状態にあったこと、さらにその中の2割近くが産後うつ状態にあったことも報告された [4]。被虐待者年齢については、2015年度の内閣府「子供・若者白書」から、42.6%が未就学児であったということが明らかとなっている [5]。

　そしてこのことは、約10年ぶりに「保育所保育指針」が改定（2018年4月）となったことに影響を与えた要因の1つとも、明らかなところである。

　3点目は、「発達障害」である。2012年12月に文部科学省が発表した「通常の学級に在籍する発達障害の可能性のある特別な教育的支援を必要とする児童生徒に関する調査」では、「学習面又は行動面で著しい困難を示す」児童生徒の割合は6.5%であり、小学校は7.7%だった。なかでも第1学年は、9.8%と最も

高いことが明らかになっていることである⁶⁾。

4点目は、「子どもの貧困」である。2017年6月に厚生労働省が発表した「国民生活基礎調査」によれば、「子どもの貧困率」は、2.4ポイント下がり、12年ぶりに改善したとはいうものの、2015年時点で7人に1人にあたる13.9%であると報告された。なかでもひとり親家庭となると、2人に1人にあたる50.8%が貧困ライン（1人世帯年収の場合は122万円）以下の生活を余儀なくされているというわが国の実態が明らかとなったことである[7]。

以上の4点から、就学児だけでなく未就学児にこそ、地域の関係機関によるシームレス（切れ目のない）支援、そして早期からソーシャルワーク機能を必要とするケースが増加していくと思われるため、未就学児に特化した新たな専門職の導入が今後必要だと考えた。

II 研究目的

本研究は、今後ますます多様化・複雑化・多問題化が考えられる妊娠期から子育て期における保育現場で、ソーシャルワークの知識・技術を用いて問題解決を図ることができる新たな専門職、「保育ソーシャルワーカー（以下、保育SW）」の養成に向けた現状分析と今後のソーシャルアクションを提案していく上での課題について検討することを目的とした。

III 研究方法

子育てを取り巻く問題の中で、児童虐待をはじめDV、発達障害、貧困等がより多様化・複雑化してきているため、今後の保育士の養成校等が新たに保育SWを養成していくことの必要性、効率性、有効性について検討するべく、PEST分析を用いて、現状分析を行った。

PESTとは、政治的要因（Politics）、経済的要因（Economy）、社会的要因（Society）、技術的要因（Technology）の頭文字を取った造語である。民間企業や組織を取り巻くマクロ環境のうち、現在ないし将来の事業活動に影響を及ぼす可能性のある要素を把握するため、PESTフレームワークを使って外部環境を洗い出し、その影響度や変化を分析する手法のことである。

経営戦略策定や事業計画立案、市場調査等に一般的に用いられている手法として知られている。

表1　PEST 分析のフレーム

環境要因	具体的な例示
政治的要因	1) 児童福祉法の改正（平成29年4月施行） 2) 母子保健法の改正（平成29年4月施行） 3) 「我が事・丸ごと」地域共生社会実現本部の設置（平成28年7月設立） 4) 学術団体「日本保育ソーシャルワーク学会」設立（平成25年11月設立）
経済的要因	1) 予算確保と拡充 　〇 児童相談所の中核市設置と人材確保、財政支援 　〇 市町村への母子健康包括支援センターの法定化と全国展開
社会的要因	1) 家族形態の変化（核家族とひとり親家庭の増加） 2) 全国児童相談所における児童虐待対応件数の増加 3) 発達障害の可能性のある特別な教育的支援を必要とする児童生徒のケース増加と支援体制の整備 4) 子どもの貧困の連鎖防止とその対策
技術的要因	1) 大学（養成校）等における人材育成、研修体制 　〇 保育士養成課程におけるソーシャルワーク科目の見直し 　〇 保護者支援等を充実させた保育実習内容の見直し

Ⅳ　研究結果および考察

1. 政治的要因（Politics）

　政治的要因は、表1のとおり4点とした。

　1点目として、児童福祉法の改正（2017年4月施行）により、子どもが家庭において心身ともに健やかに養育されるよう、国及び地方公共団体による「保護者支援」の責務が明記されるとともに、「子ども家庭総合支援拠点」の整備が図られることを挙げた[8]。

　2点目は、児童福祉法とともに母子保健法も改正（2017年4月施行）され、「母子健康包括支援センター（子育て世代包括支援センター）」が法定化されるとともに、概ね2020年度末まで、全国展開に向けた市町村への設置促進が図られるということである。

　具体的には、助産師、保健師やソーシャルワーカー等が配置されることで、妊娠期から子育て期にわたる必要な支援を切れ目なく提供できる地域の包括支援体制が構築されていくというものである[9]。

　3点目は、厚生労働省が2016年7月に「我が事・丸ごと」地域共生社会実現本部を設置したことを挙げた。今後の改革の骨格としては、①地域課題の解決力

●一般演題

の強化、②地域丸ごとのつながりの強化、③地域を基盤とする包括的支援の強化、④専門人材の機能強化・最大活用、の4つの柱を掲げている。なかでも専門人材の機能強化・最大活用においては、2021年度を目処に、看護師、介護福祉士、保育士などの資格取得に「共通基礎課程」が創設され、専門職の丸ごと化について検討されているということを挙げた[10]。

4点目は、「保育ソーシャルワーク」の学問的基盤の整備として、理論と実践の体系化と組織化が求められるようになり、2013年11月には、学術団体となる「日本保育ソーシャルワーク学会（事務局：九州ルーテル学院大学）」が設立されたということである。

そして、学会認定資格として、2016年に日本初となる日本保育ソーシャルワーク学会認定資格「保育ソーシャルワーカー」養成研修が実施され、2017年には第1期生（初級79名、中級15名）となる保育ソーシャルワーカーが誕生（学会では、3つの等級＜初級・中級・上級＞を設けており、当分の間、初級と中級の認定と登録を行うこととし、上級は2018年8月頃の予定）したということを挙げた[11]。

以上のことをふまえ、政治的要因について、①必要性、②効率性、③有効性の3つの観点から、今後の保育士の養成校等が新たに保育SW養成を行うことへの検証を行った。

1) 法改正により、保護者支援が確実に求められたとともに、子ども家庭総合支援拠点の整備や子育て世代包括支援センターの法定化の動きは、専門人材の機能強化・最大活用（丸ごと化）につながる動きである。したがって、保育士の養成校等が、保育SWの養成を行っていくことは、まさに社会の要請に応えていくことにつながるだけでなく、保育とソーシャルワークの2つの視点を持ち合わせた専門職養成に効率よく貢献できることから、有効な手段であると考えた。

2) 学問的基盤を支える学術団体として、「日本保育ソーシャルワーク学会」が設立されたことは、まさに社会の要請に応えた証ということにほかならない。この新たな資源の誕生によって、「保育ソーシャルワーカー」としての専門性を効率よく確立できるとともに、社会的地位を広めることにもつなげられる。また、職業的自立の開拓に向けても有効な第1歩となる。今後は、職能団体の組織化というソーシャルアクションを加速させていくためにも、保育士の養成校等が、保育SWの養成を行っていくことは、有効な手段であると考えた。

2. 経済的要因（Economy）

経済的要因は、表1のとおり1点とした。

児童相談所設置自治体の拡大という法改正に対応した経済的支援の確保や子育て世代包括支援センターの法定化と全国展開の促進に伴う予算の拡充を挙げた。これまで国は、2004年に児童福祉法を改正して、中核市でも児童相談所を設置することができるとしたが、横須賀市・金沢市の2市にとどまり、現在も設置が進んでいない。そこで、改めて市区町村の体制強化として、児童福祉法を改正（2017年4月施行）することで、中核市・特別区が児童相談所を設置できるよう、施行後5年を目途に、必要な支援を実施するとしている[12]。また、母子保健法の改正も行い、母子健康包括支援センター（子育て世代包括支援センター）を法定化し、早期段階からの効率のよいシームレス（切れ目のない）ケア体制を全国展開させようとしていることから、そのための新たな人材配置の拡充と新たな予算の確保が期待できる。

以上のことをふまえ、経済的要因について、①必要性、②効率性、③有効性の3つの観点から、今後の保育士の養成校等が新たに保育SW養成を行うことへの検証を行った。

1) 法改正による児童相談所設置自治体の拡大ならびに子育て世代包括支援センターの法定化と全国展開という動きがあるということは、そこに新たな職場と専門職が生み出されるということであり、新たな財政支援が行われるということでもある。したがって、保育士の養成校等が保育SWの養成を行っていくことは、これからの新しい国の動きを敏感に捉えながら、人材育成に応えていくということにつながるだけでなく、そのことを視野に入れながら、効率よく新たな人材育成を事業として展開していくこともできるということになることから、有効な手段であると考えた。

3. 社会的要因（Society）

社会的要因は、表1のとおり4点とした。

前述のとおり、1点目は、少子高齢化といった人口構造を背景に、核家族やひとり親家庭の増加といった家族形態が大きく変化しているということを挙げた。2点目は、26年連続で児童相談所における虐待相談対応件数が増加しているということ、なかでも未就学児が被虐待者となっているケースが4割を超えている状況にあることを挙げた。

3点目は、通常の学級に在籍しながら発達障害の可能性のある特別な教育的支援を必要とする小学生の割合（7.7％）が高いということである。なかでも第1

●一般演題

学年の「学習面又は行動面で著しい困難を示す」割合は、9.8％と最も高く、小1プロブレムとの関連を含め、人的支援体制の整備が求められるということである。4点目は、子どもの貧困である。国は、2014年8月の「子供の貧困対策に関する大綱」において、「『学校』を子供の貧困対策のプラットフォームと位置付けて総合的に対策を推進する」としているからである。

　以上のことをふまえ、社会的要因について、①必要性、②効率性、③有効性の3つの観点から、今後の保育士の養成校等が新たに保育SW養成を行うことへの検証を行った。

> 1）少子高齢化といった人口構造をはじめ核家族化、ひとり親家庭等といった家族形態や生き方や生活に対する価値観の多様化等、社会環境が大きく変化する中で、家庭の教育力だけでなく、経済力も低下し、虐待や貧困等に至ってしまう家庭の出現が問題となっている。このことから、保育士の養成校等が保育SWの養成を行っていくことは、まさにわが国が抱える喫緊の問題に向けて解決を図っていくことにつながるだけでなく、社会の要請に応じた効率のよい人材育成にもつながることから、有効な手段であると考えた。

4. 技術的要因（Technology）

　技術的要因は、表1のとおり1点とした。

　養成校における人材育成および研修体制を挙げた。現行の保育士養成課程において、ソーシャルワークに関する専門知識や技術を学ぶことができる授業科目として、1つは、保育の本質・目的に関する科目として必修である「相談援助」がある。もう1つは、保育の内容・方法に関する科目として必修である「保育相談支援」があるが、いずれの科目も、授業形態は、演習科目という位置づけとなっている。したがって、演習の前提となる理論や方法を教授する講義科目に相当するものが見当たらないということである。

　さらに、実習科目として、「保育実習」があるが、実習内容においても今後は、ソーシャルワーク機能を必要とする場面等、つまり、より保護者支援に焦点を当てた内容を網羅したものへと見直しを図っていく必要があるのではないかということである。

　以上のことをふまえ、技術的要因について、①必要性、②効率性、③有効性の3つの観点から、今後の保育士の養成校等が新たに保育SW養成を行うことへの検証を行った。

1) 2018年4月に改定される「保育所保育指針」のポイントの1つに「保護者・家庭及び地域と連携した子育て支援の必要性」が挙げられていることから、今後保育現場でのソーシャルワーク機能が求められるケースが増えていくことは、十分予想される。したがって、「相談援助」や「保育相談支援」を支える学問的基盤となる新たな「保育ソーシャルワーク論（仮称）」等の講義科目の設定が必要であることから、保育士の養成校等が保育SWの養成を行っていくことは、社会の要請に応じた効率のよい人材育成にもつながり、有効な手段であると考えた。
2) 児童福祉法や母子保健法が改正され、地域の実情に合わせて、確実に保護者支援が強化されるとともに、子ども家庭総合支援拠点の整備や子育て世代包括支援センターが法定化されたことは、保育士をはじめとする今後の専門職の機能強化が期待されるものと思われる。また、実習科目である「保育所実習」についても、より保護者支援に焦点が当てられた内容が求められていくと考えられ、保育士の養成校等が保育SWの養成を行っていくことは、まさに的を射た人材育成を行うことにつながるものと思われることから、有効な手段であると考えた。
3) 新しい保育所保育指針の中で求める保育者像に確実に近づけていくためにも、保育者の資質・専門性の向上は欠かせない。したがって、保育士の養成校等が保育SWの養成を行っていくことは、社会の要請に応じて高度でハイブリッドな人材をより効率よく養成していくことにもつながり、有効な手段であると考えた。

V　今後の展望

　近年のキーワードとして、高齢者関連では「地域包括支援」や「地域包括ケア」、障がい児・者関連では「ソーシャル・インクルージョン（社会的包摂・包含）」や「総合支援」、生活困窮者・貧困関連では「ワンストップ」や「プラットフォーム」、地域福祉関連では「我が事・丸ごと」、医療関連では「総合診療」や「地域連携」、そして、児童家庭福祉や保育・教育関連では、「切れ目ない（シームレス）支援」をはじめ「インクルーシブ保育、インクルーシブ教育」や「チーム学校」が使用されるようになってきたと思われる。
　どれも生じている問題そのものが多岐にわたり複雑化、複合化しているため、窓口を1本化し、関連諸問題も排除せずに、チームで解決に導くことができるようなシステムを構築しようという動きである。児童虐待をはじめDV、貧困等

●一般演題

の問題であれば、歯止めがかかりづらく、見えづらいため、包括的かつシームレスケアの視点での対応が必要であることから、より高度かつハイブリッドな専門知識と技術が求められていくことになる。

したがって、保育現場等に特化したソーシャルワークを担う高度な人材の体制整備は、今後必要とされる資源であり、養成校としての新たな役割と使命もそこにあると考える。

図1　保育ソーシャルワーク教育課程（村上・開上案）

そこで、富山国際大学子ども育成学部では、2011年度から一般社団法人日本ソーシャルワーク学校教育連盟が認定する「スクール（学校）ソーシャルワーク教育課程」を開講し、学校教育現場での福祉専門職の養成を図っていることから、保育SW養成についても、試案の形で現在作成したところではある（図1）。

今後は、保育所保育指針をはじめ学会の動向も注視しながら、養成校として何ができるのか、何をしていかなければならないのかを検討していきたいと考えている。

謝　辞

本研究の一部は、科学研究費助成事業（挑戦的萌芽研究2015-2016）「保育ソーシャルワーカー導入に向けた養成支援システム構築に関する実証研究（課題番号15K13099）」にもとづき行われた。ここにお礼を申し上げる。

引用文献

1）内閣府. 家族と地域における子育てに関する意識調査 報告書〔概要版〕. 2014;17-19:
　　http://www8.cao.go.jp/shoushi/shoushika/research/h25/ishiki/pdf/gaiyo.pdf
　　2017/6/1 検索

2）厚生労働省. ひとり親家庭等の現状について. 2015:
http://www.mhlw.go.jp/file/06-Seisakujouhou-11900000-Koyoukintoujidoukateikyoku/0000083324.pdf 2017/6/1 検索

3）厚生労働省. 国民生活基礎調査. 2017;3-4:
http://www.mhlw.go.jp/toukei/saikin/hw/k-tyosa/k-tyosa16/dl/16.pdf 2017/7/1 検索

4）厚生労働省. 平成28年度 児童相談所での児童虐待相談対応件数<速報値>.2017;1-3:
http://www.mhlw.go.jp/file/04-Houdouhappyou-11901000-Koyoukintoujidoukateikyoku-Soumuka/0000174478.pdf 2017/8/20 検索

5）内閣府. 子供・若者白書.2015;48-50:
http://www8.cao.go.jp/youth/whitepaper/h27honpen/pdf/b1_05_02_01.pdf 2017/6/1 検索

6）文部科学省. 通常の学級に在籍する発達障害の可能性のある特別な教育的支援を必要とする児童生徒に関する調査. 2012;2-6:
http://www.mext.go.jp/a_menu/shotou/tokubetu/material/__icsFiles/afieldfile/2012/12/10/1328729_01.pdf 2017/6/1 検索

7）前掲 国民生活基礎調査.;15-16

8）厚生労働省. 児童福祉法等の一部を改正する法律の施行について.2016;5-7:
http://www.mhlw.go.jp/file/06-Seisakujouhou-11900000-Koyoukintoujidoukateikyoku/1_6.pdf 2017/6/1 検索

9）厚生労働省. 第5回市区町村の支援業務のあり方に関する検討WG.2016;6-9:
http://www.mhlw.go.jp/file/05-Shingikai-11901000-Koyoukintoujidoukateikyoku-Soumuka/0000146786.pdf 2017/6/1 検索

10）厚生労働省.「保育士養成課程等検討会」ワーキンググループにおける議論の整理. 2017;2-6:
http://www.mhlw.go.jp/file/05-Shingikai-11901000-Koyoukintoujidoukateikyoku-Soumuka/shiryou1_3.pdf 2017/6/1 検索

11）日本保育ソーシャルワーク学会.初級保育ソーシャルワーカー-及び-中級保育ソーシャルワーカー-認定-登録に係る申請手続について.2017:https://jarccre.jimdo.com/ 2017/9/1 検索

12）厚生労働省. 児童家庭福祉の動向と課題（児童相談所長研修）.2017;13-15:
http://www.crc-japan.net/contents/situation/pdf/201705.pdf 2017/6/1 検索

参考文献

宮内俊一.保育ソーシャルワーカーに関する一考察.社会保育実践研究　2017;（1）：43-50

末富　芳.子どもの貧困対策のプラットフォームとしての学校の役割.日本公共政策学会2015年度研究大会・企画パネル報告改訂版　2015:25-44

一般演題

外来前立腺がん患者の性の問題に対する女性看護師の認識と関わりの様相

吉原 祥子[1]　大木 友美[1]

1）昭和大学保健医療学部

<緒言・目的>

　前立腺がんは男性がん罹患数予測第1位[1]で最も多いが、10年生存率はI～III期で100％、IV期でも40.5％（2000-2003年診断症例）と比較的高めで[2]、長期に及ぶが、外来で治療を受けながら生活することが可能な疾患である。通院治療は、今までの生活を継続できるというメリットがある一方、疾患や治療に伴う症状をセルフケアする必要性や医療者と関わる時間が限られるというデメリットもある。よって、医療者側もタイムリーかつ予測的な関わりが必要となる。前立腺がんの治療に伴う合併症の1つには性機能障害があるが、性機能や性負担感は自尊感情に影響していること[3][4]、前立腺全摘除術を受ける患者が「性機能は諦めたくない」という気持ちが存在していた[5]など、治療によって生じる性機能障害は、複雑な思いを生じることが予測される。現在治療の場が外来へ移行する傾向にあり、前立腺がん治療もホルモン療法や化学療法の多くが外来で行われている。外来化学療法中の患者が治療開始後にセクシュアリティに関する身体的、精神的な変化を他者に相談することが非常に少ないことから、患者支援の必要性が示唆されている[7]と報告されており、外来通院患者への性の問題に関する看護介入の必要性があると考える。しかし、前立腺がん患者の性に関する看護援助の経験を持つ看護師が少ない[6]といった実態が明らかとなっている。

　そこで本研究では、外来看護師が、患者との関わりの中で、前立腺がん患者の性の問題に対して、支援の必要性をどのように認識しているか、性の問題やその支援に対する思いはどのようなものか、その様相を明らかにすることを目的とした。

＜研究方法＞

研究デザイン：質的記述的方法
研究参加者：経験年数3年目以上の泌尿器科外来経験のある看護師
データ収集期間：2016年2月〜7月
データ収集：非構造化面接（30分程度の面接を2回）
データ分析：逐語録を作成し、性に関することがらを表現していると解釈された記述を、意味のまとまりごとにカテゴリーに分けた。カテゴリーごとにサブテーマを付け、さらにテーマに集約した。

表

テーマ	サブテーマ
性機能喪失は患者にとって大きな問題	性機能を喪失することに対する葛藤がある
	性機能障害は生活を左右する
異性の性の悩みは十分に理解できない	女性看護師には性に関することを相談しづらいと思う
	異性の性の悩みにどうかかわればよいか迷う
他職種を巻き込む	医師に相談する
	がんの専門看護師を紹介する
自分が聞いた悩みは自分が関わる	自分が聞いた悩みは自分が関わる

＜倫理的配慮＞

所属する大学の承認を得た。研究への同意は自由で、同意後も撤回が可能なこと、語りたくないことは話さなくてよいことを伝え、プライバシーの守れる個室で行った。また、データは個人が特定できないよう符号化し、鍵のかかる場所で保管した。

●一般演題

＜結果＞

1. 参加者と属性
　泌尿器科外来で働く女性看護師2名。Aさん看護師経験10年、泌尿器外来勤務3年。Bさん看護師経験11年、泌尿器外来勤務1年である。

2. 前立腺がん患者の看護支援の必要性に対する参加者の認識
　参加者は、「ホルモン療法で勃起不全になるのが嫌だから治療しないって言っている患者さんがいた。(A)」「性機能障害の副作用があるなら治療はしたくないっていう患者さんがいたので。治療を選択する基準の1つにもなってしまうんだなって思って。(B)」といった経験から、患者には＜性機能を喪失することに対する葛藤がある＞と感じていた。また、「(性機能障害があると)生活が変わってくるところだったので。看護師が一切かかわらないことはやっぱりできなくて。(A)」「性的な悩みは食欲だとか、睡眠欲だとかと同じくらい大事なもの。(B)」と、＜性機能障害は生活を左右する＞という理解をしていた。こうした患者との関わりから、【性機能喪失は患者にとって大きな問題】という認識を形成し、支援の必要性を感じていた。

3. 前立腺がん患者の性の問題やその支援に対する参加者の思い
　「私が診察に入っていると(患者は性に関する事を)先生にも聞けなくなっちゃったりすると思う。(B)」「年下で性別も違う私に(性的な)悩みは打ち明けにくいと思う。(A)」と、参加者は＜女性看護師には性に関することを相談しづらいと思う＞と患者を気遣っていた。一方、「女性と男性って違うから、患者さんの気持ちを分かってあげるっていってもわかってあげられない部分はあると思う。(A)」と、＜異性の性の悩みにどうかかわればよいか迷う＞といった参加者側の戸惑いも生じていた。このように、患者・参加者双方が歩みきれないことで、【異性の性の悩みは十分に理解できない】と感じていた。
　そして、関わりに迷った際には、「男性の泌尿器科医に、どういう風に関わったらいいでしょうかって(聞く)。(患者には)ダイレクトに聞けないから。(A)」と＜医師に相談する＞ことや、「(性機能障害を懸念して治療を決めかねていた患者には)がん専門看護師にメインで関わってもらって。その方は納得されてホルモン治療を受けることになった(B)」、と＜がんの専門看護師を紹介する＞という調整をするなど、【他職種を巻き込む】対応を取っていた。

それでも、「1人の看護師に、自分の心の声を教えてくれたら、他の看護師はあんまり関与しないようにしてました。(A)」「いろんな人に聞かれて簡単に相談できる内容ではないと思っているので、1回自分が悩みを聞いたら次もなるべくかかわるようにしている。(B)」と、患者が相談相手として自分を選択してくれた時には、【自分が聞いた悩みは自分が関わる】という姿勢で接していた。そこには、「なるべくその本人が話しやすいように、毎回同じ人が接するというふうにしていかなきゃいけない。(B)」という気持ちが存在していた。

<考察>

1. 外来前立腺がん患者の支援の必要性に対する看護師の認識
1)「性機能喪失は患者にとって大きな問題」という認識

　参加者は、過去に性機能喪失を理由に治療を拒否した患者の存在や関わりの中から、患者には<性機能を喪失することに対する葛藤がある><性機能障害は生活を左右する>と気付き、【性機能喪失は患者にとって大きな問題】であると認識していた。性機能障害が男性としての性に影響を与えると認識しているほど、性に関する看護援助経験を持っていた[7]という報告のように、過去の経験から形成された【性機能喪失は患者にとって大きな問題】という認識により、性の問題に関心を寄せ、援助の必要性を感じていたと考えられる。

2. 外来前立腺がん患者の性の問題やその支援に対する看護師の思い
1) 性に関する考え方、価値観の相違によって生じる戸惑い

　性機能喪失が患者にとって大きな問題となるという認識はしていたが、<女性看護師には性に関することを相談しづらいと思う>という患者の思いを推察することで生じる遠慮や、<性の悩みにどうかかわればよいか迷う>という自身の戸惑いから、参加者は、【異性の性の悩みは十分に理解できない】と感じていた。前立腺がんは高齢者に多い疾患であり、性差に加え年齢差もある。野村らが、看護師は、慢性病を持つ高齢者のセクシュアリティの変化を、加齢や慢性病、生活歴の影響を受けた個別的で複雑な現象であると認識している[8]と述べているように、参加者と患者の性に関する考え方、価値観には隔たりがあると感じており、さらに、患者も話しづらいであろうという遠慮も相まって、より一層、性に関する話をすることに戸惑いが生じ、性機能障害がその患者にとって問題となるかど

●一般演題

うかを把握すること自体、困難であると考えられた。
2) 専門職として支援しようと努める

　性に関する考え方、価値観の相違によって生じる戸惑いを生じ、自分の力だけでは援助が困難であると感じた場合には、<男性医師に相談する><がんの専門看護師を紹介する>というように、【他職種を巻き込む】ことで、自分だけでは対応しきれない、患者の性の問題やニーズの有無を引き出し、援助につなげようと努めていた。また、患者が自分自身に悩みを打ち明けてくれた場合には、【自分が聞いた悩みは自分が関わる】ように努め、性の悩みを理解できないという戸惑いよりも、相談しづらいことを自分に打ち明けてくれたことが、次にもつながるように、患者を気遣い、自分が中心となって関わろうという気持ちが生じていたと考えられた。男性に対する排泄ケアや清潔ケアでは、女性看護師は患者の羞恥心に配慮しつつ専門職としてケアを行う対処行動をとる[9]ことが報告されているように、参加者も、性の問題に関する看護援助を性別の違う相手に行う場合でも、専門職として援助しようという意識は持っていたと考えられた。しかし、性の問題は、羞恥心だけではなく、個別の価値観という複雑さがあるゆえ、患者のニーズを見極めて、誰が対応することがふさわしいかを考えながら関わっていたと思われる。

<結論>

● 参加者は、性の問題に対して【性機能喪失は患者にとって大きな問題】という認識をしていた。これは、過去に性機能障害を理由に治療を拒否した患者の存在や関わりから形成されていた。
● 参加者は患者の性の問題に対する考え方や価値観の相違により戸惑いを抱き、【異性の性の悩みは十分に理解できない】という思いを持っていた。
● 参加者は、異性の性の悩みは十分理解できないという思いを持ちながらも、その問題に対して、【他職種を巻き込む】【自分が聞いた悩みは自分が関わる】と、専門職として支援しようと努めていた。

<引用文献>

1) がん情報サービス.がん統計予測（2016）.

http://ganjoho.jp/reg_stat/statistics/stat/short_pred.html.検索日2017.9.10
2) 全がん（成人病）センター協議会http://www.zengankyo.ncc.go.jp/etc/2000-2003_10all.html. 検索日2017.9.10
3) 掛屋純子,掛橋千賀子,常義政．前立腺がん患者の自尊感情の影響要因の分析　夫婦関係満足度との関連.看護保健科学研究誌　2008:8（1）;241-248.
4) 掛屋純子,掛橋千賀子.前立腺がん患者の排尿・排便・性機能・精神的負担感が自尊感情に与える影響.日本がん看護学会誌　2008:22（1）;23-30.
5) 稲垣千文,青木萩子,鈴木力．前立腺全摘除術を受けた既婚男性の治療に伴う気持ちの変化.日本がん看護学会誌　2015:29（3）;51-60.
6) 酒井綾子,水野正之,濱本洋子,佐藤鈴子．前立腺がん患者の性に関する看護援助の実態と看護援助経験をもつ看護師の認識.日本看護研究学会雑誌　2012:35（4）;57-64.
7) 所真由美,池田美恵,塩原真弓,他．がん化学療法施行中の患者が抱える性生活の変化と相談行動.がん看護　2015:20（3）;395-399.
8) 野村美香,小松浩子,伊藤えみ子,他．慢性病をもつ高齢者の性に対する看護婦の認識.老年看護学　2001:6（1）;123-128.
9) 高橋順子、男性患者の差恥心を伴うケアに対する女性看護師の対処行動ー　グループインタビューの結果からー.香川母性衛生学会誌　2014:14（1）;1-7.

一般演題

訪問看護師における燃え尽き症候群と離職との関係要因の研究

久保 正子[1)]　篠原 百合子[2)]
1）共立女子大学　2）和洋女子大学

Ⅰ・はじめに

　我が国において昭和20年以降の戦後生まれた、いわゆる「団塊の世代」と言われている人たちは70歳を越えるようになってきた。その「団塊の世代」が75歳以上の後期高齢者となる2025年以降は、「2025年問題」と言われ、介護・医療費等社会保障費の急増が懸念される問題である。2025年における高齢者人口は、約3,500万人（人口比約30％）に達すると推計されている。そのため、日本国政府は、介護・医療費等社会保障費2000年に介護保険制度が発足し、医療保険と介護保険は別々に運用されてきたが、これからは医療と介護の境目をなくして、ボーダーレス化する必要性が出てきた。そして、医療と介護を"地域包括ケア"としてマネジメントしていくため、地域支援センター等を設置し、医療が必要な患者さんが治癒した後は、スムーズに介護へ移行できる仕組みや、逆に介護から医療へ移行する仕組みを各地に作る必要があるとされている。

　2018年から最も状態が「軽い」とされている医療区分Ⅰには、施設での対応が可能な軽症から重度意識障害、癌ターミナル、肝不全などの重症まで、実に多種多様な病態が含まれている。しかし、医療区分に属すると言われている人たちを在宅へと移行させていくと、それら状態の利用者の受け皿である地域における訪問看護などの在宅医療は、今後益々医療依存度が高い人たちを診ていく可能性が高くなる。介護保険の制度の定着化と在院日数の短縮化が進むなか、訪問看護師は在宅ケア推進に重要な役割を担っていることが社会的に周知されている[1)]。このような状態から、訪問看護における看護師の役割の重要性が今まで以上に増してくることが容易に想像できる。

　病院勤務の看護師は、燃え尽き症候群などを起こしやすく離職率の高いといった先行研究が散見される（文献）。しかし、医療依存度が高い在宅での利用者の訪問看護をすることは、病院勤務の看護師の燃え尽き症候群のような状態になり、そのため離職する訪問看護師が多くなることが予想される。そうなることで地域

医療の崩壊を招くことになる可能性があり、早急に予防策を立てる必要があるだろう。

そこで本研究は文献検討により、訪問看護師の燃え尽き症候群などの関係や現状、今後の対策について考察を行うことを目的とした。

Ⅱ・訪問看護師と燃え尽き症候群

1・訪問看護師のストレス

訪問看護師が勤務する訪問看護ステーションの人員基準は、常勤換算で最低2.5人の看護職員がいれば満たされるなど、労働者使用の合理化と生産性追求が重視した労務管理が問題視されている[1]と報告がある。2000年の介護保険運用開始を境に訪問看護ステーションが急増したことから、業務経験の浅い訪問看護ステーションが多いことから、初めて訪問看護に携わる看護師のストレスは大きい[1]ことや、介護保険報酬が増えないために、1日の訪問件数を増やす必要があることで、採算性を重要視することで、につながる可能性がある。

訪問看護師のストレス要因として、年齢や看護師としての経験年数、医師との関係、ステーションにおける職位、24時間体制などのなどがあると報告[1]がある。ストレスを感じている訪問看護師は、「職場の対人関係が燃え尽き症候群を導く要因や、「現在での職場での経験年数」が増加するとストレスを感じる頻度が増加するという報告[2]がある。

それは、職場での経験年数が増加するにつれて、「責任の程度」が重くなってくることに起因していることが考えられる。

そして、病棟勤務の看護師は、チーム医療で交代勤務ということもあり、在宅よりも医療依存度が高い患者への看護であるが、ひとりでケアを背負うことはないが、訪問看護師は、基本的に単独訪問である。国の医療保険施策の関係もあり、施設から在宅への流れにより在宅酸素療法やポートを埋め込んだ利用者も訪問看護を受けていることもあり、医療依存度が高い患者をケアすることが益々増加している状況で、利用者と家族を支えさまざまな判断をしていく必要があり単独訪問の精神的負担は大きい。

また、訪問看護では、単独訪問ゆえに利用者宅では密室性が高く、多くの看護師が、利用者や家族から無理難題、クレームを言われたり、暴言・暴力の被害を受けたりしてことも報告[3]されており、病院勤務の看護師とは違って、ステーショ

●一般演題

ンの経営面から複数人での訪問ができないなど多くの悩みを抱えている訪問看護師も多いと考えられる。

2・訪問看護師の燃え尽き症候群の要因とは

訪問看護師の個体的要因として、

- ・訪問看護師の年齢では、40歳ごろ、勤務年数では、11年程度の看護師経験年数
    看護師としても、中間管理職的な立場になる年代であり経験年数であるために、困難なケースを受け持ったり管理的な役割が多くなったりする頃であることが考えられる。
- ・配偶者の存在の有無や出産経験
    家庭において誰かを支えたり支えられたりしながら、感情の表出がしやすい環境におかれやすいことや、職場とは違う家庭という違う環境で役割変化をすることで、心理的変化ができることでストレスが緩和されやすい傾向にあることが考えられる。
- ・准看護師から正看護師になった人
    これは、准看護師としての業務よりも正看護師としての業務の方が達成感をより感じている傾向にあるとされている[4]からではないだろうか。
- ・非常勤訪問看護師よりも常勤看護師の方が多い
- ・管理者よりも一般スタッフの方が多い
    これは、管理者よりも一般スタッフの方がより多く訪問件数をこなしていくことが求められていると考えられる。
- ・業務に関連した講習を受けたことがない方が受けたものより多い
- ・業務に関連したコミュニケーション能力が低い
- ・地域の中での他職種連携能力が低い[5]
    病棟勤務の看護師では、同一施設内に医師、薬剤師、栄養士、理学療法士などの他職種が存在することで、連絡を取りやすいことや連携を取りやすい環境にあるにあるのに比べて、地域ではそれぞれが別々の施設に属しており、連絡を取りにくいことが多いことなどがあげられる。その中で、コミュニケーション能力が低い場合、益々連絡が取りにくい状況になり、相談しようにもなかなかでないことで問題解決に時間がかかり、ストレスをためやすい状況に陥りやすいことが考えられる。
- ・訪問看護ステーションのうち24時間体制で携帯電話を所持すること[4]
    24時間体制で携帯電話を所持することは、いつ携帯電話が鳴るかもしれな

いということや、着信を聞き漏らすことで利用者の重大なメッセージを受け取れなくなり取り返しがつかない状態になりかねないという思いから、24時間特に夜間に携帯電話を所持している限り緊張状態が続いていることが考えられる。

・訪問人数の負担と1日の訪問件数[1]

医療依存度の高い利用者の増加や団塊の世代の高齢化により施設から在宅への流れにより、訪問看護師1人当たり1日の訪問件数が増加し、訪問看護師の負担は益々大きくなる。

これまで訪問看護師の個体的要因として述べてきたが、介護保険や医療保険制度の政策などにより在宅療養へと加速度的に促されてきているために、今後益々在宅での看取りがさらに多くなることが考えられる。しかし、先行研究によると在宅療養において利用者の在宅での死の看取りは必然的に生じることが考えられ、特に利用者の死体験でのストレスが高かった[4]といった報告がある。在宅療養への施策が進められる中、どうしても看取りの増加を避けることはできなくなりそこへ家族も含めての精神的なケアなども一人の訪問看護師にかかってくることを考えると精神的な負担はかなりなものになるだろうと容易に考えられる。

Ⅲ・まとめ

日本は、団塊の世代が後期高齢者となり始める、いわゆる2025年問題を抱え、在宅療養への対策は待ったなしである。在宅で今後益々役割の重要性が増す訪問看護師の質と量ともに求められる状況にも関わらず燃え尽き症候群などにより訪問看護師の離職が増加してくることは、まさに在宅医療の崩壊を意味することとなる。

管理職などが適切な職場管理を行うことが求められるが、上司は、所属の訪問看護師のみならず、利用者との関係性にも配慮し相談に応じるなど、スーパーバイズ体制を整える必要がある。訪問看護白書[6]によれば、訪問看護の現場は、労務管理に課題があると記されている。訪問看護に意欲を持って取り組もうとして入職してくる看護師が、燃え尽き症候群に陥らないように早急な改善が必要である[2]。

訪問看護の現場では、病院などでの施設ケアで培ったコミュニケーション技術

●一般演題

では対応できない[2]ことが多い。したがって、職場内でのカンファレンスなどで訪問看護での事例を通じて、利用からのニーズや思いをわかりやすく伝える技術や日頃の訪問から利用者や家族の思いやニーズを捉えることなどの実践における具体的なコミュニケーション技術の教育などが必要であろう。しかし、訪問看護ステーションにおいて新任看護職員に対し、妊娠講習などを受講させていないステーションが47.6%[7]もあるとの報告があり、そのため外部の研修に参加できるように職場内で調整することや看護管理体制の改善が求められる。

看護業務に対する喜びや達成感、充実感が低下し、職務満足感が低下することが燃え尽き症候群につながるというプロセスが訪問看護師にも当てはまるという報告[7]がある。

さらに、達成感や充実感は、主に利用者やその家族から得られるものとしても、次の訪問のモチベーションにもなるため訪問看護師の職務満足感につながり、業務への意欲となるだろう。そのため、所属の訪問看護師のみならず、管理者に対する教育や研修の参加などの体制作りに対して、訪問看護ステーション民間や任せではなく国を挙げて検討することが重要である。

引用文献

1) 梅原麻美子、古瀬みどり、松浪容子　A県内の訪問看護師の処遇・職場環境とバーンアウトとの関連　北日本看護学会誌 2007：9（2）、27-33
2) 松井妙子　岡田進一　大阪府内の訪問看護職のburnoutに関連する要因　日本在宅ケア学会誌 2003：7（1）；40-48
3) 武ユカリ2009　在宅ケアにおけるモンスターペイシェントに関する調査　http://www.zaitakuiryo-yuumizaidan.com/data/file/data1_20091002032834.pdf
4) 李 松心　看護師におけるバーンアウトの研究、佛教大学大学院紀要. 社会福祉学研究科篇 2012：40；35-51,
5) 望月宗一郎, 茂木美奈子, 飯島純夫. "A県内訪問看護師の職務満足感とバーンアウトに関する一考察." 山梨大学看護学会誌 2009：8（1）；9-14
6) 訪問看護白書　訪問看護10年の歩みと これからの訪問看護　財団法人日本訪問看護振興財団、2002
7) 吉田美穂. "訪問看護師のバーンアウトに関する研究の動向と課題: 過去10年間の文献から "、新見公立大学紀要　2014：35；103-106

家族内における感情労働の文献検討
－国内文献からの一考察－

小野坂 益成 [1)]　橋本 祐 [2)]　丸山 昭子 [1)]
野村 智美 [1)]　篠原 百合子 [3)]　磯野 洋一 [4)]
1）松蔭大学　2）とちぎリハビリセンター　3）和洋女子大学　4）関西看護医療大学

【背景・目的】

　家族内におけるケアおよび関わりにおいて、自分の感情とは別に親は"こうあらねばならない"といった"感情を制御"し行動することがあり、また子も"こうあらねばならない"といった信念に近い"感情を制御"が用いられることが考えられる。これは、近い概念として感情労働が挙げられる。

　感情労働とは、Hochschild（1983, 石川ら訳, 2000）が、提唱した概念であり、職業によって相応しい感情（感情ルール）があり、それに従うように求められている。Hochschildは「公的に観察可能な表情と身体的表現を作るために行う管理」と定義している（Hochschild,1983, 石川ら訳,2000）。具体的には「客室乗務員が乗客に足して心からのもてなしの感情を経験しようとしたり、ファーストフード店員が客に対して笑顔を振りまいたりする行為」と例を挙げている。また、その概念は、社会的にも高い注目を集めているテーマである。なぜならば、対人サービスの労働に"感情労働"という視点をもたらし、感情労働と心理的健康との関連について、自分が感じていない感情を表出すること（感情の不協和）が心理的健康を阻害することを明らかにしたらである。（榊原,2014）

　Hochschildは、感情管理として表層演技と深層演技の二つを挙げている。武井（2001）は、深層演技を、「看護師は、感情ルールに従った感情を表面的に示すだけでなく、望ましい感情を心から感じるよう、自分の感じ方そのものを変える"深層演技（Hochschild,1983 石川ら訳,2000）"を行う」と述べており、また表層演技とは「経験される感情そのものは変わらないが、表出される行動を状況に適したものに変化させる表面的な方略」と考えられている。Hochschildは、この感情の管理が、労働者にストレスを与えていると主張した。また、対人援助職への感情労働研究のニーズが増えていく一方で、看護師や教員のバーンアウトが問題視されて久しい。それは、バーンアウトは対人関係の多い職場、特に

● 一般演題

対人援助職に観られる職業性ストレスの一種であり、「情緒的消耗感」「脱人格化」「個人的達成感」の症状が引き起こされる現象と言われているためである（久保,2004）。個人の要因（性格特性など）や環境要因（職場環境やソーシャルサポート）について言及されている（久保,2004）。また、荻野ら（2004）は、「感情の敏感さ」の影響が見られ、バーンアウトの中で情緒的消耗感が最初に生起するとしているが、患者の感情に反応しようと過敏になることがバーンアウトの引き金となり消耗感を引き起こすことは妥当と思われた」と述べており、バーンアウトと感情労働が強く関連していることを報告している。しかし、阿部（2011）は、「多くの研究者が感情労働について調査を実施し、その否定的側面を明らかにしてきた。しかしその一方で、感情労働はそれぞれの仕事における重要な要素であるともいわれている。特に看護の業務においては、感情労働は看護師と患者をつながり感覚を強め、質の高い看護を提供するために必要なスキルであるといわれている」と述べており、感情労働は「肯定的な側面と否定的な側面の両面がある」と考えている研究者もいる。

上記のように、対人援助職等の労働に対しての感情労働の研究は盛んに行われてきているが、その他の分野への広がる可能性についての研究は少ない。

本研究は、感情労働に近い概念と考えられる家族内労働を家族内感情労働として研究の動向を得ることにより、今後の感情労働研究の一助となることを目的としている。

【方法】

1. 研究デザイン：文献検討
2. 文献収集方法

CiNii を用いた。検索キーワードは「感情労働＆親＆子」として検索を行い、検索対象年に関しても、検索可能な検索対象年〜 2016 年とした。

【結果】

「感情労働＆親＆子」で検索の結果、本研究の目的と合致する研究論文は 2 件であった。（表 1）また、2011 年に 1 件、2013 年に 1 件であり、研究者は同

者であった。

表1 感情労働＆親＆子の検索結果

年	著者	テーマ
2011	長津美代子ら	中年期における親のケアと感情労働-5ケースの事例調査を通しての分析-
2013	小林由佳ら	中年期における親のケアと感情労働についての考察

【考察】

1. 研究本数について

家庭内の労働と感情労働の本数は、2件と少数であった。しかし、これはHochschildは、感情労働は肉体労働や頭脳労働と同様に賃金と引き換えに売られ、「交換価値」を有していると考えられている。そのことにより、対人援助職や対人サービス業といった"賃金が発生する"職業者を対象とした研究が多く、家庭内労働に拡大しなかった要因であると考えられる。

2. 感情労働と家庭内労働ついて

小林（2013）は、「感情労働はサービスを提供する有償労働における概念として使われてきた。しかし、近年ではマルクス主義フェミニズムにおいて"家事労働"という概念が発見されたように、家庭における無償労働においても労働の価値を有するという認識が高まっており、無償労働である家族間の在宅介護においても感情労働の概念が当てはまるのではないか」と述べている。また、小林は研究にて介護における職業的感情労働と家族的感情労働の特徴の比較をしている（表2）

榊原（2011）は、感情社会学の視点において、内面における自然な感情経験と作られた感情経験のずれを、次のように述べている。「"子どもに対して愛情を感じられない親"が、"母親であれば子どもに愛情を感じるべき"という感情規制のプレッシャーによって、母親としてのアイデンティティがおびやかされる例が挙げられているが、このような状況で母親が子どもに愛情を感じようと努めること（すなわち深層演技を行うこと）は、自然に子どもに愛情を感じていないということの逆説的な証拠となってしまい、大きな葛藤が生じる。」と述べている。

●一般演題

　感情を伴う家庭内労働を、感情労働と捉えるならば、子から親へ対する労働も、感情労働として考える事が出来、また親から子への家庭内労働も感情労働として捉えることができるのではないだろうか。つまり、家庭内のさまざまな労働も、実は感情労働が関わっている可能性が考えられる。

表2　介護における職業的感情労働と家族の感情労働の特徴の比較

	職業的感情労働	家族的感情労働
対象者	利用者（他人）	家族（父母、義父母、祖父母、配偶者など）
賃金	あり＝有償労働	なし＝無償労働
価値	使用価値と交換価値	使用価値
介護時間	限られた時間内に様々な活動を行わなければならない。	・定められた時間はない ・「ほとんど介護に時間を費やす」「時間を制限されることが一番ストレス」など介護が長時間に及ぶことのマイナス面がある。
感情規則	・利用者の精神状態の安定を目指したり信頼関係の構築を図るために、相手がどのような状態であろうとも、援助者としてある特定の心理的状態を維持すべきだという規則 ・「思いやりと優しさ」「明るく親切な態度」「受容・共感」という概念が存在している。 ・以上が養成校や先輩、同僚より教示・指示される。	「気持ちよくいられるように」「怒らせないように」と要介護者の精神状態の安定を目指したり、「束縛されて嫌だという気持ちを持たないように」など、援助者としての望ましい心理状態を保つように期待されている。
①直接接触	あり（身体介護、生活援助など）	あり（身体介護、生活援助など）
②感情操作	自分の感情を管理することで利用者の感情や行動を操作しようとする側面を持つ	自分の感情を管理することで利用者の感情や行動を操作しようとする側面を持つ
③組織的感情管理体制	あり（組織、労働者、利用者の三者を含むもの）	・親族からの干渉や評価 ・介護者と要介護者の間に介在する人々

小林（2013）より引用

【今後の課題】

　検索された2件の研究は、前提として感情労働が家庭内にあると考えているが、その実証研究・異同の研究はされていない。また、その他の賃金が発生しない感情を伴う労働、たとえるならばボランティアで起こる感情を伴う労働に対しての感情労働の研究など、国内外の論文を検討する必要があると考えられる。また、Hochschildの論文との対比をし、課金労働と無課金労働の異同を見る必要があると考えられる。

【引用・参考文献】

阿部好法、大蔵雅夫、重本津多子.感情労働についての研究動向　徳島大学研究紀要　82.101-106 2011.

長谷川美貴子.介護援助行為における感情労働の問題　淑徳短期大学研究紀要　47.117-134　2008.

榊原良夫.感情労働研究の概観と感情労働方略の概念規定の見直し - 概念規定に起因する問題点の指摘と新たな視点の提示 -　東京大学大学院教育学研究科紀要　51.175-182　2011.

榊原良夫.感情労働研究の独自性及び意義を再考する - 感情制御研究の援用という視座からの試論 -　東京大学大学院教育学研究科紀要　54.251-259　2014.

長津美代子、小林由佳.中年期における親のケアと感情労働 - 5ケースの事例調査を通しての分析 -　群馬大学教育学部紀要　芸術・技術・体育・生活科学編　46.171-180　2011.

小林由佳、長津美代子.中年期における親のケアと感情労働についての考察　群馬大学教育学部紀要　芸術・技術・体育・生活科学編　48.217-227　2013.

荻野佳代子、瀧ヶ崎隆司、稲木康一郎.対人援助職における感情労働がバーンアウトおよびストレスに与える影響　心理学研究　75.（4）.371-377　2004.

一般演題

「セクシュアリティ」により検索された記事内容の変遷—新聞、雑誌記事の分析を通して—

大久保 麻矢[1]　杉田 理恵子[1]　玄番 千恵巳[1]
1）東京家政大学　看護学部

Ⅰ．はじめに

　セクシュアリティは様々な分野で多様に使用される概念である。例えば、様々な古典や小説の分析にセクシュアリティが使用されている。ここでのセクシュアリティを構成する概念は性愛、ジェンダー（ジェンダー規範）、性指向である（酒井　2017、藤原　2016、有島　2016、呉　2016 他）。一方、教育分野では性教育に関する論文がセクシュアリティと結びつけられている（橋弥　平井　梶村　2016 他）。また、性教育の対象が障害児（者）（伊藤　朴　2017）や HIV 陽性同性愛者（山下　2017）となると医療・福祉分野でも使用されることとなる。
　松尾（2016）は、ジェンダーを含む、体・心の性、性的指向に着目し、これらの性が 学習指導要領というカリキュラムの中でどのように捉えられ、教えられてきたのか、歴史的特徴を検討した。ここでは、セクシュアリティをジェンダー、体・心の性、性的指向などの総称としてとらえている。
　看護学の吉沢（2008）によると「セクシャリティは性に関する考え、態度、欲望や志向を表すものであり、明確な定義はないが、生物学的な定義である『セックス』と社会・文化的な性である『ジェンダー』のあらゆる様態にそれぞれの影響を受けながら『セクシュアリティ』がある」としている。様々な分野で定義されているが、共通することは性に関する包括的な概念であることである。先行文献でも分かるように、包括的な概念だからこそ様々な分野で特徴的に使用されていることがわかる。
　本研究は、セクシュアリティという言葉が新聞（一部雑誌）においてどの様な文脈で使用されてきたかその変遷をみることを目的とする。新聞等でのセクシュアリティに関する記事内容の変遷をみることで、社会においてセクシュアリティに関する課題の変遷が明確になり、新たな研究の視点を発見することを期待している。

「セクシュアリティ」により検索された記事内容の変遷―新聞、雑誌記事の分析を通して―

Ⅱ．研究方法

本研究は、朝日新聞記事データベースせ聞蔵Ⅱビジュアルを使用し、キーワードは「セクシュアリティ」で発行日を全期間として検索した。対象紙誌名は朝日新聞、朝日新聞デジタル、アエラ、週刊朝日である。加え、1945年から1999年間の朝日新聞縮刷版も同様のキーワードで検索した。

Ⅲ．結果

縮刷版において1件、4紙誌において358件数あり、そこから書評、イベントの告知のみの記事、自治体の広報記事を抜かした残りの記事を精読し、「セクシュアリティ」とは関係が薄い記事をのぞいた、109件を分析対象とした。

その内容はフェミニズムなどジェンダーに関する内容に加え、中高年、老年期の性、女性の性などの記事が散見された。2000年代に入り、セクシャルマイノリティに関する記事が多くなっていた。しかし、その表記は「性の多様性」「同性愛」「セクシャルマイノリティ（性的少数者）」「性同一性障害」と様々な表現を同じ文脈の記事で使用しており、2012年から「LGBT」が同様の文脈で多く

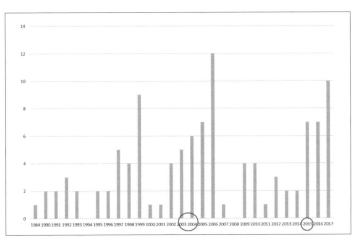

図1　掲載件数
1984年唯一の縮刷版は、アメリカの性教育と日本のそれを比較した記事であった。90年代前半は2～3件と件数は少なく、97年～99年に一時的に件数が4～9件と増加傾向にあった。

●一般演題

表 1　掲載内容

1984 年	性教育…アメリカとの比較
1991 年	ヌードとポルノ（宮沢りえ現象）
1992 年	ジェンダーとセクシュアリティの概念
1993 年	エイズ、セクシャルハラスメント
1996 年	女性と性
1997 年	中高年の性、性差、キムタクの女装写真、豊川悦司と山口智子の女装・男装カップル写真、「トランスジェンダー」という言葉
1999 年	女性の性（女性と風俗など）、性規範、性教育、妊娠・出産、性の多様性、同性愛者イベント告知
2002 年	性同一性障害　性別適合手術、障害者の性
2004 年	女性のライフコース「負け犬の遠吠え」
2005 年	性的マイノリティ　大学生を中心にイベント
2007 年	性的マイノリティと人権、同性愛者カミングアウト・家族相談
2010 年	セクシャルマイノリティ差別
2012 年	LGBT 就職
2015 年	ALLY：当事者ではないが、LGBT を身近な存在として理解し、味方になることができる人
2016 年	LGBT、高齢者・中高年の性
2017 年	LGBT、中高年の性

みられる結果となっていた。加え、2013 年頃からは、そのほとんどの記事を「LGBT」関係が占めており、当事者の体験談から啓蒙活動、教育、法律などがあり、LGBT の見方となる身近な存在 ALLY（アライ）など活動の中心は大学生である記事が多く見られた。

また、2016 年より高齢者・中高年の性に関して雑誌での特集が組まれるなど積極的に紙面に取り上げられる結果となっていた。

Ⅳ．考察とまとめ

性的マイノリティの表現において、同性愛、トランスジェンダー（1997）、性同一性障（2002）、性マイノリティ、LGBT（2012）と変遷がみられた。現在紙面上で多用されている LGBT はレズビアン、ゲイ、バイセクシャル、トランスジェ

ンダーの総称であるが、それぞれの社会的背景や自己そして社会の課題は大きく異なる。LGBTの総称化はその違いを見えにくくさせる危険性を孕んでいると考える。また、ALLY（当事者ではないが、LGBTを身近な存在として理解し、味方になることができる人）の存在が記事に取り上げられる件数が増加している。現在その中心を担っているのは大学生である。従来の性規範にとらわれず柔軟性を持ち、また自身のアイデンティティも確立する年代であり、今後更にその輪が広がることを期待する。

　次に、近年増加している記事として老年、中高年の性に関する記事が挙げられる。これは新聞・雑誌購読者層のニーズに合った記事であると捉えることができる。看護学分野では病院や施設における高齢者の性に関し話題が挙がる。その内容は問題行動とプライバシーに関するものであり、生活の場が公共の場と重なる病院や施設では頭を悩ませる問題であり、一律に対応できる問題ではない。中高年・老年期のセクシュアリティに関する研究は散見されるものの、今後更なる充実が期待される。

引用・参考文献

張輝、有島武郎『クララの出家』論：越境するセクシュアリティ.研究論集（北海道大学文学研究科）2016:16;101-109

藤原あゆみ、不在と実在の逆説：Edith Whartonのゴシック短篇にみるジェンダーとセクシュアリティ.立教レヴュー　2016:45;1-15

呉 佩珍、「青鞜」同人をめぐるセクシュアリティ言説：一九一〇年代を中心に.立命館言語文化研究 2016:28（2）;47-60

橋本紀子、ジェンダー平等意識・セクシュアリティ形成に関する世代別調査報告.教育学研究室紀要：「教育とジェンダー」研究　2014:11;34-51.

橋弥あかね・平井美幸・梶村郁子、セクシュアリティ講義における養護教諭養成課程学生の感想文の分析.大阪教育大学紀要 第Ⅳ部門 教育科学 2016:65（1）;115-121

伊藤修毅・朴恵貞、日本の障害児・者に対するセクシュアリティ教育-20年の変遷-.日本福祉大学子ども発達学論集　2017:9;57-62

松尾由希子、学習指導要領におけるセクシュアリティの解釈と歴史（1）：高等学校の教科横断的なカリキュラムづくりをめざして.静岡大学教育実践総合センター紀要　2016:25;185-198

中原由望子、高齢男性のセクシュアリティとジェンダー・アイデンティティの再構築：妻を失った3人の男性の事例から.人間社会学研究集録　2013:8;155-179

●一般演題

酒井 千絵、観察する女性/観察される女性 シカゴ学派社会学におけるジェンダー.関西大学社会学部紀要 2017:48（2）;53-79
山下菜穂子、本邦における男性同性愛者のHIV感染増加に関する心理的問題と性教育の課題.了徳寺大学研究紀要 2017:11;97-115
吉沢豊予子（編）、女性生涯看護学 リプロダクティブヘルスとジェンダーの視点から.真興交易（株）医書出版部 2008.

一般演題

がん患者の性的な問題への介入に関する和文献の検討

野村 智美[1]　小野坂 益成[1]　丸山 昭子[1]
1）松蔭大学

Ⅰ．はじめに

　がんは我が国の死因第一位の疾患であり、国民の生命および健康にとって重要な問題となっている。文部科学省はがんに対し、がん医療に携わるがん専門医療人を養成する取り組みとして「がんプロフェッショナル養成基盤推進プラン」を立ち上げた。診療報酬上でもがんにまつわる算定は多く、がんの認定看護師や専門看護師は多領域に比べ群を抜いて多く認定されている。

　いまや、がんは死因第一ではありながらも、すぐ死に結びつくものではなく慢性疾患と捉え、ともに生きていく時代となった。そのため患者のQOLを高める援助を実践していくことが課題となっている。QOLとはQuality of lifeの略で日本語では人生の質、生活の質と訳されている。QOLについて考えられるようになったのは、1940年代にがん患者を対象とした研究でQOLが取り上げられたことがきっかけである。カナダにあるトロント大学ヘルスプロモーションセンター（Center for Health Promotion 以下CHPとする）が定義したQOLは、"The degree to which a person enjoys important possibilities of his or her life（人々がそれぞれに与えられた人生の貴重な可能性をどれだけ享受しているかの度合い）"とされている。またCHPは、QOLを3つの基本的構成要素と9つの下位要素で構成されているとし、Being（存在・本質・生存）は、身体的状態、心理的状態、精神的状態。Belonging（帰属・関係）は、社会的帰属、コミュニティ帰属、生態学的帰属。Becoming（変化・実現）は、日常生活、余暇活動、自己実現としている。

　このような視点から考えたときに、我が国でQOLが満たされる医療が提供できているのかというと、今までは疾病に対する治療に重きがおかれ、まずは生命を救うことが最優先されていた。その後は具体的な項目、目に見えて評価しやすい事柄に焦点がおかれており、QOL概念の一部ばかりであった現状がある。

　生殖器系のがんに関わらず、化学療法の副作用による性機能不全やボディイ

●一般演題

メージの変化、放射線治療や内分泌治療でも全身の倦怠感や抑うつ症状を呈し性欲減退を引き起こすが、がん患者からの相談の背景には、性的な問題がマスクされて違う問題とすり替えられ表現されていることがある。性は、個人の身体面、精神面、対人関係、行動面が関与する複雑な性質が含まれ、心理的や精神的、性的な問題を避けて QOL を上げることは難しいのではないかと考えた。

そこで、我が国において臨床現場で患者と医療者がどの程度性に関する話題を話し合えているのか、そしてそれらについてどの程度現時点で知見があるのか、国内の和文献を検討することとした。

II．方法

医学中央雑誌 Web（以下、医中誌）にて、がん患者の性にまつわる言葉としてがん患者と性を and でつないで検索を行った。検索の結果 41,251 件の文献を抽出した。性的な問題ではないものが多く含まれていたため、絞り込みの条件は性的な問題が明らかに含まれるものとし、「がん患者の性」をキーワードに検索し、年次推移と内容を分類した。

III．結果

医中誌にて「がん患者の性」をキーワードに検索したところ、35 件の文献がヒットした（図 1）。1986 年～2000 年が 3 件、2001 年～2010 年が 9 件、2011 年～2017 年が 23 件であった。35 件のうち会議録、解説/特集を除外した 7 件を内容ごとに分類したところ「性」と「セクシャリティ」に関する文献がそれぞれ 2 件、「PLISSIT（医療者の段階的関与）モデル」「がん患者の性別」「QOL」がそれぞれ 1 件であった（図 2）。

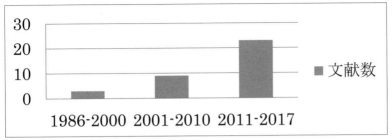

図1 ヒットした文献数の年次推移（N=35）

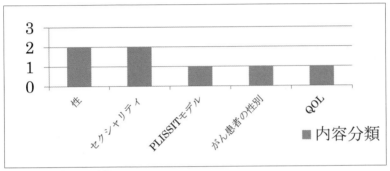

図2 文献内容による分類

Ⅳ．考察

　がん患者の性に関する和文献の件数は非常に少なく、会議録、解説/特集を除くと7件のみの結果となったが、がん看護に関わる看護師は性に関する問題の重要性は認識していながらも、患者の性に関わることに苦手意識があり、がん患者への性に関する専門性の高いケアの重要性が示唆されていた。

　しかし、文献としては1件しか抽出できなかった「PLISSITモデル」について解説/特集では多数取り上げられていた。「PLISSITモデル」とは医療従事者による患者の性生活 についての段階的関与を提示したもの（Annon.JS,1976）で、「P：Permission 性相談を受けるというメッセージ を出す」「LI：Limited Information 基本的情報の提供」「SS：Specifi c Suggestions 個別的アドバイスの提供」「IT：Intensive Therapy 集中的治療」の4つの段階から成り立っている。このモデルの長所は、多くの患者に共通する基本的情報提供のレベル（PとLI）と個別対応を要するレベル（SSとIT）を区別し、性相談の専門的トレーニング

●一般演題

を受けていない医療者でも各自の力量に応じた関与を可能にしている。このモデルを取り上げ、解説／特集した雑誌が多かったことは、性に関するケアの意識が高まってきていることが伺える。今後、性的な問題に関する系統的な研究が増えていくことが望まれる。

引用参考文献

・Anon JS：The PLISSIT model: a proposed conceptual scheme for the behavioral treatment of sexual problems. J Sex Educ Ther 1976:2（2）;1-15.
・朝倉京子：わが国の保健医療領域におけるセクシュアリティ概念についての論点. 保健医療社会学会論文集, 2000:11; 82-93.
・掛屋純子, 掛橋千賀子：前立腺がん患者の排尿・排便・性機能・精神的負担感が自尊感情に与える影響. 日本がん看護学会誌, 2008:22（1）; 23-29.
・川野雅資, 武田敏：医療, ことに看護に性が欠落していた背景.-看護と性-ヒューマンセクシュアリティの視点から　第1版.看護の科学者　医療保健学研究.1991:10-18.
・高橋都：がん患者のセクシュアリティ　問題点の整理とケアの可能性.ターミナルケア 2004:4; 349-355.
・高橋都：がん治療を受ける患者の性をどう支えるか　がん看護2014:19;271-273
・文部科学省WEBサイト　がんプロフェッショナル養成基盤推進プラン（http://www.mext.go.jp/a_menu/koutou/kaikaku/1314727.htm）2018/1/31アクセス

一般演題

退院時の育児不安
－A病院における両親学級の検討－

湯川 博美[1]　湯舟 邦子[1]　川嶋 昌美[1]
光田 咲子[1]　高木 睦子[1]　鈴木 久美子[2]

1）昭和大学　保健医療学部　看護学科　2）いわき明星大学　看護学部

要約

　1989年にWHOとUNICEFが出した共同声明「母乳育児成功のための10か条」が浸透し、母乳育児が推進されているからであると言える。今回調査協力を得たA病院でも母子同室で母乳育児を推進している。入院中のケアについて評価するために、入院中から産後どの時期まで母乳育児が継続できているか調査を行った。その結果、新生児の1か月健診時に体重増加不良を指摘され、混合栄養に切り替わることが多いことがわかった。しかし、必要な体重増加をしており、母乳のみで育児できるにも関わらず混合栄養に切り替わっているケースも含まれていた。そこで、新生児の発育を評価する時期に母乳のみで育児が可能であるか否か判断ができる知識の供給と判断する機会を持つことにより母乳育児が継続できる率が増加するのではないかと考えた。

緒言

　平成27年度に厚生労働省が実施した乳幼児の栄養調査の結果、妊娠中に、「ぜひ母乳で育てたいと思った」と回答した者の割合は43.0％、「母乳が出れば母乳で育てたいと思った」と回答した者の割合は50.4％であり、合計すると母乳で育てたいと思った者の割合は9割を超えていた。母乳育児に関する妊娠中の考え別に、授乳期の栄養方法（1か月）をみると、「ぜひ母乳で育てたいと思った」と回答した者は、母乳栄養の割合が最も高く67.6％、「母乳が出れば母乳で育てたいと思った」と回答した者は、混合栄養の割合が最も高く55.6％であった。
　これは、1989年にWHOとUNICEFが出した共同声明「母乳育児成功のための10か条」が浸透し、母乳育児が推進されているからであると言える。今回

●一般演題

調査協力を得た A 病院でも母子同室で母乳育児を推進している。入院中のケアについて評価するために、入院中から産後どの時期まで母乳育児が継続できているか調査を行った。その結果、新生児の 1 か月健診時に体重増加不良を指摘され、混合栄養に切り替わることが多いことがわかった。しかし、必要な体重増加をしており、母乳のみで育児できるにも関わらず混合栄養に切り替わっているケースも含まれていた。そこで、新生児の発育を評価する時期に母乳のみで育児が可能であるか否か判断ができる知識の供給と判断する機会を持つことにより母乳育児が継続できる率が増加するのではないかと考えた。入院中得た知識と経験をもとに母乳育児を継続していくが、自然分娩の場合、入院期間は 4 日から 5 日と短いため退院後 1 か月まで母乳育児を継続させるための知識を供給しきれていない。さらに、抱っこや授乳方法、沐浴などの育児手技の習得獲得が主となり、今後起こり得ることについてまで十分指導するに至らない。また、産後 1 か月の母子を対象にする学級活動は、新生児の生活パターン、新生児の特徴についての内容がほとんどである。よって、育児の準備段階である両親学級を利用し指導することで、育児不安が軽減され、より円滑な育児ができるのではないかと考える。そこで、両親学級に参加した褥婦に退院時にアンケート調査を行い、妊娠中に知りたかった内容を調査した。その結果から、母乳育児に継続するために効果的な両親学級のプログラムの検討を行った。

研究方法

1. 研究対象

対象者は、A 病院開催の両親学級に参加した退院前日の褥婦。および A 病院開催の両親学級に参加し、分娩後病院から退院する褥婦。

2. 調査内容

1) 退院時は、妊娠期から知っておけば良かったと思う育児関連・新生児関連・環境関連について先行文献 [1)2)3)] を参考に調査票を作成し調査を行った。さらに、退院時の不安だったことについて調査した。

退院日のアンケートは、退院前日受け持ちスタッフが配布し、病棟内のある回収箱に投函してもらった。産後 1 か月のアンケートは、産後 1 か月健診時母子健康手帳提出時に手渡し、待ち時間に記載し外来の回収箱に投函してもらった。

3. 調査期間

2014年3月1日から2014年8月末日まで行った。

4. 倫理的配慮

昭和大学保健医療学部倫理委員会およびA病院の倫理委員会の承諾を得、助産院では委員長の許可を得てから実施した。

添付した「研究への協力のお願い」と題する説明文章を本人に渡し、これをもとに、研究の目的、提供していただく資料、資料の入手方法、資料の使用方法、資料の管理と保管、資料提供に伴う利益・不利益、自由意思による同意と同意撤回の自由、研究への参加を断っても、看護ケアや治療上の不利益は受けないことについて十分納得されたことを確認した後に、調査結果は連結不可能匿名化であるため、アンケート調査用紙を回収ボックスに提出した後は同意を撤回できないことを説明し回収する。

5. 解析方法

アンケートの全項目について、退院時に集計を行った。また、初産婦、経産婦の2群における比率の差を検定した。

結果

1. 退院時アンケート回収数

3月から8月末日までの配布件数537件であった。回答数は初産婦162名、経産婦153名であった。

2. 妊娠中に知っておけば良かったと思う項目と比率

1) 育児関連

初産婦A病院受講群で「授乳間隔」54.9%、「吸着方法」59.8%、「授乳時の抱き方」53.0%、「乳頭手入れ」56.1%、「抱っこ方法」55.0%、「沐浴方法」48.1%、「泣いている理由」54.3%、「上の子の関わり」4.9%であった。

経産婦A病院受講群では、「授乳間隔」32.6%、「吸着方法」33.3%、「授乳時の抱き方」30.0%、「抱っこ方法」55.0%、「沐浴方法」20.2%、「泣いている理由」30.0%、「上の子の関わり」50.3%であった。

● 一般演題

2）新生児関連

初産婦では、情報が欲しい項目として「便」22.8%、「皮膚」21.6%、「嘔吐」18.5%であった。経産婦のほしい情報として「皮膚」18.3%、「便」17.6%が示された。

3）退院に際して不安なこと

初産婦では「授乳」73.4%、「あやし方」37.0%、経産婦では「家事」が56.3%、「上の子の世話」が67.7%、「授乳」20.9%、「あやし方」3.2%であった。

4）初産婦、経産婦間で有意差のあった項目（図1）

退院時に知っておけば良かったと思う項目で、初産婦と経産婦の間有意差があったものは以下のものであった。授乳間隔：初産婦54.9%、経産婦32.6%、p値0.0343、吸着方法：初産婦59.8%、経産婦33.3%、p値0.0089、授乳時抱き方：初産婦53.0%、経産婦30.0%、p値0.0330、沐浴方法：初産婦48.1%、経産婦20.2%、p値0.0173、泣いている理由：初産婦54.3%、経産婦30.0%、p値0.0236、上の子の関わり：初産婦4.9%、経産婦50.3%、p値0.0003。

3. 退院時に不安だった項目

1）初産婦、経産婦間で有意差のあった項目（図2）

退院時に不安だった項目で、初産婦、経産婦間で有意差のあった項目は、授乳：初産婦73.4%、経産婦20.9%、p値0.0000、あやし方：初産婦37.0%、経産婦3.2%、p値0.0119

であった。

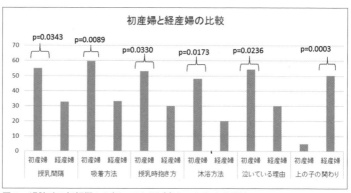

図1　退院時に妊娠期から知っておけば良かったとする項目

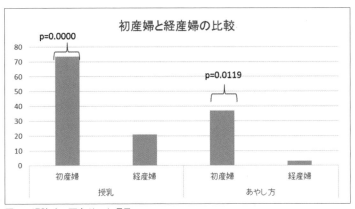

図2　退院時　不安だった項目

考察

　退院時のアンケート結果から、妊娠期から知っていた方が良かったと思う項目と不安であることでは、初産婦と経産婦で差があることが確認できた。

　育児関連項目では、「授乳間隔」「吸着方法」「授乳時の抱き方」「乳頭の手入れ」「抱っこの方法」「泣いている理由」について初産婦の半数以上が妊娠中から知っておけば良かったと述べており入院期間だけでは、初めて子どもを持った母親に納得できる保健指導ができていないことがいえる。経産婦の3割のものが「授乳間隔」「吸着方法」「授乳時の抱き方」「泣いている理由」について妊娠中から知っておけ良かったと言っている。特に「抱っこ方法」に関しては、経産婦も半数以上が妊娠中から知っておけば良かったと言っている。よって、妊娠中から上記に挙げられた内容を両親学級に組み込むことによりニーズにこたえることができると考える。しかし、「母乳栄養の希望継続期間も産後6カ月以上が多い。」[4]「妊婦にはそれぞれの生活背景や考え方が異なり、母乳育児について何も考えたことがない妊婦もいる。」[5] とも言われ、両親学級の内容の検討にあたり参加者の背景を詳細に把握することも必要である。

　退院時の不安に関しては、初産婦は「授乳」、経産婦は「あやし方」とニーズは異なっている。妊娠中から知っておいたら良かった内容には、類似性があるが大きく捉えると「授乳」という行為にはじめて母親になるものは不安を感じており、初産婦、経産婦のニーズにはずれがあり、両親学級の内容に違いを持たせる

● 一般演題

必要性がある。

「母乳育児に関する情報を説明したが妊婦へなかなか伝わっていないと感じることがある」[5] とも言われ項目の見直しだけでなく、ロールモデルを示し、それをもとに家庭内で実践してみるプログラムなど開発するなど伝達方法の改善が必要であると考える。

文献

1) 橋本美幸、江守陽子:効果的な家庭訪問指導を目的とした訪問指導時期の検討 ―出産後～12週までの母親の育児不安軽減の観点から-、小児保健研究 第67巻 第1号 47-56、2008

2) 加藤真紀子、高村浩美、古川みね 他:当院における母親学級の現状と課題、島根母性衛生学会雑誌 15巻、73-77、2011

3) 小田和美、福田典子 他:出産前教育(母親・両親学級)の現状と今後のあり方、京都病院学会集録 第47回、144、2012

4) 井上理絵,富岡美佳,梅崎みどり他:「妊婦が希望する妊娠中の母乳育児支援-初産婦と経産婦の比較-,山陽論叢,第22巻,1-9,2015

5) 谷口紗恵子:「母親学級～お母さんにやさしい情報とは:Step3,4,5,6,7.8,9～」日本母乳哺育学会雑誌,第9巻,第1号,71-79,2015

一般演題

中学生における月経痛の感じ方と関連因子

風間 みえ [1]　藤川 君江 [1]
1) 日本医療科学大学

Ⅰ. 研究の背景と目的

　月経痛は女性にとって、心の健康と生活の質に影響を与える重要な健康問題である。子どもの身体発育の加速に伴い、日本人女子の初経年齢は平均12.1歳まで低下している（日野林　2010）。月経痛が主症状である機能性月経困難症は初経から1～2年経過する時期の発症が特徴であることから、中学生において月経痛が学習や日常生活に影響を及ぼしていることが予測される。機能性月経困難症の原因としては、性ステロイドホルモンのアンバランス、プロスタグランデンの過剰産生、心因性による説が有力といわれている（苛原　2003）。心因性の原因については、月経に対するマイナスイメージを持っていることなどが報告されている（久松　2008）が、月経痛と心因性に関する研究報告は少ない。そこで本研究は、機能性月経困難症の発生が予測される中学生を対象に月経痛の感じ方との関連因子を明らかにして、今後の月経教育に寄与する事を目的として行った。

Ⅱ. 研究方法

1. 調査デザイン

　調査対象者は、研究に同意の得られたN県の中部に位置する5市1町の中学校28校に通学する1年生から3年生女子中学生のうち研究に同意の得られた1053人を対象に、独自に作成した調査用紙を用いた無記名自記式質問用紙調査とした。

2. 調査手順

　調査対象の5市1町の教育委員会を経由し、中学校長会の場で研究の主旨を説明し調査協力の依頼を行い、調査協力が得られた中学校に直接出向いて、生徒

●一般演題

に調査協力の依頼を行った。生徒に直接依頼協力ができない学校には、必要な書類（保護者への依頼文、中学生への説明文、中学生へのアンケート用紙調査）を郵送した。アンケート用紙の配布と調査協力の依頼文を読み上げる担当は、養護教諭またはクラス担任に依頼した。回収は学校内に設置した回収箱へ投函する方法とした。

3. 設問内容

1) 基本情報に関する設問
　　年齢、学年、身長、体重、
2) 月経に関する設問
　　初潮年齢、月経周期、月経持続日数
3) 月経痛に関する設問

　　痛みの感じ方については、簡易型 McGill 痛みの質問表：SF-MPQ を使用した。まず、痛みの種類を、「感情的痛み」と「感覚的痛み」の2群に分けてその項目に含まれる感じ方の有無を尋ねた。感覚的痛みは、「ズキンズキンと脈打つ痛み」、「ギクッと走るような痛み」、「突きさされるような痛み」、「鋭い痛み」、「しめつけられるような痛み」、「食い込むような痛み」、「焼けつくような痛み」、「うずくような痛み」、「重苦しい痛み」、「さわると痛い」、「割れるような痛み」の11項目とした。感情的痛みは、「心身ともにうんざりするような痛み」、「気分が悪くなるような痛み」、「恐ろしくなるような痛み」、「耐え難い身の置き所のない痛み」の4項目とした。「感覚的痛み」及び「感情的痛み」についての有無は、「全くない」、「いくらかある」、「かなりある」、「強くある」の4つの強度で尋ね、さらに「感覚的痛み」と「感情的痛み」の強度を合計した。「総合的な月経痛の感じ方」については、「痛みは全くない」、「僅かな痛み」、「煩わしい痛み」、「厄介で情けない痛み」、「激しい痛み」、「耐え難い痛み」の6項目で尋ねた。月経痛の程度は、視覚的アナログ尺度（VAS）で行った。

4) 月経に随伴して起こる症状に関する設問
　　「吐き気」、「食欲不振」、「倦怠感」、「気分の落ち込み」の4項目とした。

4. 調査期間

　　2012年10月～2013年3月

5. 分析方法

月経痛の程度については、月経痛 VAS≥4 を月経困難症とし、そのうち VAS ≥7 を重症の月経困難症と定義して対象者の月経強度を分析した（柳堀 1997、古田 2006）。

各項目を単純集計および相関関係を分析した。分析には、SPSS（バージョン 21、SPSS 社、シカゴ、IL、USA）を使用した。P 値<0.05 を統計的有意とした。

6. 倫理的配慮

研究に同意の得られた中学校に在学する女子生徒 1 年生〜3 年生に文書と口頭で研究目的、方法、アンケート調査したデータの取り扱いについて説明した。さらに生徒の保護者にも文書で、生徒に説明した内容と同様の内容を説明し、家族で相談して調査に同意ができる場合には調査用紙の提出をお願いする旨も追加した。本研究は、新潟大学医学部倫理審査委員会の承認を得ている。

III. 結果

対象者の特性は、次のとおりであった。年齢 14.3 歳（SD± 0.9）、身長 1.56m（SD 0.06）、体重 47.5kg（SD 6.4）、BMI19.6（SD 2.2）、初経年齢 12.1 歳（SD 1.0）、初経後年数 2.3 年（SD 1.2）、月経周期 34.2 日（SD 7.9）、月経持続日数 6.7 日（SD 1.5）、月経困難症の有病率は 1018 分の 476(46.8%)であり、そのうち重症の月経困難症は 1018 分の 180（17.7%）であった。

「総合的な月経痛の感じ方」と関連要因の相関関係については、表 1 に示した。「総合的な月経痛の感じ方」と相関関係が見られたのは、「月経痛の強度 (0.659)」、「感覚的痛み (0.512)」、「感情的痛み (0.439)」の 3 項目であった。

●一般演題

表1　総合的な月経痛の感じ方と関連要因の相関関係　　n=725

年齢	0.119
初経後年数	0.158
月経周期	.020
出血期間	0.067
吐きけ	-0.159
食欲不振	-0.215
倦怠感	-0.255
気分の落ち込み	-0.163
月経痛の強度	0.659*
感覚的痛み	0.512*
感情的痛み	0.439*

「総合的な月経痛の感じ方」については図1に示した。

「僅かな痛み」25%、「煩わしい痛み」23%、「厄介で情けない痛み」6%、「激しい痛み」13%、「耐えがたい痛み」4%との結果であった。

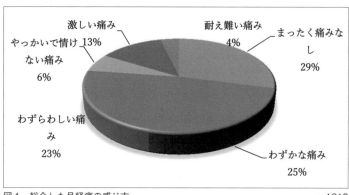

図1　総合した月経痛の感じ方　　　　　　　　　　　　　n=1018

「総合的な月経痛の感じ方」と関連要因として、「年齢」、「初経後年数」、「月経周期」、「出血期間」、「吐き気」、「食欲不振」、「倦怠感」、「気分の落ち込み」、「月経痛の強度」、「感覚的痛」み、「感情的痛み」の11項目について相関関係を検討した。その結果、相関関係が見られたのは、「月経痛の強度 (0.659)」、「感覚

的痛み(0.512)」、「感情的痛み(0.439)」の3項目であった。

月経困難症と「総合的な痛みの感じ方」については表2に示した。月経困難症がない人に関しては、月経痛が、「僅かな痛み」と感じている場合が全体の27.3%と最多であった。月経困難症の軽症の人に関しては、「煩わしい」と感じている場合が20.4%と最多であった。また、月経困難症の重症の人に関しては、「激しい痛み」と答えている場合が全体の12.14%であり最多であった。

表2 月経困難症と総合的な痛みの感じ方　　　　　　　　　　　　　　　　　n=725

	月経困難症無し	月経困難症(軽症)	月経困難症(重症)
全く痛み無し	0.14%	0%	0%
僅かな痛み	27.31%	8%	0.28%
煩わしい痛み	7.72%	20.41%	4%
厄介で情けない痛み	0.14%	3.86%	4.28%
激しい痛み	0.14%	0.14%	12.14%
耐え難い痛み	0%	1.66%	3.72%

Ⅳ. 考察

対象者の月経に関する情報では、初経年齢の平均が12.1歳であった。日本人女性の初経年齢については12.1歳(日野林　2010)との報告と同値であり、今回の対象は日本の平均集団の中に位置しているといえる。また月経周期は平均34.2日であり、周期の正常範囲(25日～38日)に位置しており、月経持続日数は6.7日と、月経持続期間の正常範囲(3日～7日)に位置していた(前原由紀子編2011)。本研究では、月経困難症を月経痛強度で分析した。月経困難症率は46.8%であり、そのうち17.7%は重症であった。多賀らは、機能性月経困難症においては、有病率が30%～40%にも達する(多賀　1992)と述べており本研究の対象者においても同様の結果であった。本研究対象者の月経困難症については、初経後数年経過で生じており機能性月経困難症と考えられる。就学時の月経困難症は、日常生活のみならず学業においても大きな影響を与えることから、医療機関への受診やセルフケアでの対応につながる支援が必要である。月経困難症の重症度と総合的な痛みの感じ方の関連は、月経困難症の重症度が上昇するにつれて「総合的な痛み」の感じ方を激しい痛みとして感じているものが多かっ

●一般演題

た。痛みは日常的に遭遇するが、評価は難しいものの1つである。痛みは身体に何らかの損傷が発生した時に生ずることから、身体の危険信号になっていると赤松は述べている（赤松 1990）。研究対象者は、月経痛による痛みの強度が増すにつれて激しい痛み表現をしている事から、身体をまもるために必要な治療やセルフケアに繋ぐことが期待できる。

「総合的な月経痛の感じ方」と関連要因の相関については、「月経痛の強度 (0.659)」、「感覚的な痛み (0.512)」、「感情的痛み (0.439)」との相関関係が見られた。赤松 (1990) は、「感覚的痛み」の表現や「感情的痛み」の表現は、痛みの強度と一致すると述べている。また、「総合的痛み」の感じ方も痛みの強度と一致すると述べており、本研究も同様の結果であった。その他の項目である、年齢、初経後年数、月経周期、出血期間や、吐き気、食欲不振、倦怠感、気分の落ち込みなど月経に付随する症状に対しても分析したが、相関関係があったものはすべて痛みに関するものであった。「総合的な月経痛の感じ方」と相関関係が示唆された「感覚的痛み」には、痛みの時間、空間、圧力、温度に関するもので損傷によって生じた痛み刺激であり、情動的な性質である緊張や恐怖で決まるものであると述べられている（赤松 1990）。すなわち、「感情的痛み」と「感覚的痛み」は、痛み全体を決定するものであり、その意味では痛みの強度と相まって総合的な痛みの表現となっている。「総合的な痛みの感じ方」を表現する言葉を傾聴する事により、月経による心理的・身体的な痛みの軽減する方法につながると思われる。

Ⅴ．結論

1) 「総合的な月経痛の感じ方」は、「月経痛の強度」、「感覚的な痛み」、「感情的な痛み」と相関していた。
2) 「総合的痛みの感じ方」を表現する言葉を傾聴する事により、月経による心身の痛みを軽減する方法につながる。

引用文献

赤松幹之、痛みと評価．バイオメカニズム学会誌　1990:Vol 14 No.3:151 - 159

苛原稔、月経痛．産科と婦人科　2003:70巻　11号;1454-1461

多賀理吉　佐治正彦、月経困難症.産婦人科の実際　1992:Vol　41　No7

久松正、痛みのメカニズムとそのケア．心身健康科学　2008:4巻8号;1-6

日野林俊彦、発達加速現象に関する進化発達心理学的研究．科学研究助成事業報告書　2010:33;229-232

前原由紀子、新看護観察のキーポイントシリーズ　母性Ⅱ.中央法規　2011;291

柳堀厚　伊藤元博　他.月経痛の評価方法―Visual Analogue Scaleを用いた検討― ．産科と婦人科　1917:4号;561-567

古田里美.VAS（Visual Analogue Scale）を用いた高校生の月経随伴症状の評価.鹿児島純心女子短期大学研究紀要　2006:第36号;35

一般演題

フリースタイル分娩によりcomfortで会陰損傷を最小限にする助産師学生の体験
The clinical experiences of midwifery students' care to minimize the perineal laceration and comfort in alternative labor positions

岩尾 侑充子
横浜創英大学

抄録

　本研究は、助産師学生が助産学の臨地実習で施設分娩における分娩台の分娩介助を数件経験した後、助産所でフリースタイル分娩の分娩介助を経験したComfortで会陰損傷を最小限にする助産の体験を明らかにすることを目的とする。研究方法は、助産師学生17名を対象に半構成的面接によってデータを得た。逐語録にデータを起し、助産師学生のフリースタイル分娩介助の体験を抽出しコード化し、サブカテゴリー、カテゴリーを抽象する質的帰納的研究デザインを用いた。結果は、フリースタイル分娩のケアによりComfortで会陰損傷を最小限にする助産師学生の体験は、5つのカテゴリーから構成された。【分娩時の安楽な体位と助産師の適応能力】【呼吸法および努責の声かけ】【会陰裂傷を最小限にするスキル】【清潔へ意識】【助産力】の5つのカテゴリーを見出した。

　助産師学生はフリースタイル分娩介助の体験から、分娩時の安楽な体位と助産師の適応能力、呼吸法および努責の声かけ、会陰裂傷を最小限にするスキル、清潔へ意識、助産力が重要であることが示唆された。

キーワード：alternative labor、midwifery student、perineal laceration

Ⅰ．緒言

　近年、産科医不足の問題が解消されない中で産科施設が集約され、少子高齢化、生殖医療の発達や女性の社会進出により、ハイリスク分娩の増加は顕著であり、正常分娩が減少している（厚生労働省、2014）。また、助産学生の実習可能な施

設の分散化や産婦の学生による分娩介助拒否のため、助産教育における臨地実習での正常分娩の分娩介助件数「10回程度」の到達目標は、その確保が厳しい状況である（日本医師会、2014）。また、妊産婦自ら持っている能力を最大限に活かし、自然や生理学的なメカニズムを尊重するアクティブバース、またはフリースタイル分娩（出産）（Balaskas、1988;Odent、1984）の考えが日本に導入され、World Health Organization（世界保健機構；以下 WHO）により「出産の初めから終わりまで、産婦の姿勢と動きを自由にすること」が推奨（WHO、1996）され、国内では「健やか親子21（第2次）」の「妊娠・出産に関する安全性と快適さの確保と不妊への支援」（厚生労働省、2015）の保健政策プランへの取り組みが今日も継続している。しかし、産科医や助産師のマンパワー不足の問題などで産婦は必ずしも十分なケアが行われているとはいえない。病院勤務助産師（宮本・赤井、2010）や院内助産所、開業助産所、オープンシステム等によりフリースタイル分娩が実施されているが、その実施については医師との協力と助産技術の習得が不可欠であり、日本国内におけるその実施の状況はまだ明らかになっていない。また、熟練助産師からの助産学生の学びを抽出した研究（矢津、2003）があるが、病院や産科クリニックにおいて分娩台で仰臥位（ファーラー位かつ截石位）の分娩介助を経験後、助産所でフリースタイル分娩介助を経験した助産学生の学びは、喜びと感動とともに語られることから、専門職助産師としての責務の認識、その後目標とする助産師の理想像や助産観に影響すると考えられる。そこで、助産師学生が助産学の臨地実習で施設分娩における分娩台の分娩介助を数件体験した後、助産所でフリースタイル分娩の分娩介助を体験したComfortで会陰損傷を最小限にする助産の体験を明らかにすることを本研究の目的とする。

Ⅱ．研究方法

1. 研究デザイン
   半構成的面接法による質的帰納的研究デザイン
2. データ収集方法
   研究協力者のリクルートは、施設長（助産師養成専門学校）および教員の承諾を得た上で、助産学生が分娩台で仰臥位の分娩介助後にフリースタイル分娩介助を経験した助産学生の紹介を教員に依頼し、紹介を受けた後に研究協力者へ研究協力の依頼を行った。データの収集方法は、分娩介助に関わる助産学実習の関連

● 一般演題

科目の終了後に研究協力を得られた助産学生で、助産学実習において、病院や産婦人科医院で分娩台で仰臥位の分娩介助後、助産所でフリースタイル分娩介助を経験した助産師学生を対象とした。研究参加者には、半構成的インタビューを1人1回行い、分娩介助を体験した学びについて、自分の思いや考えを自由に語ってもらい、許可を得てICレコーダーで録音した。また、年齢、分娩介助数、分娩介助時の体位、周産期帰結の異常の有無について確認した。面接場所は、研究参加者の希望する日時にプライバシーを確保できる静かな個室で行った。

3. 調査期間：2011年10月～12月

4. 分析方法

録音されたインタビュー内容から逐語録を作成し、素データとし、1文章あるいは関連文章を1単位とし、分娩台で仰臥位の分娩介助後にフリースタイル分娩介助を経験した助産学生の学びについて確認できた内容を簡潔な文章で抽出し、コードとした。それらの意味内容の類似性、相違性に基づき集約、分類し代表的なコード（以下［　］）とした。次に代表的コードを同様に集約、分類しサブカテゴリー（以下《　》）とした。さらに、サブカテゴリーから説明できるかどうか検討を行い、共通するものを集約しカテゴリー（以下【　】）を見出した。

5. 研究の信頼性・妥当性

作成された逐語記録を研究方法にそってデータを集約、分類した。分析過程においては、助産学研究者2名のスーパーバイズを受けるとともに、常にコードを読み直し、その意味内容を損なわないよう検討を繰り返した。不明確な内容の解釈については逐語録および録音データの確認を行うことにより分析結果の信頼性、妥当性の確保に努めた。

6. 倫理的配慮

本研究は研究者が所属する機関に倫理審査委員会の承認を得て実施した。また、研究協力施設長に対し、研究目的、研究方法、倫理的配慮などを文書で説明し、文書による承諾を得た。研究協力者には助産学実習終了後に、研究内容の説明をし、研究協力は自由意思での研究参加であり、途中辞退が可能であること、個人情報の保護に努めること、プライバシーを保証する旨の説明を文書及び口頭で行った。データを得る際は、個人が特定されないよう無記名とし匿名性を保証するとともに個人情報の保護に努めることこと、得られたデータは本研究目的以外には使用せず、終了後はすべて適切な方法で破棄することを保証した。また、研究協力者が学生であるため、不参加による学習者としての不利益や被らないことを伝え、研究協力の承諾意思を確認し、文書による同意を得て実施した。

Ⅲ．結果

1. 研究協力者の概要

　研究協力者である助産師学生10名は関東近郊の助産師養成専門学校に在籍し、平均年齢は27.8歳±3.9歳（最小23歳、最大33歳）であった。病院または産婦人科医院の分娩台での分娩介助数の平均は9.4±1.3（最小7、最大11）、その後、助産所（8施設）でのフリースタイル分娩介助数は平均3.0±1.9（最小1、最大7）、分娩介助数合計は12.4±1.7（最小11、最大16）であった。フリースタイル分娩における分娩第2期の児娩出時の体位については、仰臥位・載石5例、ファーラー位・セミファーラー位3例、側臥位13例、四つ這い7例、立位・蹲踞位2例の合計30例だった。会陰裂傷については、intact（無傷）25例、会陰裂傷1度5例だった（表1）。フリースタイル分娩で出生直後の母児の異常および分娩時出血量等に異常はなく、全員経産婦だった。面接時間は1名につき50～80分で平均66分であった。助産学の臨地実習について、病院、産婦人科医院での分娩介助等の実習（分娩期助産学実習）は6単位（6施設）、フリースタイル分娩介助等を経験した実習（継続事例実践実習、地域母子保健実習）は3単位（8助産所）であった。

2. カテゴリーの抽出

　フリースタイル分娩によりcomfortで会陰損傷を最小限にする助産師学生の体験について半構成的面接で明らかになった内容を質的分析した結果、398コードより56の代表的コード、16サブカテゴリー、5カテゴリーが抽出された（表2）。

1）分娩時の安楽な体位と助産師の適応能力

　【分娩時の安楽な体位と助産師の適応能力】は《各スタイルに適切な介助姿勢》《産婦の訴えに対応したタイムリーな体位変換》《母児の安全と安楽》《助産師の適応能力》の4つのサブカテゴリーから構成された。《各スタイルに適切な介助姿勢》は［仰臥位、分娩台での分娩介助から助産所でのフリースタイルに最初は戸惑った］［自分が介助するのに楽な体位にすればよいのだとわかりその後はやりやすいと感じた］［四つん這いや側臥位分娩の時の介助する自分の立ち位置が迷ったが助言によりコツがわかった］［産婦に意志に合わせて迅速に体位を変えて対応するので、寄り添うケアを体験できた］［アクティブバースの学びを分娩台での仰臥位分娩で活かせるように心がけたい］［いろんなスタイルに合わせた介助姿勢をとるので助産師の体力が必要だと思った］［介助者にとっては台のような上に産婦がいる方が楽だった］の7つのコードから構成された。《産婦の訴

● 一般演題

えに対応したタイムリーな体位変換》は [産婦の意のままに産婦の意見を聞きながら体位を工夫していた][産婦の訴えにいろんなアドバイスを具体的に行い、すぐに体位変換をいろいろなクッションなどを使って行っていた][産婦の体位の変化に伴い、助産師の介助位置が変わるがその動きが自然で産婦中心の対応だった][産婦が思ったように順調に進まない場合の対応や待つことの大切さを学んだ] の4つのコードから構成された。《母児の安全と安楽》は [妊娠中に分娩体位の練習を行い、児の安全と共に母親が安楽であるように様々な体験を経て分娩の本番を迎えていた][安全で安楽な姿勢が産婦の心をリラックスさせ、陣痛を乗り越えられるのではないか][産婦が苦しいのはベビーも苦しいので、やはり産婦が安楽に感じていることが大事と思った][娩出する新生児をどの時期にご主人に触れさせるかを事前に話して打ち合わせしていた] の4つのコードから構成された。《助産師の適応能力》は [どんな産婦の訴えも助産師は対応していた][アクティブバースを行う助産師は産婦のすべてを受け入れ、対応できる能力や力量が必要不可欠と思った][技術だけでなく志や信念のもとに母児の生命に責任を持つ助産師の能力をすばらしいと思った] の3つのコードから構成された。

2) 呼吸法および努責の声かけ

【呼吸法および努責の声かけ】は《産婦の主体性と自律性》《産婦の安楽》《胎児の健康》の3つのサブカテゴリーから構成された。《産婦の主体性と自律性》は [助産所を選択した時点で産婦の主体性や自律性が高いと思った][妊娠中から本当によく勉強していてしっかりしている][自分の意思を明確に伝え、自分のお産に積極的だった][「お産の時はこうしたい」「これをやってみたい」という考えを持っていて助産師に伝えていた] の4つのコードから構成された。《産婦の安楽》は呼吸法や気持ちの良い努責を行うことで産婦は陣痛を苦しみと感じている様子は感じなかった][呼吸法でしっかり陣痛の超え方を身体でわかり、夫婦や助産師と共にのりこえている感じだった] の2つのコードから構成された。《胎児の健康》は [病院だとほとんど致し方なくモニターにつながれっぱなしの状態で分娩になるが産婦の気持ちを大事にしながら胎児心拍数のチェックを行っていた][助産師は常にドップラーやモニターをつけてチェックしていた] の2つのコードから構成された。

3) 会陰裂傷を最小限にするスキル

【会陰裂傷を最小限にするスキル】は《会陰におけるテクニック》《肛門保護》《呼吸法と努責方法》の3つのサブカテゴリーから構成された。《会陰におけるテク

ニック》は[ハンズオンやハンズオフは全く気にならなかった][改めて会陰保護って何だろうと考えた][分娩台の仰臥位だからこそ必要な会陰保護であり、フリースタイル分娩ではハンズオフがほとんどと思った][新生児が自然に娩出されるのを見守っているというイメージでハンズオフが多かったと思う]の4つのコードから構成された。《肛門保護》は[会陰保護というより肛門保護という印象だった][肛門保護をするだけで産婦が安心していた][清潔にということもあるが努責が自然にかかるときは産婦が安心していた][産婦が便の排出を気にしていたり不安に思ったりするので安心しているように感じた]の4つのコードから構成された。《呼吸法と努責方法》は[無理にいきまない、いきませない呼吸法の援助に最初は戸惑った][産婦は陣痛をのりきるために自らがんばっていた][どんなに強い陣痛でも産婦の心が静かでリラックスできていると呼吸が上手だった][経産婦はほとんどいきませない、いきまないように呼吸を行い、陣痛をさけて少しいきむ程度の時もあり、対象者の状態を判断した声かけを学んだ][今はゆっくり進んだ方がいいとか、今は少しいきんでもらおうとか、適時、理由をいって声かけしていた]の5つのコードから構成された。

4) 清潔へ意識

【清潔へ意識】は《優先すべき清潔操作》《清潔にすべき医療行為》の2つのサブカテゴリーから構成された。《優先すべき清潔操作》は[清潔不潔の区別がつきにくかったが、清潔で大切にすべきことがわかった][体位に応じて、清潔シーツの取り扱いや清潔操作を学べた]は2つのコードから構成された。《清潔にすべき医療行為》は[何を清潔にしなければならないのかを確実に学べた][内診、胎児娩出、会陰裂傷、臍帯切断など、いつ、どこを、どのおうに取り扱わなければならないか、よくわかった]の2つのコードから構成された。

5) 助産力

【助産力】は《助産診断能力》《対処能力》《救急処置の技術》《産婦に寄り添う

表1 研究協力者の概要

研究協力者	分娩台での分娩介助数	フリースタイル分娩介助数	フリースタイル分娩 会陰裂傷なし(intact) n=25					フリースタイル分娩 会陰裂傷第1度 n=5		
			仰臥位 截石位	ファーラー位 セミファーラー位	側臥位	四つ這い	立位 蹲踞位	仰臥位 截石位	ファーラー位 セミファーラー位	側臥位
A	11	1		1						
B	10	1					1			
C	10	2		1					1	
D	9	2	1		1					
E	11	3		1	1				1	
F	10	2		1	1					
G	8	3		1	1			1		
H	7	4		1	1		1			
I	9	5	2		2	1				
J	9	7			3	1		1		

●一般演題

表2 助産師学生のフリースタイル分娩により comfort で会陰損傷を最小限にする助産師学生の体験

カテゴリー	サブカテゴリー	コード
【分娩時の安楽な体位と助産師の適応能力】	《各スタイルに適切な介助姿勢》	[仰臥位，分娩台での分娩介助から助産所でのフリースタイルに最初は戸惑った]
		[自分が介助するのに楽な体位にすればよいのだとわかりその後はやりやすいと感じた]
		[四つん這いや側臥位分娩の時の介助する自分の立ち位置が迷ったが助言によりコツがわかった]
		[産婦に意志に合わせて迅速に体位を変えて対応するので，寄り添うケアを体験できた]
		[アクティブバースの学びを分娩室の仰臥位分娩で活かせるように心がけたい]
		[いろんなスタイルに合わせた介助姿勢をとるので助産師の体力が必要だと思った]
		[介助者にとっては台のような上に産婦がいる方が楽だった]
	《産婦の訴えに対応したタイムリーな体位変換》	[産婦の意のままに産婦の意見を聞きながら体位を工夫していた]
		[産婦の訴えにいろんなアドバイスを具体的に行い，すぐに体位変換をいろいろなクッションなどを使って行っていた]
		[産婦の体位の変化に伴い，助産師の介助位置が変わるがその動きが自然で産婦中心の対応だった]
		[産婦が思ったように順調に進まない場合の対応や待つことの大切さを学んだ]
	《母児の安全と安楽》	[妊娠中に小ેに体位の練習を行い，児の安全と共に母親が安楽であるように様々な体験を経て分娩の本番を迎えていた]
		[安全で安楽な姿勢が産婦の心をリラックスさせ，陣痛を乗り越えられるのではないか]
		[産婦が苦しいのはベビーも苦しいので，やはり産婦が安楽に感じていることが大事と思った]
		[娩出する新生児をどの時期にご主人に触れさせるかを事前に話して打ち合わせしていた]
	《助産師の適応能力》	[どんな産婦の訴えも助産師は対応していた]
		[アクティブバースを行う助産師は産婦のすべてを受け入れ，対応できる能力や力量が必要不可欠と思った]
		[技術だけでなく志や信念のもとに母児の生命に責任を持つ助産師の能力をすばらしいと思った]
【呼吸法および努責の声かけ】	《産婦の主体性と自律性》	[助産所を選択した時点で産婦の主体性や自律性が高いと思った]
		[妊娠中から本当によく勉強していてしっかりしている]
		[自分の意思を明確に伝え，自分のお産に積極的だった]
	《産婦の安楽》	[｢お産の時はこうしたい｣｢これをやってみたい｣という考えを持っていて助産師に伝えていた]
		[呼吸法でしっかり陣痛の超え方を身体でわかり，夫婦や助産師と共にのりこえている感じだった]
		[呼吸法や気持ちの良い努責を行うことで産婦は陣痛苦しいと感じている様子は感じなかった]
	《胎児の健康》	[病院とほとんど致しなくモニターにつながれっぱなしの状態で分娩になるが産婦の気持ちを大事にしながら胎児心拍数のチェックを行っていた]
		[助産師は常にドップラーやモニターをつけてチェックしていた]
【会陰裂傷を最小限にするスキル】	《会陰におけるテクニック》	[ハンズオンやハンズオフは全く気にならなかった]
		[改めて会陰保護って何だろうと考えた]
		[分娩台の仰臥位だからこそ必要な会陰保護であり，フリースタイル分娩ではハンズオフがほとんどと思った]
		[新生児が自然に娩出されるのを見守っているというイメージでハンズオフが多かったと思う]
	《肛門保護》	[会陰保護というより肛門保護という印象だった]
		[肛門保護をするだけで産婦が安心していた]
		[清潔ということもあるが努責が自然にかかるときは産婦が安心していた]
		[産婦が便の排出を気にしていたり不安に思ったりするので安心しているように感じた]
	《呼吸法と努責方法》	[無理にいきまない，いきませない呼吸法の援助に最初は戸惑った]
		[産婦は陣痛をのりきるために自らがんばっていた]
		[どんなに強い陣痛でも産婦の心が静かでリラックスできているとき呼吸が上手だった]
		[経産婦はほとんどいきませない，いきませない呼吸を行い，陣痛をさけて少しいきむ程度の時もあり，対象者の状態を判断した声かけを学んだ]
【清潔への意識】	《優先すべき清潔操作》	[今はゆっくり進んだ方がいいとか，今は少しいきんでもらおうとか，適時，理由をいって声かけしていた]
		[清潔不潔の区別がつきにくかったが，清潔で大切にすべきことがわかった]
		[体位に応じて，清潔シーツの取り扱いや清潔操作を学べた]
		[優先的に清潔操作を行わなければならないことは何かを意識した]
	《清潔にすべき医療行為》	[何を清潔にしなければならないのかを確実に学べた]
		[内診，胎児娩出，会陰裂傷，臍帯切断など，いつ，どこを，どのように取り扱わなければならないか，よくわかった]
【助産力】	《助産診断能力》	[分娩進行で適切にアセスメントし，産婦に助言していた]
		[今はゆっくり進んだ方がいいとか，今は少しいきんでもらおうとか，適時，理由をいって声かけしていた]
		[妊娠中から産婦への教育を確実に行っていた]
	《対処能力》	[産婦の状態のアセスメント力，緊急事態に対応できる行動力が大事である]
		[開業している助産師は責任能力，技術力が高い]
		[医師との関係性が良好でリスクを予測し，よく連携していた]
	《救急処置の技術》	[母児の生命に責任ある行動ができる技術力，判断力が不可欠である]
		[常に緊急の対応ができる準備(人材や物品も含む)が必要である]
		[予測して早めに判断し行動する潔さを感じた]
	《産婦に寄り添う心》	[産婦や付き添いの家族の話をよく聞いていた]
		[産婦の訴えをよく聞いてケアしていた]
		[継続的または断続的に観察し，丁寧なケアをしていた]

心》の4つのサブカテゴリーから構成された。《助産診断能力》は [分娩進行を適切にアセスメントし、産婦に助言していた] [今はゆっくり進んだ方がいいとか、今は少しいきんでもらおうとか、適時、理由をいって声かけしていた] [妊娠中から産婦への教育を確実に行っていた] の3つのコードから構成された。《対処能力》は [産婦の状態のアセスメント力、緊急事態に対応できる行動力が大事である] [開業している助産師は責任能力、技術力が高い] [医師との関係性が良好で、リスクを予測し、よく連携していた] の3つのコードから構成された。《救急処置の技術》は [母児の生命に責任ある行動ができる技術力、判断力が不可欠である] [常に緊急時の対応ができる準備(人材や物品を含む)が必要である] [予測して早めに判断し行動する潔さを感じた] の3つのコードから構成された。《産婦に寄り添う心》は [産婦や付き添いの家族の話をよく聞いていた] [産婦の訴えをよく聞いてケアしていた] [継続的または断続的に観察し、丁寧なケアをしていた] の3つのコードから構成された。

Ⅳ．考察

　本研究によって抽出された5つのカテゴリーを概観すると、分娩台で仰臥位の分娩介助後にフリースタイル分娩介助を体験した助産師学生は、分娩における様々なリスクを回避し、正常に安全でcomfortな分娩となるためには、分娩時の安楽な体位と助産師の適応能力、呼吸法および努責の声かけ、会陰裂傷を最小限にするスキル、清潔へ意識、助産力が重要であることを学び取っていた。また、助産師にとって不可欠な助産技術におけるテクニックもフリースタイル分娩介助という体験により会得していることが明らかになった。

　フリースタイル分娩は産婦が自然な姿勢であるため、リラックスでき、安楽であるという満足体験があり、さらに産婦と助産師の良好な信頼関係につながる(鈴木・堀内、1990) ため、産後ケアへ効果的な影響を及ぼす。また、BalaskasやOdent は、フリースタイル分娩は産婦が主体的に出産に向き合うことから、その後の育児力や母親として自信が持てることに意義があるとしている。また、産婦や胎児に不利な体位である仰臥位分娩を極力避け、産婦や胎児の持てる力を効果的に発揮してもらうことが必要であり、医療介入を減少させるためには正常からの逸脱が予測される場合の助産師の判断力や確実な知識と技術が不可欠である(中根、2010) といわれており、分娩は、リスク発生時は母児の生命の危機に直

●一般演題

結し、予後に悪影響を及ぼすため迅速な対処能力が求められ、分娩の帰結は必ずしも産婦の望む通りになるとは限らない。これらのことから、助産所でフリースタイル分娩を実施する助産師は、専門職としてコンピテンシー（日本助産師会、2010）と母児の安全と安楽を最優先に助産ケアを展開することが重要である。助産学生は、フリースタイル分娩介助から実践力として不可欠な助産診断能力と助産技術、妊婦健診から産後までの一貫した継続ケアの中での助産師の責務など助産学として重要な要素を学び深めている。

　また、病院や産婦人科医院における分娩台で仰臥位の分娩介助の経験をふまえ、その経験に蓄積されるフリースタイル分娩介助の学びは、熟練助産師の分娩第1期におけるケアの特徴の研究（渡邊・恵美須・勝野、2010）で示されるように、分娩第1期から分娩介助に到るまで産婦に付き添い、様々な安楽なケアを行う日本の助産師の特性を表している。呼吸法のテクニックでは、呼吸法が実際にどの場面で重要なのか、陣痛発作時の呼吸法の実際の声のかけ方、初産婦や経産婦に対する呼吸のコントロールの方法などの学びを得ることができ、その方法は対象者によって個別的に対応しているため、助産学生にとっては各々のケースの蓄積をその後の実践で効果的に活かすことを期待できる。また、会陰保護と肛門保護においては、助産師各々の独自の方法を学生が体験を通して直接学ぶことができ、それらは助産ケアの分娩介助技法の習得における貴重な知的財産であるといえるだろう。多様な分娩体位の実践の阻害要因は変革を好まない考え方や多様な分娩体位の技術に対する戸惑い（篠崎、2014）といわれている。助産師学生の分娩介助件数の確保が困難な産科的背景から推察すると、フリースタイル分娩介助の経験のない助産学生が多いことが考えられる。そのような中で、この経験は助産師として臨床でフリースタイル分娩介助への自然な取り組みとして、抵抗なく実践できる可能性が考えられ、グローバルな視点でWHOが推奨する産婦の姿勢と動きを自由にする出産に貢献するものと思われる。助産師の業務はすべての女性のライフステージを対象とするが、日本では、内診と分娩介助のみが医師以外で、助産師にその実施を法律で特化されている。病院における後方視的研究において仰臥位とそれ以外の体位による比較では会陰裂傷の有無および程度には有意差がない（大垣・箕浦・中西他、2014）という報告や会陰裂傷を起こしにくい体位は側臥位・膝手位、蹲踞位（篠崎・堀内、2011）という報告がある。本研究の助産師学生が経験した分娩介助の会陰損傷については会陰損傷なし（intact）または軽度裂傷であり、熟練助産師による指導による効果的な影響が大きいことが考えられる。専門職の助産師として初学者である時期に熟練助産師に直接学び、

体験できた効果は分娩の結果に直結し、産婦も満足する安全でcomfortな出産となっている。また、女性の身体に適合し、女性自身が好む体位による自然な分娩といっても過言ではない「フリースタイル分娩」の特徴を現しているといえるのではないだろうか。分娩による会陰損傷はその後の性生活にも影響を及ぼすことから会陰損傷を助産力により回避することは重要な課題である。よって、産婦と胎児および新生児にとっての医療における質と安全を保証した上で、助産師学生におけるフリースタイル分娩介助の助産技術の習得は今後の周産期医療の発展および産婦および女性の健康という視点で大いに意義あることと考える。

V．結論

　助産師学生によるフリースタイル分娩介助の体験から、分娩時の安楽な体位と助産師の適応能力、呼吸法および努責の声かけ、会陰裂傷を最小限にするスキル、清潔へ意識、助産力が重要であることが示唆された。

謝　辞
　本研究にご協力頂きました教育機関および助産師学生の皆様方に心より感謝申し上げます。

引用文献

Balaskas、Janet.（1990）.New Active Birth: A Concise Guide to Natural Childbirth.Thorsons.

厚生労働省.平成23年患者調査.http://www.mhlw.go.jp/toukei/saikin/hw/kanja/10syoubyo/dl/h23syobyo.pdf [2016-12-10]

厚生労働省.「健やか親子21（第2次）」について　検討会報告書（概要）http://www.mhlw.go.jp/file/04-Houdouhappyou-11908000-Koyoukintoujidoukateikyoku-Boshihokenka/0000064817.pdf[2016-07-03]

宮本雅子、赤井由紀子（2010）.フリースタイル分娩に対する病院勤務助産師の見解.日本助産学会誌、24（2）、386-397.

中根直子（2010）.フリースタイル出産.ペリネイタルケア、29（3）、296-299.

日本医師会（2014）.「看護師等養成所における実習に関する調査」結果について.http://dl.med.or.jp/dl-med/chiiki/kango/kango_h2606.pdf#search='%E5%8A%A9%E7%94%A3%E6

● 一般演題

%95%99%E8%82%B2+%E5%88%86%E5%A8%A9%E4%BB%B6%E6%95%B0+%E7%A2%BA%E4%BF%9D'[2016-07-03]

日本助産師会（2010）、助産師の声明　コア・コンピテンシー.日本助産師会出版.

Odent、Michel.（1984）.Birth Reborn、Pantheon Books.

大垣洋子、箕浦茂樹、中西美紗緒、水主川純、定月みゆき、五味淵秀人（2014）.分娩体位と安全性の検討.日本周産期・新生児医学会雑誌、50（1）、269-272.

篠崎克子（2014）.多様な分娩体位の実践に影響を及ぼす要因の探索、日本助産学会誌、28（1）、39-50.

篠崎克子、堀内成子（2011）.分娩第2期の分娩体位が会陰裂傷・会陰切開に及ぼす影響:文献レビュー.日本助産学会誌、25（2）、149-159.

鈴木美哉子、堀内成子（1990）.アクティブ・バースに関する研究-自由選択可能な分娩体位の影響-.日本助産学会誌、4（1）、42-49.

渡邊淳子、恵美須文枝、勝野とわ子（2010）.熟練助産師の分娩第1期におけるケアの特徴.日本保健科学学会誌、13（1）、21-30.

World Health Organization Maternal and Newborn Health/Safe Motherhood Unit（1996）.Care in normal birth: a practical guide、1996

http://whqlibdoc.who.int/hq/1996/WHO_FRH_MSM_96.24.pdf?ua=1、21-27.[2016-07-03]

矢津裕子（2003）.分娩介助場面における助産師学生の熟練助産師からの学び.日本助産学会誌.（16）2、46-55.

一般演題

性暴力被害者の体験談の分析
—その心理的変化と適応—

小野寺 幸子[1]　竹村 眞理[1]　田中 深雪[1]
1）健康科学大学　看護学部　看護学科

はじめに

　平成 29 年夏の刑法改正で強姦罪が「強制性交等罪」に変更され、刑法（明治 40 年制定）以来 110 年ぶりに性犯罪に係る諸規定の改正ということが注目された。

　内閣府男女共同参画局の「男女間における暴力に関する調査」（平成 27 年）によると、女性の約 15 人に 1 人は異性から無理やりに性交された経験があり、加害者との関係においては「交際相手・元交際相手（28.2%）」、「配偶者・元配偶者（19.7%）」で「まったく知らない人（11.1%）」もあり、被害を受けた女性の約 7 割はどこにも相談していないという実態であった。

　B 氏（40 代前半女性）は今から 10 数年前（20 代半ば）にレイプされた被害者である。現在は自身の体験を踏まえて、手記や講演等の活動、またホームページなどを通じて直接、性暴力被害者の声を聞き、当事者との交流を深め、性暴力被害者への理解を求める活動をしている。

【研究目的】

　性暴力被害者の体験談を分析し、その心理的変化 及び適応過程を明らかにする。

【研究方法】

　性暴力被害者の体験談「性とこころ（日本性とこころ関連問題学会誌 ,Vol 4,No2,2012,p21 〜 26）」について、ロイ適応看護モデルを参考にアセスメントを行い考察する。

●一般演題

【研究結果および考察】

1. B氏のセクシャリティに対する適応行動様式の解釈及び適応行動様式の概念化について体験談に記せられた下記の7項目に添って記載内容について考察した。
   1) 事件
   2) 変化
   3) 言えない壁の告白と問いかけ
   4) 出会い
   5) 伝えたいこと
   6) 理解とは
   7) 加害者に対して望むこと

1) 事件

   ┌─ 記述された体験内容 ─────────
   ・頭をガツンと殴られたような受け止められないショック
   ・解放後「はずかしい」「誰にもいえない」
   ・警察と病院にいく
   ・被害を隠しての生活は窮屈、苦痛、孤独だった
   └──────────────────────

＜セクシュアリティに関する適応行動様式の解釈及び概念化＞
・女性としての道徳的倫理的自己概念の全面否定と自己存在の価値の否定。
・レイプ体験被害者は、その苦悩や痛みを分かつ相互依存関係の重要他者の不足から生じる孤立感。
・レイプ体験の自己否定から自己肯定のために警察と病院へ求めた援助。
・被害者であることを隠すことは、性的被害を自分1人で負うことであり、性的被害者の孤独を強調。

2) 変化

― 記述された体験内容 ―
- 電車内、男性の前で足が震える
- 女の人は美しく見える、自分はきたない
- 突然、犯人の顔が浮かんだり、記憶が蘇り倒れてしまう
- 食事も睡眠もとれず何度も倒れる
- 家族や友人との関係も当然途絶える

＜セクシュアリティに関する適応行動様式の解釈及び概念化＞
- 電車内で男性をみると気分が動揺し身体症状がでる程の強烈な性的障害体験でレイプ体験が心的外傷体験の焦点刺激となっている。
- 自分が汚れた存在として自尊心と女性美の否定。
- フラッシュバックが襲いパニックになり、レイプの焦点刺激が残存刺激に移行している。
- 食事や睡眠などの生理的様式の変調が続き自己存在、自己喪失の刺激ともなっている。
- 重要他者である家族、友人との相互依存関係の断絶を生じさせる程の刺激。

3) 言えない壁の告白と問いかけ

― 記述された体験内容 ―
- 誰にも言えないと日記を書く、同じ思いの人はどうしているのか問いかけたい
- 母親に「もう誰にも言わないでね」といわれる
- 悪いことしたわけではないのに、誰かに尋ねたくなる
- 日記を書き、手記を出すことになる

＜セクシュアリティに関する適応行動様式の解釈及び概念化＞
- 孤独の中、日記を手段に自分自身と向き合うことで、仲間の自己概念と共通するものがあるに違いないとグループアイデンティティの共有化への足掛かりを見出す。
- 母親と娘の両方で自分の心傷体験を共有している相互依存関係。2人でレイプ体験を密すことで、孤独ではなくなった相互依存関係。
- 被害者が被害者としてふるまうことのできないジレンマと自己矛盾。

●一般演題

・被害者が被害者としてふるまうことの折り合いをつけるために日記と手記の出版。

4）出会い

― 記述された体験内容 ―
- 共通の思いをもった友人、支援者や加害者（受刑者）との出会い
- 被害者が被害者としてふるまったことによる思いや共感し合える友人や支援者、被害者との出会いが広がる

＜セクシュアリティに関する適応行動様式の解釈及び概念化＞
・被害者が被害者としてふるまったことによる思いや、共感し合える友人や支援者、被害者との出会いの広がり。
・性暴力被害者のグループアイデンティティに自分を投入することによる、性暴力被害者を介しての相互依存関係の拡大。

5）伝えたいこと

― 記述された体験内容 ―
- 消えることのない体験
- 自分に向き合い存在を認めてくれる「理解」を求めている
- 大勢の被害者が被害者だけのなかで渦巻いている

＜セクシュアリティに関する適応行動様式の解釈及び概念化＞
・性暴力被害は消えることのない体験で性的自己概念のすべてを支配する。
・今の性的自己、これからの性的自己も変化しないであろうから、今の性的自己の理解を求める。
・今の性的自己を理解してくれる人と相互依存関係を結びたいと求める人が大勢いる。

6）理解とは

― 記述された体験内容 ―
- 事件2日後の警官との出会いに笑った自分
- 周囲の犯人を捜すことや、怒るという反応に、当事者たちは孤独を感じる

＜セクシュアリティに関する適応行動様式の解釈及び概念化＞
・警察官の気遣いに相互依存関係における理解を感じる。
・犯人を探すことや怒るという周囲の関心とのズレに相互依存関係が結びにくいと感じる当事者の孤独感。

7) 加害者に対して望むこと

- 記述された体験内容 -
  ・答えられない質問である
  ・存在、伝えることの難しさ、限界がある
  ・事件の犯人は私を消してしまう存在

＜セクシュアリティに関する適応行動様式の解釈及び概念化＞
・性暴力被害者としての性的自己概念しかないので加害者の存在は自分の中には全くない。
・自分の存在、自分の性的自己概念を加害者や社会に伝えることは難しく限界がある。
・性暴力被害者の性的自己概念の中には、加害者が入ってくれば自分は無になってしまう。だから加害者は自分を無にする存在としか言えない。

【まとめ】

　突然の性暴力被害は、Ｂ氏の女性としての道徳的倫理的自己概念の全面否定と自己存在を否定する体験であったといえる。「誰にも言えない」と、自分１人で背負いながら、病院と警察に援助を求めたことは、性的障害者となった自分の身の修正を図るためにとった性的被害者の役割行動であり、予期せぬ強烈な出来事に対し、自分で折り合いをつけ解決の一歩を歩み出しているとみえる。

　フラッシュバックに襲われるなど、レイプ体験は心的外傷体験者への強烈な焦点刺激であり、残存刺激へと移行し、その残存刺激が重要他者である家族や友人との相互依存関係の断絶をも生じさせている。

　日記を通し自分と向き合う中で、Ｂ氏は同じ性暴力被害者との統合を求めグループアイデンティティの共有化へ歩み出す。そして、手記を出版したことは、レイプ被害者の存在について社会的承認を得るための情報発信と、被害者との相

●一般演題

互依存関係の拡大への行動とみえる。

性暴力被害は消えることのない体験というB氏の表現は、性暴力体験が今の性的自己概念のすべてを支配しており、今の性的自己の焦点刺激であり、残存刺激でもあるため、将来のB氏の性的自己概念をそのまま形成していくものだけに、性暴力被害体験は消せない体験となっている。そして、その体験に折り合いをつけて自分を懸命に維持しようとしている適応の状態が伺える。

B氏の体験は、性に関する問題に長年向き合ってきた体験であった。レイプ被害者の体験は、生理的様式はもとより、自己価値・自己肯定や自尊心などの自己概念と密接に関連し、人としての存在の根源にもかかわる本質的な問題であるといえる。

また、B氏にとっての仲間との出会いは、同様の問題を抱える者が相互依存関係を築き、集団としてのアイデンティティ統合を促進することが、個人の性的自己概念の適応にも関連していたといえる。

反面、性に関する問題は、家族や友人にも言い難い体験もあり、問題が個別化・複雑化することも多く1人ひとりの個別の体験に関わるサポートも重要である。

【終わりに】

「性暴力被害者の心理的変化と適応」について一事例とはいえその体験談の分析から、被害者のつらく深い、かつ長年にわたりその体験が被害者にもたらす事件の意味について考察することができた。1人ひとりの性の健康や性の保護など理念的には性についての理解は深まりつつあると思うが、実態は性差別や性暴力など多くの問題が顕在化している。今回の事例分析を踏まえ、性の問題の根源は人間の存在そのものに深く関与していることを再認識した。また、適応看護理論の活用で性の適応を理解する上において多くの示唆を得ることができた。

文献

1) 小野寺幸子、刀根洋子、松下年子、新聞に投稿された人生相談-性とこころの問題（その1）.性とこころ　2010:第2巻1号;p56-59

2) シスター・カリスタ・ロイ著、松木光子（監訳）、ザ・ロイ適応看護モデル.医学書院 2010.

3) ナンシー・F・ウッズ編、稲岡文昭、児玉香津子、加藤道子他訳、ヒューマン・セクシャリティー

ヘルスケア編.日本看護協会出版会 2000.
4) E・H・エリクソン著、岩瀬康理訳,アイデンティティ.金沢文庫 1982.
5) 金子道子、適応看護モデルにおける看護目的論対象論序説.日本適応看護理論研究会学術論文集 2013:第9巻1号;Ⅰ-10〜Ⅰ—12
7) 小林美佳、性犯罪被害にあうということ.性とこころ 2012:第4巻2号;p21-25

一般演題

中学生が抱く「性交のイメージ」
－生命と性の健康教育に向けて－

上田 邦枝

昭和大学　助産学専攻科

緒　言

　現在、思春期の若年者は、インターネットなどによる性的情報がすぐに入手できる状態にあり、いつでも性的メディアの暴露にあう可能性がある。また、かれらの性行動は分極化していると言われており[1]、急速な性行動に走る学生と、性には関心がない学生との両極端な2極化した状況にある。性への関心の有無によって、性情報への接触や入手手段が大きく左右され、性知識や情報の入手にも大きな違いがみられると考えられる。また、文部科学省から1996年に中央審議会答申において「生きる力」が提言され、教育現場のさまざまな教科で子どもへの自ら学び自ら考える力を重要視されてきた。さらに、2012年4月から新学習指導要領として新たに「生きる力＝知・徳・体バランスのとれた力」を全面実施とし、「確かな学力」と「健康・体力」に続いて「豊かな人間性」であることを柱とした総合的な学習時間の充実を推進している[2]。今後、性教育を推進する上での基本的な考え方として、①学習資料要領にのっとり、児童生徒の発達段階に沿った時期と内容で実施すること、②保護者や地域の理解を得ながら進めること、③ここ個々の教員がそれぞれの判断で決めるのでなく、学校全体で共通理解し図って実施すること[3]を示している。さらに、人間関係や恋愛関係における価値観、また望まない妊娠や性感染症予防の科学的な根拠に基づいた知識、それらに伴う性への自己認識が、若者たちの性行動への発展に影響を及ぼしていると考える[4]。そこで、中学生の性行動を決定付けるであろう、性交のイメージを明確にし、それらから今後の生命や性の健康教育や日々の生活指導への示唆を得ることが必要であるのではないかと考えた。

　イメージは外的世界を心の中に表出するシステムであり、感覚的な様相に依存するものである[5]ため、中学生自身の成育歴や日頃の習慣の中でどのような性への認識を持っているのかを問う上で、的確であり容易であると考えた。そもそもイメージの研究は、心理学的、特に認知科学の領域において多く研究されてお

り、「イメージそのものが概念的構造的規則では割り切れない含蓄的意味を描き出し、さらに本質的なものを直観する媒体ともなる」と言われている[6]。つまり、明確な定義は把握しづらく、描写しているものがイメージとすることや、認知科学では、イメージを主観的な感覚として心の中に作り上げる現象と説明している。中学生に性交についてのイメージを問うことは、中学生の生命や性のイメージを分析したと同様に[7][8]、心の中で起きている概念構築の過程である「性交」の概念そのままの描写にほかならない。道又は「解釈された情報を保存することでイメージが生成されるが、その解釈の操作こそイメージである」と述べている[9]。このように、「性交」をイメージする過程こそが、性の意味や意義を思考することにつながり、自らや性を肯定的に解釈することにより、概念構築、または今後の性行動の開始の際の健康意識や恋愛観に活かすことが出来るのではないかと考えた。

　本研究は、中学生が持つ「性交」のイメージを明らかにし、今後の「生命と性の健康教育」および、学校における日々の生活指導に活かすことを目的として行った。

方　法

1. 研究デザイン

　本研究は、中学生質問紙調査を通して、中学生が持つ「性交」のイメージを明らかにすることを試みた帰納的研究である。中学生の性の概念構造を把握することは、「生命と性の健康教育」プログラムの構築への探索的アプローチ段階といえ、中学生の「性交」への現象を理解するために有効性が高いと判断し、イメージの記述的な方法を用いた。中学生が日常生活や今までの教育を通して感じたり考えたり、仲間同士で聞くことで構築されつつある性交のイメージをカテゴリー化することで明らかにする質的帰納的研究である。

2. 研究協力対象者

　関東近郊A県内公立中学校1校であり、今後「生命と性の健康教育」を行う予定の公立中学校である。今までに、特別授業などにおいて性教育や性の健康教育未実施である1年生と3年生の586名を対象として行った。

3. データ収集方法
1) 研究協力者依頼の手続き
　学校長の了承のもと、学年主任および養護教諭に研究計画書と口頭で本研究の趣旨を説明し、研究への依頼をした。データ収集後に行われる『生命と性の健康教育』には、県衛生部の協力も得て、県が作成している性の健康に関するリーフレットの配布を行った。研究対象者には、研究者が書面と口頭により研究の目的、方法、趣旨を説明すると共に、研究協力を依頼した。
2) データ収集の実際
　特別授業の『生命と性の健康教育』の前に、体育館に椅子を50cm間隔に配置し、特別授業前に「生活、生命、性における意識調査」とした質問紙および研究協力依頼を記した冊子を配布し、「性交とはどのようなものだと思いますか．イメージとしてお答え下さい」と無記名で自由記載にて回答を求めた。冊子は学生の記入したものが見えないよう表紙や裏表紙を2重にするようにして配慮した。記入する所要時間は他の質問内容を含め約20分とした。終了した者から冊子を閉じ、研究者が回収ボックスを持ち回収した。その間に学校関係者および教員は、学生間の巡回を禁止した。
3) データ収集時期
　2015年7月

4. データ分析方法とその過程
　文脈を記録単位とし、その意味や目的を読み込みながら類似した内容(記述データ)をコード化した。データが示す意味や内容を分析し、同じ意味や内容を示すデータが複数みられるものは1つのコードにまとめた。そして複数のコードを、「性」の類似性や相違性を比較分析し、各「コード」が表す語彙から共通の意味内容を示すものを抽出し、≪サブカテゴリー≫として命名し、抽象度を高めサブカテゴリーから【カテゴリー】へ、カテゴリーから{要素}へと更なる抽象化をして行った。信頼性と妥当性を高めるために定期的に、大学入試センター研究開発者1名、思春期学研究者1名、研究対象ではない中学生2名にスーパーバイズを受けた。なお、第9回性とこころの関連学会（池袋）において演題発表し、得られたフィードバックを分析内容に取り入れ、さらにスーパーバイズを受け、検討を繰り返した。

5. 倫理的配慮

対象者の生徒へは、下記の5点を口頭と紙面にて説明し、承諾を得た。同意しないものに関しては、未記入で提出するよう依頼した。1)調査の参加や中断は、自由意思であり不利益をこうむる事はないこと。2) 結果は研究者以外に用いることはないこと。3) 学校の成績・評価には、全く関係がないこと。4) 健康を推進するための授業などで用いることがあること。5) 最終的には質問紙、データ等は焼却処分とすること。

保護者へは、研究の趣旨を学年便りで通達し、調査後の「生命と性の健康教育」へはサテライトでの自由参加を促した。なお、本研究はA大学倫理審査委員会の承認を得た。

6. 用語の操作的定義

・性交のイメージ

イメージの種類には、残像、直観像、表象像があるが、残像と直観像は明確な外部刺激によって形成される。表象像は意識して浮かべたり、言語刺激によって浮かんだり、身体の内部状況によっても浮かび、外部刺激が不鮮明な場合により鮮明になる[9]といわれており、本研究のイメージは、表象像としてのイメージであるため、「性交」を意識した際に浮かんでくる言葉や概念を性交のイメージ

表1 ライフスキル教育を基盤とした「生命と性の健康教育」

	時間	授業内容	媒体および使用物品	ライフスキル教育の該当
生命教育	1年生 100分	生命ってなんだ？	パワーポイント	自己認識・創造的思考
		生命創造	VTR	自己認識・創造的思考・共感性
		妊婦体験	妊婦体験スーツ	自己認識・創造的思考・共感性
		新生児抱っこ体験	沐浴人形	自己認識・創造的思考・共感性
		死にゆく生命	小児がんの事例	自己認識・批判的思考・共感性
		「生命の木」の作成	模造紙・葉型の付箋	自己認識・創造的思考
性の健康教育	2年生 100分	思春期・第二次性徴	パワーポイント	自己認識・共感性・ストレスへの対処
		性の意義と多様性	パワーポイント	情動への対処・対人関係スキル
		恋愛・危険な性の情報分析	情報分析シート	批判的思考・効果的コミュニケーション
		グループワークと発表	性の商品化の事例	効果的コミュニケーション・対人関係スキル
		誘惑を回避するロールプレイ	台本と仲間	自己認識・共感性・対人関係スキル
		「性の健康の木」の作成	模造紙・葉型の付箋	自己認識・創造的思考
ストレスマネジメント教育	3年生 100分	生命と性の健康の復習	パワーポイント	効果的コミュニケーション
		ストレスとストレスマネージメント	パワーポイント	自己認識・ストレスへの対処
		ストレッチとタッピングタッチ	自分や友人の身体	対人関係スキル・ストレスへの対処
		リラゼーションと呼吸法	アロマ α波の音楽とストロー	自己認識・ストレスへの対処
		「ストレスマネジメントの海」作成	模造紙・波型の付箋	自己認識・創造的思考

●一般演題

として定義した。
・性の健康
　武田による性の健康概念[10]を参考とし、「セクシャリティに関連するPhysical・Mental・Spiritual・Socialの4側面が適応している状態」と定義した。
・生命と性の健康教育
　本研究者が中学生を対象に約15年以上にわたり行っているライフスキル教育に基づいた健康学習プログラムであり、生命教育、性の健康教育、ストレスマネジメント教育の3年間の積み上げ式段階別教育である（表1）。

結　果

　対象は586名中回答があった478名（1年生224名：男子114名、女子110名、3年生254名：男子152名、女子102名）であった。「性交のイメージ」は、166のワード、38「コード」が抽出され、≪サブカテゴリー≫は19、11の【カテゴリー】、そして｛生殖性｝、｛貴重性｝、｛神秘性｝、｛恋愛性｝、｛関係性｝、｛卑猥性｝、｛危険性｝、｛必然性｝、｛困難性｝9つの｛要素｝が抽出された（表2）。
　要素1｛生殖性｝では、カテゴリー【新しい生命を生み出す種の保存】からなっていた。コード「新しい生命」「生命を授かる」「生命の誕生」よりサブカテゴリー≪新しい生命の誕生≫が抽出され、コード「種の繁殖」「子孫を残す」「種の源」

表2　中学生が抱く「性交」のイメージ

要素 ｛ 9 ｝	カテゴリー 【 11 】	サブカテゴリー ≪ 19 ≫	コード 「 38 」
生殖性	新しい生命を生み出し種の保存	新しい生命の誕生	新しい生命 生命を授かる 生命の誕生
		子孫を残す種の保存	種の繁殖 子孫を残す 種の源
貴重性	いやらしくない良いこと	いやらしくなく悪くない良いこと	いやらしくない 悪くない良いこと
	素晴らしい貴重で大切なもの	素晴らしい最高のもの	最高のもの 素晴らしいこと
		貴重で大切なもの	貴重なこと 良いこと 大切なこと
神秘性	神秘的で奇跡的な不思議	神秘的なもの	神秘的なもの
		聖なる奇跡	聖なる奇跡
		不思議な出来事	不思議な出来事
恋愛性	恋愛の愛情表現	恋愛の愛情表現	恋愛の延長 愛情表現
関係性	男女のこころのつながり	男女の協力	男女の協力
		男女のこころとこころのつながり	男女のこころ 男女の思いやりの心 男女のこころをつなぐ
	互いを尊重するコミュニケーション	互いを尊重するコミュニケーション	互いの尊重 コミュニケーション
卑猥性	エッチではずかしいみだらな行為	エッチではずかしいみだらな行為	いやらしい 淫らな行為 エッチ 恥ずかしい
危険性	危険性と抵抗感がある難しいもの	病気になるなど危険な行為	病気にかかりやすいこと 危険なべきこと
		検討すべき難しいもの	検討すべきこと 難しいもの
		大人がして責任を伴う抵抗あるもの	抵抗があるもの 責任を取るもの 大人がするもの
必然性	当たりまえでどうでもいいもの	当たり前のこと	当たり前のこと
		普通にあるどうでもいいこと	普通にあるどうでもいいこと
困難性	わからないこと	わからないこと	わからないこと

よりサブカテゴリー≪子孫を残す種の保存≫が明らかとなった。内容としては、生命の存在の把握に留まることなく、人間間の生殖性からくる次の世代へと生命をつなぐ種の保持または保存の理解があった。

要素2｛貴重性｝では、カテゴリー【いやらしくない良いこと】、【素晴らしい貴重で大切なもの】からなる。コード「いやらしくない」「悪くない良いこと」からサブカテゴリーとして≪いやらしくなく悪くない良いこと≫が抽出された。そして、コード「最高のもの」「素晴らしいこと」からサブカテゴリーとして≪素晴らしい最高なもの≫が抽出され、さらにコード「貴重なこと」「良いこと」「大事なこと」からサブカテゴリー≪貴重で大切なもの≫が明らかとなった。中学生は、イメージとして性交自体のその行為の重要性を理解しており、その行為が貴重であること、また大切なことであるとイメージしている状況があった。

要素3｛神秘性｝では、カテゴリー【神秘的で奇跡的な不思議】からなる。コードとして、「神秘的なもの」「聖なる奇跡」「不思議な出来事」がそれぞれサブカテゴリーとして、≪神秘的なもの≫≪聖なる奇跡≫≪不思議な出来事≫とし、カテゴリーへとなった。性交の行為自体が奇跡的なめぐり合わせであるイメージのほか、生をうける神秘的な行動で、誕生してくることへの奇跡的で聖なるイメージがあった。また、その行為自体が不思議な現象として感じていることも明らかとなった。

要素4｛恋愛性｝では、カテゴリー『恋愛の愛情表現』からなる。コード「恋愛の延長」「愛情表現」から、サブカテゴリー≪恋愛の愛情表現≫となった。性交には行為の中に、互いの愛情の表れとしてイメージされ、その表現そのものや、恋愛の行く末の人間間の営みとして性行動そのものを捉えていた。

要素5｛関係性｝では、カテゴリー【男女のこころのつながり】【互いを尊重するコミュニケーション】から成り立っていた。コード「男女の協力」がサブカテゴリー≪男女の協力≫であり、コード「男女のこころ」「男女の思いやりの心」「男女のこころをつなぐ」がサブカテゴリー≪男女のこころとこころのつながり≫が明らかとなり、相互の精神的なつながりの思い、また協力体制という社会的要因が含まれていた。

要素6｛卑猥性｝では、カテゴリー【エッチではずかしいみだらな行為】からなる。コードとして、「いやらしい」「淫らな行為」「エッチ」「恥ずかしい」から≪エッチで恥ずかしいみだらな行為≫が存在した。性行動についての情報により性交を否定的な感情で捉えていることがわかる。また、淫らとあるように、羞恥心が高い思春期の精神的の特徴といえる。

●一般演題

　要素7｛危険性｝では、カテゴリー【危険性と抵抗感がある難しいもの】から成り立っていた。コード「病気にかかりやすいこと」「危険な行為」からサブカテゴリー≪病気になるほど危険な行為≫が抽出された。コード「検討すべきこと」「難しいもの」がサブカテゴリー≪検討すべき難しいもの≫が明らかとなり、さらに、コード「抵抗があるもの」「責任を取るもの」「大人がするもの」により≪大人がして責任を伴う抵抗あるもの≫となった。危険性を感じ、抵抗あると考えている。また大人が責任を伴うものと判断していることから、まだ自分たちには行為として抵抗があり、否定的な感情の存在が明らかになった。

　要素8｛必然性｝では、【当たりまえでどうでもいいもの】からなる。コード「当たり前のこと」「普通にあるどうでもいいこと」からサブカテゴリー≪当たりまえでどうでもいいもの≫となり、中学生の性交への関心の薄さと、その行為に対する思いの希薄さが表現された。

　要素9｛困難性｝では、カテゴリー【わからないもの】からなる。コードとして「わからない」があり、理解しがたいものという中学生のイメージの中で「性交」そのものに対するイメージの限界と関心のなさが現在の思春期の若者の無関心さが表現された。

考　察

　本研究の中学生の性交のイメージの要素は、｛生殖性｝、｛貴重性｝、｛神秘性｝、｛恋愛性｝、｛関係性｝、｛卑猥性｝、｛危険性｝、｛必然性｝、｛困難性｝9つが抽出された。その抽出経過では、多義的で否定的な印象から生命に似た情動から抽象的な肯定的な感情まで多岐にわたっていた。中学生が性交をイメージする場合、要素｛生殖性｝、｛貴重性｝、｛神秘性｝、｛恋愛性｝、｛関係性｝に関しては、性交のポジティブなイメージとして受け止めることができ、｛卑猥性｝、｛危険性｝に関しては、ネガティブなイメージとして捉えることができる。これは、植田が中学生を対象にしたピア・エデュケーションによる性教育を通して行った量的な性のイメージ研究と同様に、ポジティブなイメージとネガティブなイメージが二極化した調査結果と同様の結果となった。[11]。

　性交のイメージは、形容する表現だけでなく、生命の側面や生命の連続性を意味する要素｛生殖性｝という生殖的知覚の存在がわかった。中学生は、性交についてのイメージは単なる性行為としてではなく、その後の妊娠や生命の誕生まで

感じえていたことは、既存の研究では明らかになりにくく、中学生の対象の実態を明確にできない現状もあり、今後の性教育および性の健康教育を教授する者にとって、有益な実態把握の情報といえる。要素{貴重性}では、奇跡的な確率で存在する生命を認識しており、性行為のだけの想像には留まらない生命の尊さを捉えていると考えられ、「性交」は人間にとって価値ある大切なものであるという認識が存在した。これは、性交という行為のみならず、その後の妊娠、生命誕生までを想像していることが予測でき、今までの性教育や生命教育での生命と性の一貫学習が効果的に働いた表れであるといえる。さらに、要素{神秘性}を捉えていたことに関しては、性行為の自体、不思議な出来事であるという認識を持ちつつ、この要素も{貴重性}と同様に、性行為以降に考えられる生命創造に関してミステリアスさを感じ、尊い思いが存在していると推測できる。そのため、今後とも学生には性を理解してもらうと共に、「性交」がなぜ人間にとって必要なものであるのか、その理由や根拠を、医療者（助産師）から丁寧に科学的に説明をすることが求められている。例えば、妊娠の過程や出産の状況など、以前は当たり前のように習慣的に想像できていた環境が現在では核家族化により乏しい。そのため、生命の教育や性教育により、次世代を担う思春期の若者に、「性交」を尊いと思えるような学習プログラムを企画していくことが必要である。要素{恋愛性}については、恋愛の証やその延長線上に性交があるとイメージしていた。近年では、「性交」を金銭入手の手段やストレスコーピングの方法として捉えている若年者も存在する悲しい状況である。そのため、今後、性交に関するイメージに「経済性」や「社会性」などが加わらないようにするためにも、こころとこころでのつながりを基にした性交（性行動）として意味づけられるよう、学生には自己の性の倫理や性の健康への学習方法を提案していくことが求められている。{関係性}に関しては、男女の相互関係やこころのつながり、協力がイメージ化されており、一方通行ではない人間の相互関係が認識されていた。コミュニケーションと恋愛関係が基盤となり、性の意義の3側面でもある生殖性、快楽性、連帯性の中の社会的側面でもある連帯性に通じる部分であった。しかし、コードでは「男女」間を断定していることが多く、性交をイメージする場合の関係性に男女を対象とした固定的な捉え方が明らかになった。LGBTの視点を考えれば、「性的マイノリティの存在やその実態を知ることは、当事者の苦悩を和らげ、当事者同士のネットワーク作りを促すばかりでなく、非当事者の受容を促す」[12]と報告されている。そのため、今後の性教育、生命教育において、性的マイノリティの実態やその在り方や関わり方への学習内容も必須であると思われた。この

● 一般演題

ことより、性についての多面的な理解をもとに、人間関係の中で育まれていく性について理解を深め、無関心ではならないという教育体制が必要である。

　要素｛卑猥性｝、要素｛危険性｝に関しては、性行動そのものを想像し、その行為に関しての抵抗感、さらに行為によるリスクといったイメージが作られていることがわかる。本研究では、男女の性差についての検討はしておらず、その特徴を明確にすることはしていない。しかし、女性は性行動のリスクとして、妊娠や出産が自分の身に起こるために切迫した感情を抱き、性犯罪の被害者となり得る場合も男性に比べ多いために、嫌悪的でネガティブなイメージを持つのではないかと推察できる。さらに、アダルトDVD等の偏った性交の刷り込み現象により、極端でわいせつな部分ばかりが焦点化してしまうことも否めない。野田は青少年に対するメディアの研究において「性的メディアの青少年に未熟な一面が捉えられ、青少年の中に性的メディアの規制の存在を肯定する声も存在することがわかった。これらの結果は、性的メディアの規制の必要性を問う上での材料となりうると考える。」[13]と述べている。そのため、インターネットでの画像検索や動画検索サイトなどによる無料の性的メディアの暴露は、性交のイメージによる性行動の偏斜を高めることが推察できる。そのため、メディア規制には時間を要し、権利意識等を関わってくるため、偏ることのない性交の意義や健康を保持するための性交のあり方を教授していく必要性がある。

　さらに、性交のイメージにおいて、あたりまえでどうでもいいという、要素｛必然性｝の存在が明らかになった。これは、研究者が中学生を対象とした「生命」のイメージの研究と同様の結果となった[7]。さらに、よくわからない、理解が難しい等の、要素｛困難性｝が明確となり、これは、研究者が中学生を対象とした「生命」のイメージの研究、「性」のイメージの研究と同様の結果となった[7] [8]。これに関しては、思春期の中学生ならではの、意志決定の弱さの現われともいえ、性的な関心がないことや、性的メディアへの接触がないために、想像すらできない学生や質問がわからない学生も含まれていると考えられる。さらに、考えることを拒否している学生の存在も想像に容易い。そのため、性交というよりも人間の性について、年齢別また段階別に、性行動だけまた快楽性のみに偏ることのないバランスのとれた「性」の意義を教授する必要性があり、同時に学習教材の研究・開発が期待される[14]。

　さらに、安易な講演会形式の単発的な教育や生殖器系の知識重視型教育ではなく、1つの授業単元として、人間の生命の成り立ちから恋愛や豊かな性を授業目的や授業目標などをしっかりと吟味し、他の教科と同様に評価も存在するカリ

キュラムの構築が求められる。そのためには、医療関係者が学校教育関係者と協力し、生命教育を基盤として性の意義である「生殖性」、「快楽性」、「連帯性」の認識のバランスと、情報提供および性に関する健康保持のスキルを身につけられるような科学的で実践的な性の健康教育が求められる。つまり、性の健康に関する教育体制整えることが急務である。特に助産師は、生命誕生の瞬間に立ち会い、分娩介助業務を行う生命や性に関する専門家である。さらに性に関するリスクやその行為が持つさまざまな状況や事例を把握できている場合が多い。よって、今後の課題として、学校や地域のネットワークづくりを行い、生命や性に関する教育のアドバイザー的な存在として、助産師を人材活用していくシステムを構築することが求められている。

結　論

　本研究は、今後の「生命と性の健康教育」および日々の生活指導に活かすことを目的とし、中学生の「性交」のイメージに焦点を当て、その要素を明らかにした結果、以下のようなことが明らかになった。
　1. 中学生が抱く「性交」のイメージは、{生殖性}、{貴重性}、{神秘性}、{恋愛性}、{関係性}、{卑猥性}、{危険性}、{必然性}、{困難性} 9つの要素が抽出された。
　2. 中学生は性交のイメージをポジティブとネガティブの両側面で捉えていた。
　3. 当たり前でどうでもいいという {必然性} として取られることや、わからないという理解が難しいという {困難性} の存在が明らかになった。
　効果的な生命と性の健康教育を実践する課題として、中学生に「生命」や「性」への多面的な理解を教授し、健康な「性交（性行動）」へのイメージを定着することを促す必要性がある。
　中学生が性をより多義的に理解できるよう、具体的で実践的な教材研究と全教科を包括したカリキュラム構築が必要であると示唆された。また、学校内の教員と医療関係者、特に助産師が協力し、人材活用できるシステムづくりが必要である。

●一般演題

謝　辞

　本研究を行うにあたり、中学校校長はじめ教職員の皆様、また調査に協力してくださった中学校のみなさん、ならびに研究にご理解頂きました保護者の皆様、中学生の方々に厚く御礼申し上げます。なお、本研究は第9回性とこころの関連問題学会（池袋）において発表したものを加筆・修正をしたものである。

文献

1) 日本性教育協会：「若者の性」白書　第7回青少年の性行動全国調査報告,小学館,東京,2013
2) 文部科学省HP.：
   http://www.mext.go.jp/a_menu/shotou/new-cs/index.htm.アクセス日時: 2017.10.01.
3) 文部科学省HP.：
   http://www.mext.go.jp/b_menu/shingi/chukyo/chukyo3/022/siryo/05071304/s002.htm.アクセス日時：2017.10.18.
4) 上田邦枝：中学生の「性の健康心理」が学校生活スキルに及ぼす影響、昭和大学保健医療学雑誌.12:90-99. 2014.
5) 増井　透：イメージ.大島尚編,認知科学,新曜社,東京,pp76-79,1986.
6) 水島恵一：イメージの心理学9,大日本図書,東京,1996.
7) 上田邦枝：中学生が持つ『生命』のイメージの内容分析-生命と性の健康教育にむけて-,昭和大学保健医療学雑誌,第11号,2013.
8) 上田邦枝：中学生が抱く「性のイメージ」分析　生命と性の健康教育に向けて，昭和大学保健医療学雑誌,第12号,2014.
9) 道又　爾・北崎充晃・大久保街亜・今井久登・山川恵子・黒沢　学:認知心理学,有斐閣アルマ.東京,2003.
10) 武田　敏：性の健康と教育,現代のエスプリ438,東京,pp196-206,1996.
11) 植田　彩,佐々木くみ子,前田隆子,鈴木康江:中学生の性イメージと性教育に関する研究-ピア・エデュケーションによる性教育を通して,米子医誌,pp193-202,2004.
12) 上野淳子：心理学における性的マイノリティ研究ー教育への視座ー,四天王寺大学紀要,46,p78,2008.
13) 野田寿美子：性的メディアの規制と青少年の未熟性,子供社会研究,6号,2000.
14) 上田邦枝：中学生を対象としたライフスキル教育に基づいた3年間の「生命と性の健康教育」プログラム効果,日本ウーマンズヘルス学会誌，7,121-132, 2008.

一般演題

卒後2年目看護師の職業的アイデンティティの形成過程に影響を及ぼす要因
-テキストマイニングによる分析からみえてきたもの-

田中 光子[1]　藤川 君江[2]　五十嵐 貴大[2]

1）桐生大学　2）日本医療科学大学

Ⅰ. はじめに

1. 研究の背景

　我が国の2015年度の看護師就労総数は1,176,859人のうち病院勤務の看護師は821,306人であり前年より20,398人増加している[1]。一方2015年度の新卒看護職員の離職率は7.8%であり前年度の7.5%より0.3ポイント増加した[2]。病床規模別にみていくと小規模病院ほど離職率が高くなる傾向にある[2]。かつて慢性的な看護師不足の解消のために、厚生労働省は2009年7月保健師助産師看護師法及び看護師等の人材確保の促進に関する法律の改正を行い、2010年4月新人看護職員の卒後臨床研修の努力義務としたものの、2011年における新卒看護職員による1年以内の早期離職者は13.4%であり看護師不足に拍車をかけた。このような経緯を受けて、各病院では早期離職防止の取り組みとして新卒看護師を支援するためにプリセプターシップなどの様々なサポートが実施された。

　新卒看護師を受け入れるための努力義務は、看護協会の啓発もあり各施設で行われているが、新卒看護師自身の職業的アイデンティティの形成過程とも相互に関連するのではないかと考えた。秋元[3]は職業的アイデンティティについて職業人として自分はどのように仕事と関わっていくのか、職業を通して自分らしさをいかに育んでいくのかという社会に対する自己定義と述べている。三輪ら[4]は新卒看護師が職場適応するには、看護技術の自身の程度、患者からの感謝、患者の回復、プリセプターシップなどが関係していることを明らかにした。

　本研究は、施設側で計画された教育・支援を実施して、早期離職に至らなかった2年目の看護師に焦点を当てて、どのような要因が職業的アイデンティティの形成に影響を及ぼすのかを明らかにし、看護師の職業的発達や適応の支援に貢献することを目指す。

● 一般演題

2. 研究目的
　卒業後2年目の看護師の職業的アイデンティティの形成過程に影響を及ぼす関連要因を明らかにする。

Ⅱ. 研究方法

1. 研究対象者
　本研究は、次の要件を満たす看護師を研究対象者とする。
1) 看護基礎教育課程卒業した直後に看護師免許を取得している。
2) 関東地方3県と中部地方1県の看護師免許を取得した直後に就職した病院に勤務しており、就職後2年目である看護師5名。

2. データの収集方法
　データ収集は、インタビューガイドを基に、半構造化面接を実施した。インタビューは1名30分以内として、対象者の同意を得たうえでICレコーダーを用いて録音した。
1) データ収集期間：2016年12月
2) 調査内容：
    (1) 対象者の基本属性：看護師の年齢、専門最終学歴、就職の動機、現在の配属部署など。
    (2) 就業2年目看護師の職業的アイデンティティの形成過程に影響を及ぼす要因：職業的アイデンティティの形成過程に影響を及ぼす関連要因、病院を選択した理由、プリセプター又は教育担当者との関係性、看護師の仕事について思うことなど。

3. データの分析方法
　インタビューで語られた内容の逐語録を起こし、分析前に言葉の確認を行った。更に職業的アイデンティティの形成に関連ある箇所の文章を抽出し、データとした。
　収集したデータをテキストマイニング（言語データを計量的方法で単語単位に分解する形態素解析を通して、言語間のパターンや規則性を見出し、情報を抽出する分析手法）の方法に基づいて分析を行い、原文を確認しながら検証を行った。

テキストマイニングに供するデータは、分析の見通しを改善するために、解析対象の単語を整理し、同種の語をひとつの語に置換する作業を行った。例えば、女性から見た男性、男性から見た女性はいずれも、「異性」に置換した。
　次の段階として、共起の程度が強い語を線で結んだ共起ネットワーク図（図1）を作成した。これは、強い共起関係ほど強い線で描画され、出現数が多いほど大きな円で描画される。図の色は固有ベクトルという手法で配色を行い、それぞれの単語がネットワーク構造の中で、どの程度中心的な役割を果たしているのかを示している。色が濃くなるほど中心性が高くなることを意味している。
　さらに、階層的クラスター分析を行った。これは、異なる単語集団の中から類似している単語を集めて、クラスターをつくり分類することである。頻度2以上出現した語を抽出してクラスター分析を行った。クラスター間の距離測定方法はWard法で行い、値が小さいほどそれぞれの単語の類似性があることを示すJaccard係数で距離を示した。続いて、各クラスターからキーワードを抽出し、改めてカテゴリー分類を行った。キーワードの抽出においては、プリセプターの関係性や仕事への思いについて意味を成す言語単位に留意した。

4. 倫理的配慮

　研究対象者に口頭及び文書で研究の主旨について説明を行った。書面には、調査の主旨とともに調査への協力は自由意思であること、いつでも調査をやめることが出来ること、調査の中止や参加を拒否しても勤務遂行上に不利益は被らないこと、得られた情報は研究以外では使用しないこと、調査結果は個人を特定できないように処理を行った上で公表することを記し説明を行った。インタビューは病院の個室を確保して他者の視界に入らないなどプライバシーが守られる場所個室で行った。本研究は九州看護福祉大学倫理審査委員会の承認（受付番号28-013）を得て実施した。

Ⅲ. 結果

1. 対象者の背景（表1）
　本研究の対象となった看護師5名の背景は次の通りであった。
1）年齢
　23歳から25歳の範囲であり、平均23.6歳、中央値24歳であった。

● 一般演題

2）性別
　男性が3名（60%）、女性が2名（40%）であった。
3）卒業した看護基礎教育課程
　看護系大学3名（60%）、看護専門学校3年課程2名（40%）であった。
4）所属部署
　ICU2名（40%）、循環器病棟1名（20%）、療養型病棟1名（20%）、精神科病棟1名（20%）であった。
5）プリセプター
　男女複数4名（80%）、男性1名（20%）であった。

表1　対象者の背景

ID	年齢	性別	卒業した看護基礎教育課程	所属部署	プリセプター
A氏	24歳	男性	看護系大学	ICU	男女複数
B氏	23歳	男性	看護専門学校	療養型病棟	男女複数
C氏	23歳	男性	看護専門学校	精神科病棟	男性
D氏	25歳	女性	看護系大学	ICU	男女複数
E氏	23歳	女性	看護系大学	循環器病棟	男女複数

2．卒後2年目看護師の職業的アイデンティティの形成過程に影響を及ぼす要因の特徴

　テキストマイニングの共起ネットワーク図（図1）では、「相談」「同性」「病棟」「師長」「思う」「委員」の中心性が高く、「プリセプター」「相談」「仕事」「年」「看護」の出現数が多かった。これをもとに2語以上出された語を抽出してクラスター分析を行い、6つのカテゴリーに分類された。（図2）

　クラスター1を【将来の方向性を考える】と命名した。Jaccard係数は、「資格」と「糖尿」に類似性が高く、さらに「認定」「将来」と類似性があることを示している。原文を確認してみると、今後目指したい事への質問に関して「研修にいっぱい参加して自分の知識を増やしてスキルアップしたい」、「糖尿病の認定が欲しいなとは思っているんですが、自分の勤めている病院だとちょっと厳しいので。他に行ってみようかなと思うんです」、「管理職になる人もいればジェネラリストとして専門職だとか、認定だとか、それこそ教育的な方針に進む人。男なのでずっと仕事しないといけないので、ただの看護師もあれなので、なるのならこの3つのどれかかなと思っているんですけど」と看護師資格に関連した目標をやや漠然だが考えていることが明らかになった。

卒後2年目看護師の職業的アイデンティティの形成過程に影響を及ぼす要因

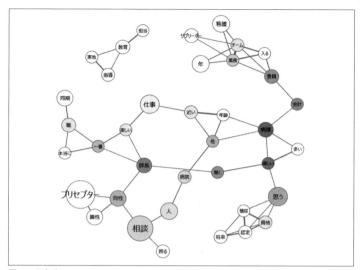

図1　共起ネットワーク

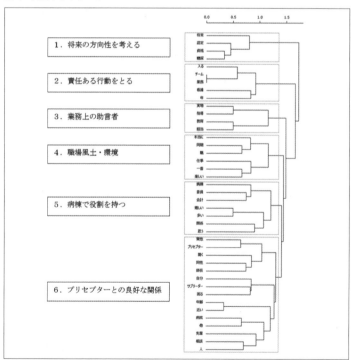

図2　階層的クラスター

●一般演題

　クラスター2は【責任ある行動をとる】と命名した。Jaccard係数は、「チーム」と「業務」という言葉が、ここでは同義語的に使われており「入る」に類似性が高かった。また、「看護」と「年」に類似性があることを示しているおり、2つの単語が近い性質であることを表している。原文を確認すると、「業務としてやらなきゃいけないことと、情報として収集したい事がうまくバランスというか。多分、年数経験積めば、多少はうまくバランスが取れるのではないかと」、「一応チームには2年目だから入っていて、チームの中での仕事はそんなにまだ振られていない」と、2年目に入り業務の特殊性から、チームナーシングの一員としての重みある業務内容を任されるようになったことが明らかになった。

　クラスター3は【業務上の助言者】と命名した。Jaccard係数は、「実地」と「指導」、「教育」と「担当」に類似性があり2つの単語が近い性質であることを表している。原文で確認すると、「うちの病棟自体がもともとプリセプターという制度が入っていなくて、実地指導者という形で1年生3人に対して実地指導者2人、教育担当者2人くらいでみてもらっています」、「プリセプターはいないです。一応教育担当者みたいな方はいます」と業務に関しての指導及び助言者はプリセプター制度とは異なるが、同格の担当者が配置されていた。

　クラスター4は【職場風土・環境】と命名した。Jaccard係数は、「同期」と「職」、「一番」と「楽しい」に類似性があり2つの単語が近い性質であることを表している。原文を確認してすると、「同期はもう本当に心強いです。一番心強いです」、「働きやすいのでやめたいと思ったことは無いです。楽しいので。今のところは」「他の病院の人に相談というのはあまりないです。この病院の人が多いです」と、就労維持に関するソフト面での意見があった。

　クラスター-5は【病棟で役割を持つ】と命名した。accard係数は、「委員」と「会計」、「嬉しい」と「多い」、「関係」と「思う」に類似性があり2つの単語が近い性質であることを表している。原文で確認すると、「防災委員をしています」、「病院の親睦会のイベントに病棟職員を募る」、「病棟の中で会計係をしています」と2年目に入り、直接看護業務に関係は無いが、病棟・職場運営に関わる責務についていた。

　最後にクラスター6は【プリセプターとの良好な関係】と命名した。Jaccard係数は、「異性」と「プリセプター」、「同性」と「師長」、「自分」と「サブリーダー」と「困る」、「年齢」と「近い」、「病院」と「他」、「相談」と「人」に類似性があり2つの単語が近い性質であることを表している。原文で確認すると、「自分が仕事で困った時は、同期か3〜4年目位の先輩には話しやすいかもしれません」、

卒後2年目看護師の職業的アイデンティティの形成過程に影響を及ぼす要因

「プリセプターとの関係はとても良かったと思います。教えてくださる方が2～3歳上だったので、仕事以外のことも相談しやすかったです」、「1年目の途中で担当の異性であったプリセプターが退職してしまったので、途中から師長がついてくれました。やっぱり同性の方が聞きやすいですね」「同性だと仕事以外の相談もすごくしやすかったです」と、プリセプターもしくはそれに準ずる担当者が、同性であることや年齢が近いことがソフト面でのプラス効果に繋がっていた。

Ⅳ．考察

　就業2年目看護師を対象に、職業的アイデンティティの形成過程に影響を及ぼす関連要因を明らかにするためにテキストマイニングを使って分析をした。そこでは6つの階層的クラスターに分類されたが、【プリセプターと良好な関係】【職場風土・環境】【業務上の助言者】のクラスターは看護ビジネスを行っていく上で必要不可欠な他者からの援助又は協同だといえる。
　永井[5]は、現代の学生時代に殆ど培われる機会がなかった姿勢を新人教育の最重要項目として、「1.組織人として好ましい考え方を身につける。2.効果的な仕事の考え方を理解する。3.ビジネスマナーの基本を習得する。」ことを挙げている。当該者の多くは、ゆとり世代で育ち基本的人権の自己主張をするスキルは持ってはいるが、精神面での脆弱傾向は否めない。嫌ならばすぐに方向転換をしてしまう懸念がある。新人オリエンテーションでは、上記に挙げた項目を、初期の段階で十分に理解を得る必要があり職業的アイデンティティの形成の第一歩になりうるものと考える。次のステップの関連要因として、先のクラスター分類で明らかになったカテゴリーである。【プリセプターと良好な関係】を原文で確認すると同性の場合、仕事以外の相談もしやすかったことや年齢が近いことで話し易いことである。永井[5],[6]は、プリセプティとプリセプターにおけるリスクの低いペアリングについて、「資格取得の過程が同じである，同性である，指導者の方が、経験年数が長くかつ年格差が少ない，プライベートの面で過去に関係がない」などを挙げているが,同性であることや年齢格差の少ないことに一致した。【職場風土・環境】では、同期がいることでの心強さ、働きやすい環境は対象者に安心感や内発的動機づけの向上となり職業的アイデンティティの形成に良い影響を与えると考える。【業務上での助言者】のプリセプターや教育担当者はプリセプティ-が夜勤で自立したころに外れるが、その後を支える助言者として病棟

● 一般演題

内の先輩たちであると考えられる。近年では、PNS（パートナーシップ・ナーシング・システム）という看護方式が導入されベテラン看護師と年数の浅い看護師がペアになって患者を受け持つ取り組みも行われるようになった。このようなことから、新人時代から就業年数の浅い対象者の職業的アイデンティティの形成に影響を与えるものとして、看護部管理者や病棟管理者の手腕が試される管理能力だとも考えることが出来る。

【責任ある行動をとる】【病棟で役割を持つ】【将来の方向性を考える】のクラスターは、業務の責任や病棟役割を割り当てられることで、看護スキルのみならず人間成長にも連鎖すると考えられる。看護スキルに関しては日々の業務に責任を持つ意識から、多数の研修に行くことで向上を図り、「効率的な仕事を考える」にも繋がると言える。さらに看護職事態専門職であるが、後述3つのクラスターは、対象者自身の職業的アイデンティティの形成に大きく関連し将来の目標に影響を及ぼすことが考えられた。

Ⅴ．結論

卒後2年目看護師の職業的アイデンティティの形成過程に影響を及ぼす関連要因として【プリセプターと良好な関係】【職場風土・環境】【業務上の助言者】【責任ある行動をとる】【病棟で役割を持つ】【将来の方向性を考える】が明らかになり、プリセプター又はそれに準ずる担当者は、1年間の任期であり、同性かつ年齢格差が少ないことで親近感を覚え、仕事以外の相談が出来るなどと良い影響を与えていることが示唆された。2年目に入り、業務上や病棟内の責任を任されることで自発的に研修に参加するようになったり、漠然的であるが将来的展望をもったりすることなどが明らかになった。

謝辞

本研究にご協力して下さった卒業後2年目の看護師の皆さまに心より感謝いたします。

なお、本研究は、金城大学特別研究費補助金（2016年）「男性看護師の職業的アイデンティティ確立に関する研究」(研究代表者藤川君江)を受けて実施した。

引用・参考文献

1) 日本看護協会出版会.平成28年　看護関係統計資料集.日本看護協会出版会編集2017：1-201
   from：https://www.nurse.or.jp/home/statistics/pdf/toukei04.pdf
2) 日本看護協会広報部.2016 年 病院看護実態調査.日本看護協会広報部2017：1-5
   from：http://www.nurse.or.jp/up_pdf/20170404155837_f.pdf#search=%272016%E5%B9%B4%E7%97%85%E9%99%A2%E7%9C%8B%E8%AD%B7%E5%AE%9F%E6%85%8B%E8%AA%BF%E6%9F%BB%27
3) 秋元典子.看護の約束―命を守り、暮らしを支える.ライフサポート社2011：182-183
4) 三輪聖恵,志自岐康子,習田明裕.新卒看護師の職場適応に関連する要因に関する研究.日本保健科学学会誌2010;12（4）：211-220
5) 永井典子.プリセプターシップの理解と実践―新人ナースの教育法.二本看護協会出版会2007：18-24
6) 前掲書5),43

一般演題

男性専門職の職域が女性の裸にかかわるとき
新しい視点からの男女の平等と共同参画を考える

立林 春彦

城西国際大学看護学部

はじめに

「男性保育士にうちの娘の着替えをさせないで」という女児の保護者から着替えや排泄に男性保育士が関わらないようにしてほしいといった投稿が議論を呼んだ。男性の専門職に関して、女児さらに女性が肌を露出する場面に関してのジェンダーフリーの問題がある。

男性養護教諭

学校の教員は性別で採用してはならないし、性別を理由に配置することは法律で禁止されている。これは民間でも男女雇用機会均等法施行され、浸透しており、現在は当然のように認識されている。しかし、地方公務員法で戦後すぐに性別での採用や配置をすることが禁止されたにもかかわらず、養護教諭の採用は、女性が優遇され、男性が採用されることはほとんどない。極めてごくわずかに男性養護教諭の採用があるが、配置先が特別支援学校であり、しかも性別での配置を法律で禁止されているのに、男性の養護教諭が配置されると女性の養護教諭も配置され、2人配置である。女性の養護教諭が共学校、男子校、女子校に1人配置されるのに男性は性別の理由から女性の養護教諭とは異なり、共学校や女子校への配置はされないなど違法な扱いがある。

男性看護職

産科病棟への採用や配置も性別による採用や配置を法律で禁止されているから男性看護師も女性看護師と同等に扱うことが法律で規定されている。また、業務

も女性と同一であるが、女性患者、妊婦などへの身体へのケアを男性看護師であることを理由にさせない病院等がある。これも性別を理由にして異なる業務を課してはならないという法律に違反している。従来女性の立場から雇用の問題の議論がされてきたが、男性の業務制限、職域制限、男性へのセクハラという議論はなかった。大学等の健診においても、保健師が検診に関わる場合、男性保健師の採用を性別から採用しないこともみられる。また助産師が女性のみ資格が得られるという性別で限定している保健師助産師看護師法の規定が憲法に違反しているのではないかという違憲性の問題もある。

男性看護教員

看護教育の場面においても、看護学校、看護大学での清拭など女子学生が肌を露出する場面には男性教員を関わらせないが、一方、女性教員の場合は男子学生に関しては関わらせるなどの場合も法律に違反する行為の疑いがある。

考察

男性が女性の職域・領域に入っていく場合、女性が肌を露出した場面に関わることに、これまでは女性の羞恥心に重点を置き、男性が参画することへの男性の叱責・非難のみで法律面の検証がなかった。男女の平等や共同参画を考え、その実現をめざすとき、医療・教育関係者が法律よりも保護者や利用者の立場を優先させてきたこれまでの発想・思考を再考するだけでなく、違法性も認識して、改善していく必要がある。

一般演題

性差から見た医療関連職を目指す学生の身体障がい者に対する態度（ATDP）の現状と肯定化教育への期待

越納 美和 [1])　木林　勉 [1])

1) 金城大学

I はじめに

　近年、日本の子どもたちの自己肯定感の低下が危惧されている。教育再生実行会議では専門調査会が設置され、子どもたちの自己肯定感を高める方策が検討されている。自己肯定感とは、1994年に高垣忠一郎 [1]) が子どもを対象とした自身のカウンセリングの経験を踏まえ没個性化が生じている状態を説明するために用いた言葉である。自己肯定感については多くの研究がなされ、本田 [2]) はその低下が他者への不信感を招くと危惧しており、細田 [3]) は自己に対し肯定的であることが他者を肯定的に捉える前提であると述べている。多くの報告は自己と他者における肯定感の関連について探求しており、多感な世代である若者の自己・他者肯定の低下は社会における意思表明の共通理解と合意形成の妨げとなるとしている。

　2016年7月に起きた相模原障害者施設殺傷事件は、極端に低い障がい者への肯定感が引き起こしたものと言える。この事件は個人の「障がい者の否定化」とも換言できるほど社会通念と対極的にある思想が背景にある。早期からの障がい者に対する日常的な教育や支援、あるはノーマライゼーションの考え方が、子どもを育む環境に浸透する社会、すなわち障がいの有無に関わらず自己や他者への肯定化を道徳的に実施し、啓発する教育が重要である。作田 [4]) はこの道徳的教育について、教育に携わる教員の職務の質と責任について言及しており、「実践の中で真に向き合う姿勢」の重要性を訴えている。特に医療関連職は障がい者との関わりが多いことから、それを目指す学生は道徳教育を受け、自己の肯定感だけではなく、他者、特に障がい者の肯定感も高められるような態度を持つことが求められる。

　木林 [6]) は、理学療法学科3年生59人の性差を比較し、女子学生の方が身体障がい者に対する態度は肯定的であったと報告した。本研究では、医療関連職を目指す学生として理学療法・作業療法学生を対象に、身体障がい者に対するATDP

(Attitudes Towards Disabled Persons) アンケートを実施し、その結果をもとに性差の観点から考察する。

II 目的

理学療法・作業療法学生の1年生から4年生を対象に、性差による身体障がい者に対する態度 (ATDP) の肯定化教育を調査し考察する。

III 研究方法

1. 対象者

対象者はK大学の理学療法学科と作業療法学科からなる医療健康学部学生398人（男性186人、女性212人）、年齢20.4（±0.55）歳とした。アンケート調査期間は平成28年12月から平成29年3月までとし、この時期の臨床実習経験について1、2年生は見学学習のみ3、4年生は臨床実習5週間以上の状態であった。倫理的配慮として研究協力を口頭と書面により依頼し、説明した上で同意を得ることとした。

2. 調査方法

身体障がい者に対する態度測定の尺度はYuker,Block,&Youngらの開発したThe Attitudes Towards Disabled Persons Scaleで妥当性の最も高いO形式質問票を用いた[3]。本研究結果と先行研究にある医療系学生とのATDPを比較し、肯定化教育について考察する。実施にあたっては、アンケート手法を用い質問紙票を個別に手渡し、その後回収した。質問紙票は、邦訳した文章を原本に忠実に構成配置した。質問は20項目で、身体障がい者に対する態度に関する否定的な文章と肯定的な文章から構成されており、総得点が高いほど、障がいの有無に関わらず態度に差がないことを示す。評価尺度は0を除く-3（まったく同意できません）から+3（まったく同感です）までの6段階であり、1つ選んで当てはまる数字を記入してもらった。得点化はATDPマニュアルに基づき、1から6までの相対的尺度に置き換え統計処理を行った。

3. 倫理的配慮：研究協力を口頭と書面により依頼し、説明した上で同意を得た。

4. データの分析方法：性別、学科別について総合得点の平均値を対応のないt検定で比較した。

IV．結果

1. 回答者の内訳

398人の対象者のうち回答を得た者は362人で、アンケート回収率は91%であった。回答者の内訳については理学療法学科250人、作業療法学科112人で、1年生84人、2年生105、3年生77人、4年生96人であった。

2. 性別におけるATDP総得点の平均点（表1）

表1　性差別ATDP総得点の平均点の比較

	男性	女性	有意確率
ATDP総得点	65.2±8.3点	67.2±7.6点	.042*

＊＊：p＜.01，＊：p＜.05，ns：有意差なし

2つの母平均の差の検定から有意確率（両側）0.042であることから、有意に差が認められた。

3. 学科別におけるATDP総得点の平均点（表2）

表2　学科別ATDP総得点の平均点の比較

	理学療法学科	作業療法学科	有意確率
ATDP総得点	65.7±8.6点	68.3±8.5点	.01**

＊＊：p＜.01，＊：p＜.05，ns：有意差なし

2つの母平均の差の検定から有意確率（両側）0.01であることから、有意に差が認められる。

IV 考察

態度とは、普遍的に合意の得られたものではないが、経験的に獲得され、固定

性差から見た医療関連職を目指す学生の身体障がい者に対する態度（ATDP）の現状と肯定化教育への期待

された反応傾向と定義した。

　筆者は大学生の大多数は保護者の元で大半の時間を過ごし、保護者の成熟した考え方を譲り受けてきたであろうと推測し、専攻分野別の総合得点の平均値の比較においては差がないであろうとの仮説を立てた。しかし、理学療法学科に対し、作業療法学科の方が、より身体障がい者は身体障がいがない者と同じであるという態度の肯定化が高いという結果が示された。性別においては先行研究にある女性の ATDP は男性のそれよりも終始一貫して肯定的であるとの報告を仮説とした。これは本研究において仮説を支持する結果となった。生川[7]らは障がい者との接触体験は障がい者の好感的態度と結びついていると述べ、縄中ら[8]は、障がい者に対する肯定的・受容的な認識や態度を形成する上で、障がい者との接触経験が重要な要因となっていることは明らかであり、過去の接触経験がその後も影響していると述べている。本研究結果では、入学前に身体障がい者と直接的接触体験を持っている学生は女性に多く、女子学生の比率が 67% を占める作業療法学科と 45% の理学療法学科との差が肯定的な差として現れたのであろう。男子学生が女子学生に比べて ATDP が否定的であるのは、多くの女性の生活には生物学的・文化的・社会的に療育が大きく比重を占めているため肯定的なことに対し、男性は身体障がい者についての情報や社会的・個人的接触が少ないため、差となって示されたと推測される。

　また、福島[9]らは障がいの基本的な知識より実践的な知識の方が障がい者への態度に影響を与えると述べている。ここでは、基本的な知識とは障がいの分類や特徴などを指し、実践的な知識とは障がい者と実際に接する際の対応の仕方や援助方法などの知識を指す。障がい者への実践的な知識があることで、接触時の具体的方法やビジョンが行動となりやすく、うまく対応できる予想など成功イメージができることで障がい者への肯定的な態度につながると考える。萩原[10]は看護師や小児保健施設の医療職員の ATDP が修業中に受けた教育によって改善したとの報告している。また、ATDP は 30 歳頃までに固定化されるが、それ以前までは教育によって得る知識や臨床経験が肯定化変容を促すこともあるとしている[11]。このことから、早期（在学中）からの障がいの実践的な知識の提供、つまり肯定化教育のあり方や具体的な展開方法が重要になってくる。

●一般演題

V 結論

　性別においては女性の ATDP は男性のそれよりも終始一貫して肯定的であった。障がいの基本的・実践的な知識の有無や障がい者との接触体験・経験は障がい者への態度に影響を与える要因である。そのため、早期（在学中）からの障がい者への肯定化教育のあり方や具体的な展開方法が重要となる。

引用文献

1) 高垣忠一郎、子どもの個性と自己肯定感.教育　1994：44巻; p15-24
2) 本田　絢、中学生のソーシャルサポート・ネットワークと不適応の関連—自己と他者への肯定感を中心として—.日本コミュニティ心理学会　2007：第10回大会発表論文集 ;p100-101.
3) 細田　絢、中学生におけるソーシャルサポートと自他への肯定感に関する研究.教育心理学研究　2009：57巻;p309-323
4) 作田　澄泰、長谷　博文、中山　芳一、現代の社会教育における「いのちのつながり」に関する道徳性への追求-今日のいのちの道徳教育を考える-.201岡山大学教師教育開発センター紀要第7号：2017;p1-10
5) Yuker,H.E.& Block,J.R：Research with the attitudes toward persons（ATDP）1960-1985. New York：Hofstra University.Center for the study of attitudes toward persons with disabilityes,1986.
6) 木林　勉、身体障がい者に対する態度の肯定化教育について.金城大学紀2012：第12号;p61-67
7) 生川　義雄、梅谷　忠雄、他、知的障害者に対する態度に関する文献研究 - 態度の多次元的研究に焦点をあてて-.千葉大学教育学部研究紀要2006：54;p15-23
8) 縄中　美穂、水口　啓吾、他、発達障がい者に対する大学生の認識・態度-接触経験・所属学部・ボランティア経験の影響-.広島大学心理学研究　2011：第11号
9) 福島　久美子、清水　寿代、大学生の自己・他者受容と発達障害に関する知識が発達障害者に対する態度に与える影響.幼年教育研究年報 2016：38;p35-42
10) 萩原　新八郎、羽場　裕美子、身体障がい者に対する態度（ATDP）-金沢市とその近郊に住む成人のATDP-.Presented by Medical Online, 理学療法学　2001：28巻;p243-243
11) 萩原　新八郎、身体障害者に対する態度（ATDP）保健学学生のATDPとATDP肯定化教育について.PTジャーナル34：2000;p61-66

一般演題

性差からみた高齢期の生産的活動と生活満足度との関連

木林 勉[1] 越納 美和[1]

1）金城大学

【目的】本研究は、高齢者の生産的活動が生活満足度に与える影響を、性差の観点による横断調査結果から明らかにすることを目的とした。

【方法】H市に居住する高齢者260人を対象に郵送によるアンケート調査を実施した。データ収集期間は、平成28年3月から5月までとした。調査は無記名とし、その内容は、性別、年齢、生産的活動の有無とその期間、主観的健康感、生活満足度とした。主観的健康感は、「非常に健康だと思う」、「まあ健康な方だと思う」、「あまり健康ではない」、「健康ではない」の4件法により調査を行い、順に4から1点へと点を与え使用した。生活満足度における得点化のための配点は5件法とし、20問の合計得点が高いほど満足度が高いことを示すようにした。データは性別、年齢、生産的活動の有無、主観的健康感、生活満足度の値としそれぞれの関連を分析した。本研究は金城大学倫理委員会の承認（第27-18号）を得て実施した。

【結果】174人の返答があり(回収率66.9%)、そのうちの168人を分析対象とした。内訳は男性85人(平均年齢73.9±6.1)、女性83人(平均年齢73.0±5.8)であった。主観的健康感の平均得点は2.3±0.7点、生活満足度の平均得点は69.4±10.9で、主観的健康感と生活満足度はr=0.24と弱い正の相関が示された($p<0.01$)。性別・年齢による主観的健康感、生活満足度に有意な差は認められなかった。生産的活動は51人が行なっており、65～74歳の男性が75歳以上の女性に比較して有意に多かった。生産的活動を行なっている者はそうでない者に比べ、主観的健康感と生活満足度において高い得点を示し、有意に差が認められた。他世代間交流は生活満足度に、生産的活動は主観的健康感と生活満足度の両方に肯定的な感覚をもたらすことが示唆され、高齢期に社会に触れるあるいは貢献することは健康維持に役立つと考えられる。

キーワード：高齢者、生産的活動、主観的健康感、生活満足度、

●一般演題

I 背景

　少子高齢化対策として、介護予防支援活動による地域活性化が掲げられている。特に新しい視点として高齢者の力（成熟した指導力、豊富な知識や経験・技術、特技、文化的存在感など）を活用し、高齢者自身がどうなりたいか、生活している地域がどうなればよいかを自らが考える、すなわち高齢者が介護予防支援活動の一翼を担う人材になることが期待されている。今年度、与党は高齢者の積極的な活用を求める提言をまとめた。少子高齢化に伴って働き手が細っていく中、65歳以上でも現役として活躍しやすいよう公的年金制度を見直すことをはじめ、65歳までを「完全現役」、70歳までは「ほぼ現役」と位置付けた。公務員の定年を65歳に引き上げ、民間で働く人も「学び直し」などを通じ、長く働けるよう支援を求めている。

　近年、地域包括ケアシステムの確立に伴い、介護支援活動の中心となる地域でも、高齢者自身による自助や互助の必要性が高まってきている。活躍が期待される高齢者に関しては、今まで培った経験や能力を活かして地域活動に還元できる即戦力として、その多様で複線的な生き方・働き方を後押しする仕組みが大切になってくる。成熟した指導力、豊富な知識や経験・技術、特技、文化的存在感などの高齢者の持つ資源は、あらゆる世代へ働きかけ地域活性化に向けた意欲や責任感に結びつくと推察される。これはそのまま労働力全体の質の向上に直結する面を有しており、日本経済の活力維持の鍵を握るものである。

　一方、家族形態や地域コミュニティーの変容など地域を取り巻く現状は激しく変化しており、老人クラブをはじめとしたボランティア団体や地域の任意団体、自治振興会などの多くで、中心的な役割を担っているのは高齢者自身ある。しかしその活動は自らの経験のみに基づいているものが多く、習熟度にも大きく左右されることから支援を提供する側と受ける者たちへの客観的な効果や実績、プロセスの検証までは行われていない。また、介護予防や保健推進活動の牽引役を自治体が養成する報告はいくつかあるものの、対象者に立脚した研修プログラムの効果や具体的内容、実績に関する共通認識は得られていない[1]。

　そこで高齢者の有する成熟した指導力、豊富な知識や経験・技術、特技、文化的存在感などを活かした対象者立脚型の介護支援養成者教育の開発が重要であると考え、その事前調査として成熟した高齢者が持つ力が活かされている生産的活動について、アンケート調査を実施し、地域の人的資源の発掘に結びつける。今回は、その人的資源の持つ能力が生活満足度・主観的健康感の向上にどのように

結びついているのか性差の観点から捉え把握する。
　将来的には今回の調査で把握した地域の高齢者が持つ力から人的資源を発掘し、それを活用することで、介護予防支援活動を目的とした支援者養成教育プログラムを開発する。

II　目的

　本研究は、対象者立脚型介護支援養成者教育の開発の事前調査として、高齢者の生産的活動が、主観的健康感と生活満足度に与える影響を、性差の観点による横断調査結果から明らかにすることを目的とした。

III　研究方法

【対象】H市に居住する高齢者260人を対象とした。
【方法】郵送調査によるアンケート調査を実施した。データ収集期間は、平成28年3月から5月までとした。アンケートは12問からなり、回答所要時間は8分程度のものとした。質問紙票は無記名とし、その内容は、性別、年齢、生産的活動の有無とその期間、主観的健康感、生活満足度とした。主観的健康感は、「非常に健康だと思う」、「まあ健康な方だと思う」、「あまり健康ではない」、「健康ではない」の4件法により調査を行い、順に4から1点へと点を与え使用した。生活満足度における得点化のための配点は5件法とし、20問の合計得点が高いほど満足度が高いことを示すようにした。なお、属性を理解するために過去1年間の生活や趣向品や習慣についての設問も設けた。生産的活動の有無については有償・無償労働や頻度についても記入してもらった。データは性別、年齢、生産的活動の有無、主観的健康感、生活満足度の値としそれぞれの関連を分析した。
【統計処理】統計処理はSPSSv18を用い、性別、年齢、生産的活動の有無の比較および主観的健康感、生活満足度の平均値の差、各々の関連性について検証した。また、生産的活動の有無別に主観的健康感、生活満足度健康感を比較した。
【倫理的配慮】本研究は金城大学倫理委員会の承認（第27-18号）を得て実施した。本人または保護者に本研究の趣旨や目的、方法およびプライバシー保護、調査への参加は自由意思によること、得られたデータは厳重に管理すること、公表は個

●一般演題

人が特定されない等を文書と口頭で説明し同意を得て実施した。また、得られたデータはナンバリングし、個人が特定されないように配慮した。

Ⅳ 研究結果

　174人の返答があり（回収率66.9%）、そのうちの168人を分析対象とした。内訳は男性85人(平均年齢73.9±6.1)、女性83人(平均年齢73.0±5.8)であった。
　主観的健康感の平均得点は2.3±0.7点、生活満足度の平均得点は69.4±10.9で、主観的健康感と生活満足度はr=0.24と弱い正の相関が示された（p<0.01）。

表1　主観的健康感と生活満足度の相関関係（N=168）

主観的健康感（点）	生活満足度（点）	相関
2.3±0.7	69.4±10.9	r=0.24 **

＊p<0.05,　＊＊p<0.01

　年齢による主観的健康感、生活満足度に有意な差は認められなかった。生産的活動は51人が行なっており、65～74歳の前期高齢者、男性が75歳以上の後期高齢者や女性に比較して有意に多かった。生産的活動を行なっている者は主観的健康感と生活満足度において高い得点を示し有意に差が認められた。

表2　生産的活動有無別の主観的健康感と生活満足度平均得点（N=51）

	生産的活動有（人）	生産的活動無（人）	p
主観的健康感	2.72±0.86	2.20±0.69	＊
生活満足度	74.2±7.8	66.9±11.3	＊

＊p<0.05,　＊＊p<0.01

Ⅴ 考察

　主観的健康感と生活満足度が弱いながらも相関関係を示した理由として、健康維持が生活満足度の重要な要因であり、その肯定的な感覚が影響したと考えられる。矢庭ら[2]は精神的自立性と生活機能および生活満足感の間に中等度の正の相関がみられたとし、安永ら[3]は運動習慣を介して健康自己評価が主観的幸福感に影響を及ぼすとしている。生活満足度には主観的幸福感が主要因であること

から、本研究はそれを支持する結果を示した。日置[4]は、性別による健康感に着目し、女性は自己健康感、男性は精神健康感に特徴があると述べ、その理由を自己管理能力から説明している。また、健康感について岡戸[5]らは収入、年齢、社会的ネットワーク、生活能力、生活習慣を重視し、それらからなる構造モデルで約60%が説明できるとしている。生活満足度は生活的、精神的、経済的要素からなり、その自立度が満足度につながる。特に精神的な自立は健康面での支えが大きいと考えられることから、健康感を主観的に捉えた際に生活満足度と相関関係が示された本研究の結果は肯定される。

　生産的活動は65～74歳の前期高齢者、男性が有意に多かった。生産的活動は、先に述べた生活満足度の説明に加え、実際の健康状態も大きく関与する。湯田[6]は男性について健康状態の悪化に伴い賃金率が有意に減少し、特に高齢になるほどその影響が大きいとしている。生産的活動を行なっている者が主観的健康感で高い得点を示した理由として、社会に貢献しながら健康維持にも役だっているという肯定的な感覚が影響したと考えられる。岡本[7]は仕事中心に人生を歩んできた男性は有償労働以外で生活満足度が得られにくいと報告している。本研究で生産的活動を行っている者は65～74歳の前期高齢者、男性に偏っており、その報告を裏付ける結果となった。アメリカの老年学において提唱されているプロダクティブ・エイジング（Productive aging）は高齢者に自立を求め、更に様々な生産的なものに寄与するべきであるという意味が含まれている。主観的健康感と生活満足度に影響を及ぼす生産的活動は、高齢者を社会的弱者と差別的に捉えるものではなく、知識や経験で社会に貢献するイメージに変えるものである。平均寿命が延伸し、少子高齢化を背景とした社会保障の危機感がある現在において、60歳での退職は健康面や経済面において健全といえるだろうか。生活満足度はエネルギーと創造性を受け身で捉えていては得られない。ボランティアであれ、対価を要求する活動であれ生産的活動の必要性が求められる。しかし、多くの高齢者は、中年期での企業・職域志向型の生活から、定年退職を経て、家族・地域志向型の生活へと、その生活構造を大きく変容させる。人生の時間的・社会的連続性のなかで、自己を変容させ、かつ他者との関係性をも変容させている。本研究は、社会保障の観点からも重要な課題として取り組むべき方策として挙げられ、その一助となると考える。なお、反省として生産的活動を物質面や効率化、利益を求める経済的生産性だけではなく価値の転換も含めた社会的生産性の面からの配慮があげられる。健康面においても精神的な支えが重要であり、豊かな人間関係の構築への研究が必要である。

Ⅵ　結論

　主観的健康感と生活満足度の関連が示唆された。また、生産的活動は65～74歳の前期高齢者、男性が有意に多かった。生産的活動は主観的健康感と生活満足度の両方に肯定的な感覚をもたらすことが示唆され、高齢期に社会に触れるあるいは貢献することは健康維持に役立つと考えられる。

Ⅶ　謝辞

　本研究は科学研究費補助金（平成27-30年度基盤研究C　課題番号16K01777）の助成を受けて実施した研究成果の一部であり、ここに感謝いたします。

【引用文献】

1) 柴喜 崇、地域在住高齢者における加齢に伴う生活機能の変化およびその予防の考え方.理学療法学　2014:41（5）;p320-327.
2) 矢庭 さゆり、矢嶋 裕樹、在宅要援護高齢者における精神的自立性と生活満足感の関連.新見公立大学紀要　2012:第33巻;p93-97
3) 安永 明智、高齢者の主観的幸福感に及ぼす運動習慣の影響.体育学研究　2002:47（2）;p173-183
4) 日置 敦巳、健康感および生活満足度と健康維持習慣との関連.民族衛生　2000:第66巻（6）;p248-256
5) 岡戸 順一、主観的健康感を中心とした在宅高齢者における健康関連指標に関する共分散構造分析.総合都市研究　2003:第81号
6) 湯田 道生、健康状態と労働生産.日本労働研究雑誌　2010:NO601
7) 岡本 秀明、地域高齢者のプロダクティブな活動への関与とwell-beingの関連.日本公衆衛生雑衛生　2009:（56）;p713-723.

役員一覧

理事長	榎本　　稔	（榎本クリニック）
監　事	小林　征夫	（ロータリークラブ）
監　事	小代　順治	（小代法律事務所）
理　事	麻生　一枝	（長浜バイオ大学）
理　事	阿部 惠一郎	（医療法人社団　あべクリニック）
理　事	五十嵐 愛子	（文京学院大学）
理　事	伊藤　桂子	（東邦大学）
理　事	大石　雅之	（大石クリニック）
理　事	小野寺 幸子	（健康科学大学）
理　事	黒川　達雄	（黒川達雄法律事務所）
理　事	齋藤　益子	（東京医療保健大学）
理　事	斉藤　章佳	（大森榎本クリニック）
理　事	斎藤　　学	（さいとうクリニック）
理　事	島　　陽一	（宮川医療少年院）
理　事	刀根　洋子	（和洋女子大学）
理　事	虎井 まさ衛	（立教大学）
理　事	原田　隆之	（筑波大学）
理　事	針間　克己	（はりまメンタルクリニック）
理　事	松下　年子	（横浜市立大学）
理　事	松田　隆夫	（新大塚榎本クリニック）
理　事	安田 美彌子	（鳥取看護大学）
理　事	山下　悠毅	（榎本クリニック）

平成 30 年 3 月 31 日現在　（敬称略、50 音順）

日本「性とこころ」関連問題学会 会則

第1章 総則

第1条(名称) 本会は、日本「性とこころ」関連問題学会と称する。

第2条(事務局) 本会の事務局は、当分の間、榎本クリニック内（東京都豊島区西池袋 1-2-5）に置く。

第2章 目的および事業

第3条(目的) 「性とこころ」の活動に携わる医療・福祉・心理・司法・教育・社会学などを専門とする人々の自己啓発と連携を促進し、「性とこころ」の臨床、教育、研究、調査を推進し、その進歩、発展、普及に貢献することを目的とする。

第4条(事業) 本会は、第3条の目的を達成するために次の事業を行う。
　(1) 学術集会および総会の開催。
　(2) 学会機関誌の発行。
　(3) ニュースレターの発行。
　(4) 研修会、講演会、ワークショップなどの実施。
　(5) その他本会の目的を達成するために必要な事業。

第3章 会員

第5条(会員) 本会の会員は次の通りとする。
　(1) 正会員は、「性とこころ」に関連する業務などに従事または従事しようとする守秘義務を有する個人で、本会の目的に賛同し会費を納めるものとする。
　(2) 団体会員は、「性とこころ」に関連する業務を行う団体、施設、法人などで、本会の目的に賛同し会費を納めるものとし、一定数の従事者を登録することができる。
　(3) 賛助会員は、本会の目的に賛同し、寄付金、年会費を納めるものとする。
　(4) 購読会員は、機関誌など本会の発行物の購入のみ目的とするもので、通常、団体、法人などが該当し、年会費を納め発行物の送付を受ける。
　(5) 上記会員中、正会員および団体会員のみが機関誌への投稿並びに年次大会における研究発表をおこなうことができる。

第6条(入会) 本会に入会しようとするものは、入会金および当該年度の年会費を添えて、所定の入会申込書を事務局に提出し、理事会の承認を得なければならない。

第7条(退会) 本会の退会を希望する会員は、退会届を事務局に提出しなければならない。また、3年分の会費を未納の会員、本会の名誉を傷つけた会員もしくは本会の目的に反する行為を行った会員については、理事会の議決を経たのち理事長が退会させることができる。

第4章　役員

第8条(役員)　本会の運営に当たるため、次の役員を置く。
　　(1)　理事長　　1名
　　(2)　理事　　　若干名
　　(3)　監事　　　2名

第9条(役員の任期)　役員の任期は3年とし、改選のあった年次総会の終了をもって任期を満了する。但しその再任をさまたげない。役員に欠員が生じた場合は、評議員会において選任された正会員が残る任期間を代行する。

第10条(理事会)
　　(1)　理事は、正会員の中から選出し、総会の承認を経て任命され、理事長を補佐し会務を分掌する。
　　(2)　理事会は理事および監事により構成される。年次大会長および顧問は、理事会に出席し意見を述べることができる。
　　(3)　理事長は理事会を招集する。理事長はあらかじめ理事に対し、会議の目的たる事項および日時、場所などを文書をもって通知しなければならない。また、理事又は監事により会議の目的たる事項を示し請求があったときは、理事長は速やかに理事会を招集しなければならない。
　　(4)　理事会の議長は理事長とする。
　　(5)　理事会は理事の2分の1以上(委任状を含む)の出席をもって成立する。
　　(6)　理事会の議決は、出席理事の過半数をもって決し、可否同数のときは、議長の決するところによる。
　　(7)　理事会は当該年度の事業報告、収支決算、次年度の事業計画、収支予算およびその他理事会において必要と認められた事項を理事会の議を経て総会に報告し、その承認を得るものとする。
　　(8)　理事会は、会の運営に関する方針の作成および事業執行の任にあたり、次の委員会を置くことができる。
　　　①企画委員会　②編集委員会　③その他

第11条(理事長)　理事長は、理事会において選出し、総会の承認を経て任命され、日本「性とこころ」関連問題学会を代表する。

第12条(監事)　監事は、理事会により正会員の中から委嘱する。監事は、本会の会計を監査し理事会および総会において報告する。

第13条(年次大会長)
　　(1)　本会に年次大会長を置き、年次大会長は学術集会を主催する。
　　(2)　年次大会長は理事会により推薦され、理事会および総会の承認を得なければならない。

第14条(事務局の業務)　会務を速やかに執行するため事務局を置き、事務局の執務に関して必要な事項は、理事長が定める。

第15条(顧問)　本会に顧問を置くことができる。顧問は、学識および経験豊かな者で「性とこころ」関連領域の発展に貢献した者の中から、理事会において推薦され総会の承認を経て委嘱される。

第 5 章　総会

第16条（総会）
(1) 本会の事業および運営に関する重要事項を審議決定する場として総会を置く。総会は、正会員によって構成され、本会の最高議決機関とする。
(2) 総会は、毎年1回開催される年次大会の時に理事長が招集する。

第17条（総会承認事項）　次の事項は、総会の承認を経なければならない。
(1) 理事長、理事、監事、顧問の任命と委嘱。
(2) 年次大会の開催。
(3) 事業報告および決算。
(4) 事業計画および予算。
(5) 会則の変更。
(6) その他理事会において必要と認めた事項。

第18条（総会決議）　総会の決議は、出席者の過半数の同意をもって成立する。

第 6 章　会計

第19条（経費）　本会の事業遂行に関する経費は、会費、事業に伴う収入、寄付金およびその他の収入をもって支弁する。但し、既納の会費は返還しない。会費の改訂は、理事会によって決定する。

第20条（会計年度）　本会の会計年度は、毎年4月1日に始まり、翌年3月31日に終わる。決算および予算案は、年次総会において審議決定する。

第 7 章　雑則

第21条（会則の変更）　本会会則の変更は、理事会の議を経て、総会の承認により決定する。また、本会則施行についての細則は、理事会の議決を経て別に定める。

第 8 章　附則

会費に関しては別に定める。
本会会則は、平成21年5月1日より発効する。
本会会則は、平成25年6月22日改正。

「性とこころ」投稿規定

1. 本誌は、「性とこころ」に焦点をあて、医療・福祉・心理・司法・教育・社会学などの多様な視点からこれらに関する論文、資料、その他を掲載します。
2. 投稿者は原則として共同執筆者も含め日本「性とこころ」関連問題学会会員に限ります。
3. 掲載する原稿の種類と原稿枚数（400字詰で）の上限は以下のとおりです。なお、投稿原稿はWordを用いてA判横書き（40字×40行）で記述してください。
    a．原著論文・・・30枚
    b．総説・・・・・30枚
    c．短報・・・・・10枚
    d．資料・・・・・20枚
    e．エッセイ・・・20枚
    f．紹介・評論（新しい方法論や技法などの）・・・20枚
4. 事例など個人のプライバシーについては責任を持って十分にご配慮下さい。
5. 原稿は全て横書きとし、図表についてはエクセル等の元データを別途添付してください。
6. 原稿の1枚目に表題（あれば副題）、著者全員の氏名、所属機関名、所在地住所、電話番号、ファックス番号を書いてください。
7. 原著論文、総説、短報では、原稿の2枚目に論文の要約を400字以内で「要旨」として記載して下さい。続いて、本文を記載して下さい。原著の場合は、「はじめに」「方法」「結果」「考察」「謝辞」「文献」の順に記載して下さい。
8. 文献の記載は、以下の規定に従ってください。
    a）第4著者以降は、「他」または「et al」としてください。
    b）雑誌名は、医学中央雑誌収録雑誌略名表、Index Medicusに従って略称で記載して下さい。
    c）雑誌では、著者名．表題．雑誌名．発行年（西暦）；巻：頁-頁．のように記載してください。
    d）記載の詳細は以下の例を参照してください。

    論文例：
    【1】榎本稔．外来精神医療の歴史．外来精神医療 2002；1：3-10
    【2】Marskey, H.：Multiple personality disorder and false memory syndrome. British Journal of Psychiatry, 166；281-283, 1995

9. 原稿の採否は、編集委員会で審査、決定します。審査の結果によって修正・お願いすることがあります。また、投稿された原稿は採否にかかわらず返却できませんので予めご了承ください。
10. 本誌は日本「性とこころ」関連問題学会の学会誌です。特に研究論文に関しては非学会員の方が投稿される場合は、できるだけ当学会への入会手続きをおとりいただきたくお願い致します。

学会についてのお問い合わせは、以下にお願いします。

日本「性とこころ」関連問題学会事務局
電話 03（3982）5345　FAX 03（3982）6089

編集後記

　この度、日本「性とこころ」関連問題学会学会誌である、「性とこころ」第9巻第1号を発刊するにいたりました。今回は、第9回大会特集としましてご発表いただきました先生方を中心に編集いたしました。

　さて、平成30年6月16日（土）には、「性といのちと永遠性」と題しまして、大会長に当学会理事長の榎本 稔先生（榎本クリニック）を迎え、第10回日本「性とこころ」関連問題学会学術研究大会（ホテルメトロポリタン）を開催します。多くの皆様の参加をお待ちしております。

　　大会ホームページアドレス
　　http://www.jssm.or.jp

　最後に、執筆していただいた先生方には、お忙しい中それぞれの専門分野から文化的・社会的・学際的な視点で「性とこころ」を論じていただき、深く感謝しております。この場をかりて、改めてお礼申し上げます。

　　　　　　　　　　　　　　　　　　　　編集委員長　斉藤章佳

性とこころ

日本「性とこころ」関連問題学会誌
The Journal of the Japanese Society of Sexuality and Mind
2017 Vol 09/No 01

日本「性とこころ」関連問題学会誌「性とこころ」第9巻 第1号
2018年3月31日 初版第一刷発行

編著者	**JSSM** 日本「性とこころ」関連問題学会 Japanese Society of Sexuality and Mind
発行者	榎本　稔（日本「性とこころ」関連問題学会理事長）
発行所	有限会社エム・シー・ミューズ 〒 113-0033 東京都文京区本郷 2-17-13 広和レジデンス 2F TEL 03-3812-0383

© 2017 JSSM, Printing in JAPAN.
ISBN978-4-904110-18-8

本書の全部または一部を無断で複写（コピー）・複製することは
著作権法上での例外を除き、禁じられています。